Johannes Cremerius

Vom Handwerk des Psychoanalytikers:
Das Werkzeug der psychoanalytischen Technik

Band 1

problemata
frommann–holzboog

Herausgeber der Reihe „problemata": Eckhart Holzboog

Bibliografische Information der Deutschen Nationalbibliothek
Die Deutsche Nationalbibliothek verzeichnet diese Publikation in der
Deutschen Nationalbibliografie; detaillierte bibliografische Daten sind
im Internet über <http://dnb.d-nb.de> abrufbar.

ISBN 978-3-7728-1395-5
(In zwei Teilbänden. Band 2: ISBN 978-3-7728-1396-2)

3. Auflage 2008
© frommann-holzboog Verlag e.K. · Eckhart Holzboog
Stuttgart-Bad Cannstatt 2008
www.frommann-holzboog.de
Druck: BoD, Norderstedt
Gedruckt auf säurefreiem und alterungsbeständigem Papier

Summary

The following two volumes describe the daily work of the psychoanalyst with his patients and report the various technical problems posed with regard to the method of treatment. These do not want to be textbooks but simply a collection of practical experiences. The attempt is made to depict a mode of operation that is both: situation and patient centered. The attention will be directed first of all to problems of interaction, dynamics of transference and countertransference, i. e. the ,,two person-psychology" (Balint). From this point of view certain Freudian terms, originating from his objective-objectifying standpoint need to be redefined. The terms to be examined are those of transference, countertransference and the attitude of being like a mirror, a surgeon, neutral or abstinent. In my opinion the standard methods deduced from Freuds writings are not workable. I consider it to be a theoretical construction, an ideal treatment under ideal conditions.

Apart from merely practical ,,instructions" dealing with the difficult problems of technique, these volumes include critical thoughts about technical problems such as ,,working through", the relationship between phantasy and defence; and the question for the concept of reality in psychoanalysis during the process of biographical reconstruction.

Some papers reflect the effort to clarify the development of psychoanalytical techniques. To begin with there is the attempt ,,to look over Freud's shoulder while he is working", to find out how he *really* worked: what happened to Freud's technical instructions and what to his private techniques? Does there still exist an agreement about ,,standard technique"? It will be demonstrated that today we have a pluralism of opinions; that a liberalisation has taken place to which many theories have fallen victim; theories that had been paradigmata when Freud died. In this way began the development of psychoanalysis into a ,,science" (Kuhn). The author hopes to be able to contribute to the progress of this development i. e. to an opening, to a critical revision, to an unreserved discussion about dogmata.

Inhalt des ersten Bandes

Vorwort 9

Schweigen als Problem der psychoanalytischen Technik 17

Der Patient spricht zuviel 55

„Mir fällt nichts ein" – Einige behandlungstechnische Überlegungen im Umgang mit Patienten, die nicht frei assoziieren können   77

Grenzen und Möglichkeiten der psychoanalytischen Behandlungstechnik bei Patienten mit Über-Ich-Störungen 88

Übertragung und Gegenübertragung bei Patienten mit schwerer Über-Ich-Störung 135

Einige Überlegungen über die kritische Funktion des Durcharbeitens in der Geschichte der psychoanalytischen Technik. 154

Die Verwirrungen des Zöglings T. Psychoanalytische Lehrjahre neben der Couch 172

Gibt es *zwei* psychoanalytische Techniken?. 187

Quellenhinweise zu Band 1 210

Inhalt des zweiten Bandes

Die psychoanalytische Behandlung der Reichen u. der Mächtigen 219

Die Präsenz des Dritten in der Psychoanalyse. Zur Problematik der Fremdfinanzierung. 262

Über die Schwierigkeiten, Natur und Funktion von Phantasie und Abwehrmechanismen psychoanalytisch zu erforschen und zu definieren 306

Freud bei der Arbeit über die Schulter geschaut. – Seine Technik im Spiegel von Schülern und Patienten 326

Die Bedeutung des Dissidenten für die Psychoanalyse (Psychoanalyse – jenseits von Orthodoxie und Dissidenz) 364

Die Konstruktion der biographischen Wirklichkeit im analytischen Prozeß 398

Quellenhinweise zu Band 2 426

Literaturverzeichnis 427

Personenverzeichnis 444

Vorwort

Die nachfolgenden Aufsätze sind aus den Erfahrungen der psychoanalytischen Praxis heraus geschrieben. Sie berichten vom Handwerk des Analytikers. Demzufolge handeln sie alle von der psychoanalytischen Behandlungsmethode, von ihrer Theorie wie von der Praxeologie.

Meine theoretische Position ruht auf den Grundansichten Freuds. Wesentliche Impulse erhielt ich von Sandor Ferenczi und seinem Schüler Michael Balint. Das bedeutet die Verschiebung des Akzentes von der objektivierenden Arbeit am Material zu einer Arbeit an der Interaktion, d. i. der Übertragungs-Gegenübertragungs-Dynamik. Mit Balint gesprochen meine ich die Wendung von der Einpersonen- zur Zweipersonenpsychologie. Dabei erhält das hic et nunc des analytischen Prozesses den Vorrang vor der Rekonstruktion der Vergangenheit. Anders ausgedrückt: die Vergangenheit bildet sich in dem Beziehungsfeld zwischen dem Analysanden und seinem Analytiker ab – sie wiederholt sich hier noch einmal.

Indem das Augenmerk vor allem auf die Interaktion, den analytischen Prozeß, gerichtet wird, erweisen sich gewisse Begriffe der Freudschen Theorie als erweiterungsbedürftig, so z. B. der der Übertragung. Er verliert einen Teil seiner endopsychischen, autonomen, vom Analytiker und seinem Verhalten unabhängigen Qualität, füllt sich dagegen mit Erfahrungen, die der Analysand in der Analyse an und mit seinem Analytiker macht (Thomä, 1984). Dasselbe gilt für den Begriff der Gegenübertragung. Aber auch andere Begriffe wie Durcharbeiten, Phantasie und Abwehrmechanismus, Abstinenz müssen neu durchdacht werden (s. Bd. I, Nr. 6, Bd. II, Nr. 11 u. Cremerius, 1984).

Es versteht sich, daß daraus eine Abkehr von der objektivierenden Haltung, wie sie Vorstellungen von der „Spiegel- und Chirurgenhaltung" Freuds ausdrücken, resultiert, daß die „freie Assoziation" des Patienten wie die „gleichschwebende Aufmerksamkeit" des Analytikers nicht mehr als objektive, wissenschaftliche Forschungsmethoden anerkannt werden können. Sie werden Teil des analytischen Prozesses mit seinen Ängsten und Sehnsüchten bei beiden Protagonisten. Damit ist auch die grundsätzlich passiv spiegelnde Haltung des Analytikers überwunden (s. Bd. II, Nr. 13). (Als operationale Aktion im indizierten Fall behält sie ihre technische Bedeutung.) Er ist – was er immer schon war – ein aktiver Therapeut, der mit Ziel-Mittel-Vorstellungen arbeitet. Auch Freud tat dies, auch er war ein aktiver Therapeut (s. Bd. II/12). Je mehr der Analytiker die Spiegel-Haltung aufgibt, je mehr er aktive Methoden einführt, je mehr tritt er aus der Anonymität und Neutralität heraus, je mehr wird er für den Analysanden als Person sichtbar – desto mehr gerät er aber auch in das Interaktionsfeld hinein, d. h. desto stärker wird die „analytische Haltung" subjektiviert.

Kritische Revisionen der psychoanalytischen Technik erfordern, um nicht bloße Spekulation zu bleiben, Auseinandersetzung mit den Freudschen Paradigmata. Bei dieser Arbeit stieß ich auf das Phänomen, daß sich Freud bei seiner praktischen Arbeit nicht an die Regeln seiner technischen Schriften, wie er sie zwischen 1910 und 1915 festgelegt hat, hielt (s. Bd. II/12). Daraus ziehe ich den Schluß, daß Freud das *wirkliche* therapeutische Geschehen zwischen den beiden Akteuren theoretisch nicht einfassen konnte. Das legitimiert uns, so meine ich, die technischen Probleme neu zu überdenken, die von ihm aufgestellten Regeln an der Praxis zu überprüfen, eine Aufgabe, die er unterlassen hat, weil er sie als solche nicht erkannte. Der Widerspruch zwischen der Theorie der Technik und seinem Handeln konnte ihm nicht bewußt werden, weil er mit einem doppelten Übertragungsbegriff arbeitete.

Die vorliegenden beiden Bände wollen kein Lehrbuch sein, weil ich meine, daß es ein Lehrbuch der Psychoanalyse im Prinzip nicht geben kann: „Was nun die Schriften zur Technik der Analyse anbelangt", sagt Freud 1930 zu Blanton, „so meine ich, daß sie völlig inadäquat sind. Ich glaube nicht, daß man die Methode der Technik durch Schriften vermitteln kann. Diese lernt man durch persönliche Unterweisung. Natürlich benötigen Anfänger einiges Wissen zu ihrem Start. Anderenfalls hätten sie nichts, womit sie fortfahren könnten. Aber wenn sie den Direktiven wissentlich folgen, werden sie bald in Verlegenheit kommen. Dann müssen sie beginnen, ihre eigene Technik zu entwickeln" (Blanton, 1971, S. 43). Was es anstelle eines Lehrbuches geben kann, sind Sammlungen von Erfahrungen – als solche verstehe ich Freuds Schriften aus dem Jahre 1910 bis 1915. Sie stellen das dar, was Freud vermochte, nachdem er den jahrelang gehegten Plan, eine systematische Darstellung der Technik zu verfassen, aufgeben mußte, weil er sich als undurchführbar erwies (Jones, 1955, S. 230–231). Wenn viele Analytiker diese technischen Schriften wie strikte Anweisungen lesen, so ist das nicht in Freuds Sinn. Er spricht von „Ratschlägen", die „keine unbedingte Verbindlichkeit" beanspruchen könnten. Sie seien vielmehr als „Spielregeln" gedacht, wie die Anleitungen für das „edle Schachspiel" –, die nur die Eröffnungen und Endspiele systematisch darstellen könnten, während die erschöpfende Mannigfaltigkeit zwischen beiden Polen sich einer solchen versage (1913c, S. 454). Und 1928 schränkte er ihre Bedeutung noch mehr ein: „– – denn – – die Ratschläge zur Technik waren negativ. Ich hielt es für das richtigste herauszuheben, was man nicht tun soll, die der Analyse widerstrebenden Versuchungen aufzuzeigen" (Ferenczi, 1928, S. 248/49). Trotz dieser Einschränkungen sind ihm die „Spielregeln" doch noch zu verbindlich geraten, zu sehr feste Regeln, in einem Falle sogar eine „heilige Regel", (Freud, 1916/17, S. 298) geworden. Zu Regeln, so fest, daß er sie bei seinem eigenen therapeutischen Handeln verletzen mußte. Sie waren nicht imstande, die Realität des analytischen Prozesses zu fassen. Freud entschloß sich daher, in seiner Praxis weiterzugehen als sie reichten, weiterzugehen als seine Theorie der Technik (s. Band II/12). Freuds Dilemma, Regeln aufgestellt zu haben, die er überschreiten mußte, d. h., seine Entscheidung für eine situations- und patientenzentrierte Technik, hat spätere Analytiker nicht daran gehindert, von „klassischer" psychoanalytischer Technik, von „Standardtechnik" zu sprechen, und festzustellen: „die Hauptzüge der psychoanalytischen Technik, die Freud vor 50 Jahren (1910 bis 1915) in fünf kurzen Abhandlungen niedergelegt hat, dienen noch immer als Basis der psychoanalytischen Praxis. In der allgemein praktizierten psychoanalytischen Technik haben sich keine anerkannten größeren Veränderungen oder Fortschritte durchgesetzt" (Greenson, 1967, S. 17). Im gleichen Sinne äußert sich auch Lipton (1977). In einer umfangreichen Recherche (s. Band II/13) habe ich nachgewiesen, daß derartige Feststellungen nichts anderes darstellen als persönliche Bekenntnisse oder die Überzeugung bestimmter Gruppen. In Realität hat eine weitreichende

Liberalisierung der psychoanalytischen „essentials" stattgefunden, die alle Gebiete der Psychoanalyse erfaßt hat. Über viele Fragen gibt es keinen allgemeinen Konsens mehr. Theoriestücke, die bis zu Freuds Tod als Paradigmata galten, haben diese Bedeutung verloren, sind in den Strom kritischer Revision zurückgenommen worden. Anna Freud beklagt diese Entwicklung als „anarchisch" (1972, S. 152) (s. Bd. II/13).

So verstehe ich im Gefolge dieser Überlegungen meine Arbeiten über psychoanalytische Technik als eine Art Unterweisung im Sinne der handwerklichen Weitergabe von Erfahrungen. Natürlich ist es *meine* Technik, die ich vortrage, daß es für mich kein überindividuelles, objektives Standardverfahren gibt, geht aus der Vorrede hervor. Technik, d. h. das, was der Analytiker tut, ist immer, wie Freud sagte, etwas sehr Persönliches, das sich als „einzig zweckmäßig für seine Individualität ergeben [habe]; ich wage nicht, in Abrede zu stellen, daß eine ganz anders konstituierte ärztliche Persönlichkeit dazu gedrängt werden kann, eine andere Einstellung gegen den Kranken und gegen die zu lösende Aufgabe zu bevorzugen" (1912c, S. 376).

Nun zu den einzelnen Abhandlungen:

In den Beiträgen I/1, 2, 3 werden technische Schwierigkeiten wie Schweigen, „Mir fällt nichts ein", und Zuvielsprechen behandelt. Diese Widerstände gegen den analytischen Prozeß werden unter den Gesichtspunkten der Trieb-, der Ich- und der Objektbeziehungstheorie betrachtet und herausgestellt, daß die einzelnen Maßnahmen, die der Deutung dienen, auf die jeweilige Triebstruktur abgestimmt werden müssen, damit die Aktivitäten des Analytikers nicht befriedigend in die Triebdynamik der Übertragung hineingeraten. In den Beiträgen I/4 und 5 werden die speziellen behandlungstechnischen Probleme studiert, die sich bei Patienten mit einer strengen Über-Ich-Struktur stellen und Erfahrungen mitgeteilt, die es ermöglichen, auch in solchen Fällen einen analytischen Prozeß einzuleiten und durchzuführen.

Die Werkstatt des Analytikers ist kein ahistorischer Ort. Immer wieder schaut er von dort zurück, um sich durch das Studium der historischen Entwicklung von Grundbegriffen Klarheit darüber zu verschaffen, wie weit sie zeitbedingt sind, wie weit sie die klinische Realität zu erfassen vermögen und wie weit sie zu variieren, gegebenenfalls neu zu definieren sind. Diese kritischen Auseinandersetzungen spiegeln die Arbeiten wieder, die sich mit dem Problem des „Durcharbeitens" (I/6), der Schwierigkeit, Natur und Funktion von Phantasie und Abwehrmechanismus psychoanalytisch zu erforschen und zu definieren (II/11) und der Frage beschäftigen, „Was ist biografische Wirklichkeit"? (II/14). Zu diesem Arbeitsbereich gehören auch die Studien II/8, 12 und 13. Die eine (II/12) unternimmt den neugierigen Versuch, in die Werkstatt dessen zu schauen, der die psychoanalytische Theorie wie Technik entworfen hat, Freud. Unbefriedigt von seinen Falldarstellungen als Darstellungen der psychoanalytischen Technik geht es mir darum, mehr davon zu erfahren, wie er das tägliche Handwerk des Analytikers ausgeübt hat. Zu dem Zweck untersuche ich die Berichte von 20 Patienten und Lehranalysanden über ihre Analyse bei Freud. Der Vergleich der hier sichtbar werdenden Arbeitsweise mit den drei großen Falldarstellungen (Dora, Rattenmann, Wolfsmann) und den technischen Schriften von 1910 bis 1915 ergibt einen kategorialen Unterschied. Den Gründen dieser Diskrepanz wird nachgegangen. Die andere (II/8) untersucht die Entwicklung der psychoanalytischen Technik bis heute. Sie zeigt auf, daß es zwei Behandlungstechniken gibt, die sich als klassische Einsichtstherapie oder paternistische Vernunftstechnik einerseits, als Therapie der emotionalen Erfahrung andererseits gegenüberstehen und sich auf Freud bzw. Ferenczi zurückführen lassen. Setzt die „klassische" Therapie die ödipalen Errungenschaften beim Patienten voraus und vollzieht sich die therapeutische Arbeit hier am Konflikt, so ist die „mütterliche" Holding-Therapie an präödipalen Entwicklungsstufen und am Defekt orientiert. Irritiert von dem naiven Brustton, mit dem einzelne Analytiker oder lokale Gruppen ihre theoretischen Konzepte wie ihre psychoanalytische Technik als klassisch, d. h. „die rechte Lehre", so wie sie der Meister festgelegt hat, vertreten, studiere ich die Positionen im Feld der psychoanalytischen Theorie wie in dem der Theorie der Technik jener Analytiker, die unter „demselben Dach" (Freud) der psychoanalytischen Gemeinschaft wohnen. Dabei zeigt sich, daß sich in den letzten 40 Jahren in dieser Gemeinschaft ein Pluralismus von Auffassungen durchgesetzt hat, dem viele der Grundannahmen Freuds zum Opfer gefallen sind. So besteht z. B. kein Konsensus mehr über die Frage der psychosexuellen Entwicklung, der Metapsychologie und vor allem nicht mehr über die Fragen der Technik. Die Offenheit, die sich hier anzeigt, die Überwindung dogmatischer und orthodoxer Glaubenshaltungen, wird als positive Entwicklung der Psychoanalyse in Richtung auf eine „Normalwissenschaft" (Kuhn) verstanden.

In einer Glosse werden die Verwirrungen dargestellt, in die die Analytiker in Ausbildung durch diese kontroversen Positionen geraten (I/7). Die Schwierigkeiten, die de facto bestehen, psychoanalytische Theorie und vor allem psychoanalytische Technik zu lehren, werden als veränderbare und unveränderbare dargestellt. Sie werden um so veränderbarer, je mehr die psychoanalytischen Ausbildungsinstitute an der Entwicklung der Psychoanalyse zu einer „Normalwissenschaft" teilnehmen und sich nicht als Schulen der Bewahrung von Glaubenssätzen verstehen.

Ein Satz wie: Für den Analytiker gibt es nur die innere Welt seines Patienten, konnte nur so lange stimmen, wie die innere Welt beider sich deckte. Dies war für Freud und seine Patienten der Fall: „... unsere Erfahrungen entstammen", stellen Breuer und Freud fest (1895d, S. 77), „der Privatpraxis in einer gebildeten und lesenden Gesellschaftsklasse". Wo dies nicht mehr der Fall ist, wie z. B. in der BRD, in den USA (Pulver, 1978) und in Holland (van der Leeuw, 1978), wo über die krankenkassenfinanzierte Therapie andere Bildungsschichten in das Sprechzimmer der Analytiker kommen, muß die Psychoanalyse neu überdacht werden. Dies geschieht in einer Untersuchung über die spezifischen Probleme der kassenfinanzierten Therapie: die Präsenz des Dritten, die Fremdfinanzierung u. a. (II/10). Entgegen der Auffassung, krankenkassenfinanzierte psychoanalytische Behandlung sei mit den Heilungszielen der Psychoanalyse unvereinbar, vertrete ich hier den Standpunkt, daß die Psychoanalyse allein um den Preis gesellschaftlicher Isolation und therapeutischer Stagnation die Teilnahme an der Krankenkassenfinanzierung der Behandlung ablehnen kann. – Geht es in dieser Untersuchung um die Schwierigkeiten, mit Patienten einer Schicht psychoanalytisch zu arbeiten, für die die psychoanalytische Theorie und Praxis nicht konzipiert wurde, geht es in einer anderen

Studie um die Schwierigkeiten, die sich bei der psychoanalytischen Behandlung der Reichen und der Mächtigen stellen (II/9). Ihre Stellung jenseits der gesellschaftlichen Regeln erlaubt ihnen, innere Schwierigkeiten dadurch zu lösen, daß sie die Außenwelt verändern. Versucht die Analyse diesen Weg zu verstellen, d. h. darauf zu bestehen, daß die Probleme auf der inneren Ebene und in einer bestimmten Form der Objektbeziehung angegangen werden, geraten diese Patienten in eine existentielle Krise, weil sie den Konsensus mit ihrer Schicht verlieren. Sie werden isoliert, müssen nach neuen Formen von Objektbeziehungen suchen.

Schweigen als Problem der psychoanalytischen Technik

Inhaltsübersicht

A. Das Schweigen des Patienten 18

    I. Einleitung 18

    II. Klassifizierung des Schweigens unter konzeptuellen Gesichtspunkten . 20

    III. Die aus den verschiedenen Konzepten abgeleiteten Behandlungstechniken 23
        1. Der triebpsychologische Aspekt der Technik 23
        2. Der ich-psychologische Aspekt der Technik 25
            a) Die Analyse formaler Verhaltenselemente als Vorläufer der ich-psychologischen Behandlung des Schweigens 25
            b) Die Widerstandsanalyse des Schweigens 26
            c) Der Einfluß der Lehre von der Anpassungsleistung der Mechanismen auf den Umgang mit dem schweigenden Patienten 27
            d) Die Bedeutung der Isolierung autonomer Ich-Funktionen aus dem Ich-Komplex für den Umgang mit dem schweigenden Patienten 29
        3. Der objektpsychologische Aspekt der Technik 31
            a, b) bei Ferenczi und Balint 31
            c, d) bei Alexander und Rado 35

    IV. Kritischer Rückblick 37

B. Das Schweigen des Analytikers 41

    I. Einleitung 41

    II. Das Schweigen als Werkzeug der analytischen Arbeit 43

    III. Die hygienische Funktion des Schweigens für die analytische Arbeit . . 44

    IV. Das Schweigen als technische Operation im allgemeinen und speziellen Sinne 44

    V. Das Schweigen des Patienten als spezieller Störfaktor der therapeutischen Funktion des Analytikers (Schweigen und Gegenübertragung) . . 49

A. Das Schweigen des Patienten

I. Einleitung

Wenn wir über Technik sprechen, so gibt es eine Reihe von Regeln, über die Übereinkunft unter uns besteht. Über andere technische Fragen gehen die Meinungen weit auseinander. Diese Tatsache hat Glover mit seiner Umfrage unter den Analytikern der britischen Gesellschaft für Psychoanalyse aus dem Jahre 1938 überzeugend dokumentiert (Glover, 1955). Manche Analytiker z. B. plädieren für die Anwendung der Grundregel – andere lassen sie weg; manche legen Wert auf die Bearbeitung der Träume, andere weniger oder gar nicht. Eine andere Frage ist, wie man mit dem, was man vom Patienten wahrnimmt, umgehen soll. Soll man vornehmlich den Inhalt der Mitteilungen oder mehr ihre Form bearbeiten? Ein weiterer großer Fragenkomplex ist der nach den Kriterien, mit denen wir bestimmen, was und wann wir etwas aufgreifen.

Besonders schwierig ist der Umgang mit dem schweigenden Patienten. An Wortmaterial gewöhnt, verschließt sich uns plötzlich die wichtigste Informationsquelle. Wir fragen uns, was im Patienten vorgeht, was wir jetzt tun sollen. Dauert das Schweigen an, ja währt es gar über Stunden, so werden wir unruhig und ratlos. Nun kommen bestimmte Gegenübertragungsgefühle in uns auf: Der eine wird unsicher und fragt, ob er etwas falsch gemacht hat, der andere fühlt sich zu Aktivitäten gedrängt, ein anderer wird ärgerlich, und einer beginnt zu werben und bietet Verständigungsbrücken an.

Eine der Gründe für die Unsicherheit im Umgang mit dem schweigenden Patienten liegt darin, daß der sprech- und sprachpsychologische Aspekt der Psychoanalyse aus historischen wie aus methodologischen Gründen stark im Vordergrund unserer Ausbildung steht. Daß die Psychologie des Schweigens keinen Platz daneben gefunden hat, sondern sehr weit im Hintergrund steht, hat damit zu tun, daß der Einfluß desjenigen Forschers auf die Technik, der sich ganz besonders mit dem Schweigen, das ist mit dem Problem der frühen Objektbeziehungen – Balint spricht hier von einer Zweipersonen-Psychologie (Balint 1967) – beschäftigt hat, Sandor Ferenczi, zur Zeit sehr gering ist.

Diese Arbeit will kein Übersichtsreferat geben, sondern einen Ordnungsversuch mit Hilfe der theoretischen Konzepte der Psychoanalyse unternehmen. Sie fungieren dabei als der Rahmen, innerhalb dessen sich die Fülle der empirischen Daten sammeln läßt und liefern zugleich die Kategorien für die methodische Bearbeitung des Gegenstandes.

Ich will nun zeigen, wie die verschiedenen psychoanalytischen Konzepte, die im Laufe der Zeit entwickelt worden sind, zu jeweils anderen Techniken im Umgang mit dem schweigenden Patienten geführt haben.

II. Klassifizierung des Schweigens unter konzeptuellen Gesichtspunkten

Nachfolgende Tabelle stellt die einzelnen Gesichtspunkte übersichtlich dar:

Konzept	Triebpsychologische Gesichtspunkte	
Heilungsziel	Bewußtmachung der sich im Schweigen manifestierenden Triebimpulse, Sprechen anstelle von Schweigen	
Heilungsweg	Behebung des Schweigens als Störung, Triebabfuhr, Einsicht	
Im Schweigen sich manifestierende Triebimpulse	Provokation des Objektes durch diese Impulse (Übertragung-Wiederholungszwang)	
Oral-rezeptive Impulse: Wunsch, gefüttert zu werden (Worte = Milch)	Analytiker soll sprechen, d. i. füttern	
Anal-retentive Impulse: Zurückhalten (Worte = Kot; Mund = After)	A. soll bitten, fordern, streiten A. soll sich ohnmächtig fühlen	
Passiv-homosexuelle Impulse: Wunsch nach Passivität	A. soll aktiv werden. Worte = eindringender Penis	
Masochistische Impulse: Schmerzlust	A. soll schimpfen, strafen, mit Abbruch der Analyse drohen	
Phallisch-narzißtische Impulse: verdecktes Zeigen rivalisieren	A. soll schauen A. soll Kampf aufnehmen (Schweigeduell)	
Onanistische Befriedigung	A. soll sich frustriert fühlen, um Kontakt bitten oder die narzißtischen Phantasien teilen	
Vergewaltigungswunsch bei Frauen	A. soll das Schweigen brechen: Worte = Penis; Sprechen = Eindringen	
Symbolbedeutung: Schweigen = Totsein (Ferenczi, 1964)		

Änderung durch Einsicht und Erleben

A/B/C: Abwehr-, anpassungs- und konflikttheoretischer Aspekt	C: Schweigen als Leistung/Störung kognitiver Ich-Funktionen	D: Über-Ich-psychologische Aspekte des Schweigens

A.1. Allgemeine Aspekte
Schweigen als Manifestation der Mechanismen
Verdrängung, Isolierung, Negation, Projektion, Regression
2. Spezielle Aspekte
Schweigen als Abwehr oral-erotischer Aktivitäten wie Saugen und „orale Masturbation" (Abraham, 1916)
Schweigen als Abwehr von Fellatio-Wünschen (Loewenstein, 1959)
Schweigen als Identifikation mit dem Schweigen des A (Freud, 1893)
3. Iatrogener Aspekt
Schweigen als eine Ich-Abwehr gegen inkorrekte, taktlose, schlecht dosierte, zeitlich falsch plazierte Deutungen (Arlow, 1959; Freud, 1893; Nacht, 1964).
4. Schweigen als Hemmung der Motorik: die die Motorik leitende Ich-Funktion ist infolge von Triebbesetzung gestört.
B. Mit Hilfe von Anpassungsvorgängen wie Isolierung und Regression bewältigt das Ich im Schweigen bestimmte Aufgaben.
C. Schweigen als Resultat intra - oder intersystematischer Konflikte.
	1. Schweigen als schöpferischer Akt. Synthetisch-produktive Leistung.
	2. Die durch Triebderivate, Affekte, gestörten kognitiven Funktionen versagen
	   a) bei der Wahrnehmung und Beurteilung aufsteigenden Es-Materials,
	   b) auf Grund von Strafdrohungen von Seiten des Über-Ich,
	   c) auf Grund von Ich-Energie verzehrenden Abwehrhandlungen.
	3. Die durch Triebderivate, Affekte, die analytische Situation selbst, gestörten kognitiven Funktionen versagen. Der exekutive Ich-Anteil rettet die Situation durch eine Aktion
	   a) Schweigen als „acting out",
	   b) Schweigen als „acting in" (Nunberg, 1959).
		1. Schweigen als Folge eines Sprechverbotes durch das Über-Ich.
		2. Schweigen als Sprechhemmung, um einem Konflikt mit dem Über-Ich auszuweichen.
		3. Schweigen als Ausdruck einer Bestrafung des Ich durch das Über-Ich (Befriedigung von Schuldgefühlen durch einschränkende Strafe).

Objektpsychologischer Aspekt	Schweigen unter symptomatologischem Aspekt
Erfahrung einer neuen Objektbeziehung	
Änderung durch Erleben am Objekt	
1. Konzept: Primäre Objektliebe (Ferenczi) Das Schweigen ist der Versuch, via Regression in die Phase zwischen dem 12. und 18. Lebensmonat, die primäre Objektliebe zu erhalten.	1. Konversionssymptome
2. Konzept: Therapeutische Regression (Balint) Die therapeutische Regression ist der Versuch, von der Ebene der „Grundströmung" aus einen „Neubeginn" zu unternehmen. In dieser Situation tritt häufig Schweigen auf als averbale Objektbeziehung.	2. Passagère Symptombildung in der Analyse
3. Konzept: „Corrective emotional experience" (Alexander) Im S. will der Patient am A. neue Erfahrungen machen. Er sucht ein Objekt, das sich anders verhält als die Elternobjekte.	3. Hemmung der Motorik.
4. Konzept: Das Fundament der psychoanalytischen Behandlung ist eine non-verbale, präobjektale Kommunikation (Nacht, 1964 S 40). S. ist ein Wiederbeleben eines inneren Zustandes von Fusion und perfekter Union mit einem Objekt, das die Trennung vom Objekt und die Unterschiede zwischen sich und dem Objekt aufheben will.	4. Charakterneurotisches Symptom: Der Schweiger, der Verschlossene, der Verborgene, der Nicht-Vertrauende.
5. Konzept: Reorganisation mißglückter Kommunikationsversuche. Im Schweigen versucht der Patient in der Ich-Entwicklung mißglückte Akte in der Beziehung zum Analytiker zu reparieren: Schweigen als wortloses sich jemanden Anvertrauen; als Nein-Sagen, etwas zurückhalten; als Mitteilung, daß er sich so wie er ist, d.h. ohne etwas zu tun, gut und richtig findet; als Aufforderung, daß der Analytiker seine (des Patienten) Phantasien mit ihm teile (Freud, 1919).	5. Psychotisches Symptom (mutistischer Stupor).

III. Die aus den verschiedenen Konzepten abgeleiteten
Behandlungstechniken

1. Beginnen wir mit dem triebpsychologischen Aspekt der Technik:

Die erste psychoanalytische Theorie der Neurosen, die wir die dynamische nennen, besagte, daß unbewußte Triebwünsche zu seelischen Störungen führen können. Die sich aus diesem Konzept ergebende Theorie der Therapie spiegelt sich in den Anweisungen wider: Aufhebung der Kindheitsamnesie, Bewußtmachung des Unbewußten und Beseitigung aller Störungen, die sich diesem Vorhaben entgegenstellen. Es war eine Therapie des Es, und ihr Hauptaugenmerk lag auf den unbewußten *Inhalten*.

Die fast ausschließlich verwendete Informationsquelle war das gesprochene Wort.

Von dieser theoretischen Position aus gesehen, erschien Schweigen als eine bloße Behinderung bei der analytischen Arbeit. Als Ursache des Schweigens erkannte man Widerstände, bestimmte Gefühle, d. h. Triebderivate, preiszugeben – wir würden in einer späteren Ausdrucksweise sagen Verdrängungs- und Übertragungswiderstände (Freud, 1912, 1921; Ferenczi, 1911; Abraham, 1916). Zur Behebung der Störung werden eine Reihe von Handlungsanweisungen gegeben, die unter sich sehr verschieden sind. Allen gemeinsam ist jedoch eine entschiedene Aktivität, das Hindernis aufzuheben. (Auch das von Ferenczi und Reik empfohlene Gegenschweigen ist aktiv-provokativ gemeint.) Diesem Ziele dienen Fragen wie „Woran denken Sie?", „Was geht in Ihnen vor?", „Haben Sie ähnliches schon früher, außerhalb der Analyse erlebt?", „Woran erinnert Sie das Schweigen?", „Was glauben Sie, könnte Ihr Schweigen ausdrücken wollen?", „Könnte Ihr Schweigen etwas mit mir oder der Behandlung zu tun haben?" usw.

Es folgen nun einige der wesentlichen Handlungsanweisungen, wie sie aus dem genannten Konzept erwachsen sind: Man solle den Patienten drängen und ermahnen, sich weiterhin an die Grundregel zu halten und sich größtmöglicher Aufrichtigkeit zu befleißigen, gegebenenfalls ihm mitteilen, er stehe unter der Herrschaft eines Einfalls, der sich mit der

Person des Arztes oder mit etwas zu ihm gehörigem befasse, und ihn ermahnen, auch diese Einfälle ehrlich mitzuteilen[1] – so etwa Freud (Freud, 1919, 1921). Man solle ihm erzieherische Hilfen geben, indem man ihm die Grundregeln nochmals erklärt und auf die Wichtigkeit ihrer Einhaltung hinweist – so Ferenczi 1918 (Ferenczi, 1918). Man solle den Patienten ermutigen und beruhigen und ihm mitteilen, daß man Verständnis dafür habe, daß er sich nicht an die Grundregel halte – so Nunberg (1932). Man solle die Gedanken und Empfindungen des Patienten, die dieser nicht aussprechen könne, zu erraten versuchen und sie mitteilen. Freud (1912) und Abraham (1916) bedienen sich bei diesem Erraten rationaler Methoden. Sie sammeln und ordnen bereits bekannte Daten aus der Biographie des Schweigers und versuchen, daraus eine Konstruktion zu machen, die das Schweigen verstehbar machen soll. Diese bieten sie dem Patienten an. Reik will diesen Vorgang rein intuitiv gehandhabt wissen und erhebt die Forderung nach dem „Lauschen mit dem dritten Ohr" (Reik, 1948). Man solle Schweigen mit Schweigen beantworten. Ferenczi (1918), von dem diese Anregung ausgeht, stellt fest, der Patient könne dieses Schweigen schwer ertragen, er bekomme dann die Empfindung, daß ihm der Arzt böse sei, d. h. er projiziere sein schlechtes Gewissen auf ihn, und das bringe ihn schließlich dazu, nachzugeben und mit dem Negativismus zu brechen. Acht Jahre später greift Reik die Bedeutung des Schweigens für den Patienten erneut auf. Er unterscheidet Sprechen und Schweigen unter triebpsychologischen Gesichtspunkten: Sprechen sei Ausdruck des Liebes-, Schweigen des Todestriebes, der Destruktion, stellt er fest. Das Gegenschweigen des Analytikers erhalte seine theoretische Begründung daher, daß es dem schweigenden Patienten die in ihm liegende unbewußte Destruktion bewußt mache (Reik, 1927).

Der zweite Verstehensansatz aus dem dynamischen Konzept heraus erfaßt das Schweigen als Triebbefriedigung oder deren Abwehr: Die

---

[1] Ein Jahr bevor Freud die Übertragungsliebe in „Erinnern, Wiederholen und Durcharbeiten" definierte, hatte er bereits an der Cordelia aus dem „König Lear" (Freud, 1913) die Beobachtung gemacht, daß „sie liebt und schweigt" und daß dieses Verstummen dem geliebten Vater gegenüber sich unkenntlich machen und sich verbergen bedeutet.

Mundregion und die Funktion des Sprechens werden in den Dienst partialtriebhafter Impulse gestellt. So beschreibt Ferenczi 1916 das Schweigen als Ausdruck anal-erotischer Lust am Zurückhalten (1916), Abraham im selben Jahr als Abwehr oral-erotischer Aktivitäten wie Saugen und „orale Masturbation" (1916).

Die sich daraus ergebende Technik war die, durch schrittweise Deutungsarbeit dem Patienten den unbewußten Sinn des Schweigens aufzuzeigen. Neben diesen auf Einsicht abzielenden Maßnahmen gab es andere, die darauf ausgerichtet waren, den Patienten *erleben* zu lassen, was er mit diesem Wunsch am Analytiker bewirken wolle. Ferenczi entwickelte sich hier zum Meister einer affektiv hochgespannten Übertragungstechnik.

2. Wenden wir uns nun den ich-psychologischen Gesichtspunkten zu:

Die Feststellung Freuds (1938) aus einer seiner letzten, nicht mehr abgeschlossenen Arbeiten: „Die Neurosen sind ... Affektionen des Ich...", könnte als Motto über die nun zu beschreibende Ausweitung des Problems gesetzt werden.

a) Die Analyse formaler Verhaltenselemente als Vorläufer der ich-psychologischen Behandlung des Schweigens

Das erste Kapitel dieses Abschnittes muß mit dem Bericht über Ferenczis Entdeckung eines neuen Zugangs zum Verständnis des Patienten eröffnet werden, weil sie von größter Fruchtbarkeit für die Technik wurde. Sie gehört aber auch deshalb an den Anfang dieses Kapitels, weil sie zu einer Zeit gemacht wurde, in der die Konturen der Ich-Psychologie sich erst unscharf abzuzeichnen begannen. In den Jahren zwischen 1912 und 1919 erkannte er, daß nicht nur das Aufnehmen der Inhalte des Mitgeteilten oder das Isolieren von Widerständen, sondern auch das Registrieren formaler Elemente des Verhaltens für die Kur bedeutsam seien. Er hat damit einmal die Analyse von Charakterneurosen möglich gemacht, zum anderen unser Verständnis der Übertragung entscheidend vertieft. Beides ist für den Umgang mit dem schweigenden Patienten wichtig. Wir erinnern uns, daß zu den formalen Elementen, die er studierte, u. a. die Sprechweise und die Art des Assoziierens gehörten, und daß er lernte, sie als passagère Symptombildungen während der Analyse oder als Zeichen der habituellen Abwehr zu verstehen (1911, 1912). Er machte, auch das müssen wir uns zurückrufen, die Erfahrung, daß der Patient diese Verhaltensweisen als absolut „natürlich" empfindet und daß der Erfolg der Analyse davon abhängt, wie weit es gelingt, sie bewußt zu machen. Diese Erkenntnisse setzen sich für die Handhabung des Schweigens in folgende Operationen um: in einer ersten Phase wird das Schweigen immer wieder registriert, dann auch benannt, und zwar in einer rein feststellenden Weise zunächst. In einer zweiten Phase wird es dem Patienten sehr genau beschrieben. Etwa in der Art, daß ihm gezeigt wird, daß er nach einer Stunde lebhaften Sprechens regelmäßig in der nächsten Stunde in Schweigen verfalle, oder daß er stets, wenn ein bestimmtes Thema akut würde, zu schweigen beginne, und daß er dann unruhig daliege und seufzend atme. Nachdem der Patient in der Lage ist, diese Verhaltensweisen zu sehen, wird versucht, sie ihm aus seiner Biographie heraus verständlich zu machen und seine Wahrnehmungsfähigkeit für die Gefühle, die ihn jetzt und hier bewegen, zu verbessern. So lernt er einmal verstehen, welche Momente die Entwicklung seines Schweigens damals erforderlich gemacht haben, zum anderen, was jetzt in der Übertragung in ihm vorgeht und ihn zum Handeln, d. h. zum Schweigen, zwingt. Wenn beide Deutungsschritte verbunden werden können und der Patient das Situationsinadäquat seines Verhaltens nachfühlen lernt, kommt es zu einer Re-Emotionalisierung der formalen Elemente. Der Charakterpanzer wird erlebbar als Stück konfliktuöser Lebensgeschichte. Gegenüber der dynamischen Theorie der Therapie erscheinen bei Ferenczi zwei neue Elemente: Das *Verhalten* als zusätzliche Informationsquelle neben dem gesprochenen Wort und das *Erleben* des Patienten im analytischen Prozeß, dem er einen erstrangigen therapeutischen Wert beimißt.

b) Die Widerstandsanalyse des Schweigens

Die eigentliche ich-psychologische Forschung beginnt, historisch gesehen, mit der Erkenntnis, daß Teile des Ich, seine defensive Substruktur, im gleichen Maße unbewußt sind wie die bisher studierten unbewußten Triebinhalte. Die erste Leistung des neuen topographisch-strukturellen Konzeptes war die Herausarbeitung einer Reihe spezifischer Abwehrmechanismen. In diesem Kontext erscheint das Schweigen als Ausdruck für das Vorliegen von Mechanismen, wie Verdrängung, Isolierung, Negation, Projektion und Regression. Schweigen und Sprechen werden in abwehrtheoretischem Modell erstmalig ganz scharf als die Spiegelung des Ödipuskomplexes auf der Ebene der sprachlichen Kommunikation gesehen: der Triebwunsch zu schweigen, steht der Befolgung des Gesetzes (Sprache ist Ordnung und Gesetz) entgegen. Die daraus resultierende Theorie der Therapie besagt, daß die im Schweigen abgewehrten Triebimpulse dem Ich zugänglich gemacht werden müssen, d. h. Sprache werden und damit Teil einer sagbaren, das ist einer geordneten Welt. Die Handlungsanweisung aus diesem Theoriestück für den Umgang mit dem Schweigen heißt, dem Patienten bewußt zu machen, daß er Aktionen ausübt, die ihm nicht bewußt sind. Dies geschieht in dem bekannten Dreierschritt, der ihm zeigt, daß, wie und was er abwehrt. Bei Reich (1933) wird dies in der Form durchgeführt, daß der Widerstand des Schweigens zerschlagen wird, bis er nicht mehr besteht (so z. B. die Beschreibung des Kampfes zwischen Reich und dem Patienten mit dem schweigenden Lächeln als Abwehrhaltung zum Zwecke der Aufhebung dieses Charakterwiderstandes in Kapitel IV, 2 e seiner Charakteranalyse), bei Anna Freud wird die Arbeit am Widerstand zum essentiellen Bestandteil der Gesamtanalyse. Der eine sieht seine Aufgabe in der Beseitigung des Schweigens, die andere in einem immerwährenden Umgehen damit. Anna Freud dreht Reichs Maßnahme geradezu um, wenn sie feststellt, nicht die Befolgung der Grundregel, also das Sprechen, sondern der Kampf um ihre Befolgung ist das, worauf es uns ankommt (1946).

c) Der Einfluß der Lehre von der Anpassungsleistung der Mechanismen auf den Umgang mit dem schweigenden Patienten

In einer späteren Phase kommt es zu der Entdeckung, daß die Abwehrmechanismen, die bis dahin vornehmlich in ihrer Bedeutung für die Symptombildung studiert worden waren, auch im Dienste der Anpassung stehen können (Hartmann, 1960), der sich dann die Erkenntnis anschließt, daß alle Abwehrmechanismen gleichzeitig sowohl der inneren Triebrestriktion als auch der Anpassung dienen, daß dies nur zwei Seiten derselben Sache seien (A. Freud, 1965). Die Bedeutung dieses neuen Theorems für die Technik will ich am Beispiel der Isolierung und der Regression zeigen, die sich ja beide gerne des Schweigens bedienen. In belastenden Situationen der Analyse, in denen sich der Patient von inneren oder äußeren Gefahren bedroht sieht, benutzt er z. B. das isolierende Schweigen als eine alte, erprobte Methode der Bewältigung starker Emotionen. Nun ist es wichtig, auch an den Anpassungscharakter dieses Vorganges zu denken. Vielen Patienten gelingt es mit seiner Hilfe, die Situationen zu meistern, der Affekte Herr zu werden. Als der Patient diese Methode in seiner Kindheit entdeckte, hat es ihn mit Stolz erfüllt, eine so schwierige Lage, wie sie ein Affektsturm für ihn darstellt, durch Isolierung des Affektes und rationale Denkarbeit meistern zu können. Diesen Stolz fühlt er auch jetzt in der Analyse wieder, vielleicht durch verbiegende Erfahrungen, durch ich-schädigende Folgen von Abwehrhaltungen oder ängstigende Über-Ich-Mahnungen ihm selber und uns kaum noch sichtbar. Sehen wir uns jetzt die Regression auf eine averbale Kommunikationsebene an. Auch sie diente einmal dazu, sich aus unerträglichen und nicht mehr verbal zu bewältigenden Lagen auf Positionen zurückzuziehen, die einmal vertraut waren und in denen man sich sicher fühlte. Auch das kann eine Leistung gewesen sein, wenn es dem Ich durch den Rückzug gelang, neue Kräfte zu gewinnen, die es ihm ermöglichten, die vorher unlösbar erscheinenden Schwierigkeiten nun erneut und erfolgreich angehen zu können. Kris prägte dafür die Formel „Regression im Dienste des Ich" (Kris, 1934). Der Umgang mit dem Schweigen gestaltete sich unter dem Einfluß dieses neuen Stückes der Theorie in der Weise um, daß das Schweigen zunächst einmal als etwas an sich Bedeutsames erkannt wird, das akzeptiert werden muß. Damit änderte sich nicht nur der modus procedendi, sondern das Beziehungsklima. Während vorher das Schweigen ein Störmoment oder ein Widerstand war, das beseitigt werden mußte, ist es jetzt etwas, dem Raum gegeben wird, das in den Stunden geschehen darf. Die Deutungsarbeit beschränkt sich darauf, daß Patient und Analytiker diese Ich-

Leistung in ihrem Wert für die Meisterung einer akuten Krise erkennen, daß der Patient die Gefühle des Stolzes in sich wahrnehmen lernt und ihm deutlich wird, daß er es war, der hier für den Fortgang seiner Analyse etwas Entscheidendes geleistet hat. Dies ermöglicht dem Kranken, eine neue Art des „Arbeitsbündnisses" („working alliance", Greenson) zu erleben und damit etwas, was ihm genetisch in seinen Beziehungen zu den Erziehungspersonen versagt geblieben war.

d) Die Bedeutung der Isolierung autonomer Ich-Funktionen aus dem Ich-Komplex für den Umgang mit dem schweigenden Patienten

Mit dem abwehrtheoretischen Teilstück zu einer psychoanalytischen Theorie des Ich eng verbunden, entwickelte sich das Konzept der autonomen Ich-Funktionen. Im Prozeß ihrer Erforschung wurde ein Sektor des Ichs deutlicher, der bisher für den praktizierenden Analytiker kaum eine Rolle gespielt hatte, da sein Interesse auf die Triebe und ihre Abwehr gerichtet gewesen war. Ich-Funktionen wie Wahrnehmen, Prüfen, Urteilen, Denken und Sprechen waren außerhalb der Triebtheorie nur im Prozeß des Durcharbeitens als bedeutsam angesehen worden. In dem Maße, in dem man nun entdeckte, wie wichtig ihre Autonomie für das intakte Funktionieren des seelischen Apparates ist, lernte man auch sehen, wie leicht sie durch Triebprozesse und die damit verbundenen Konflikte in ihren Möglichkeiten bedroht werden können.

Die Bedeutung dieses Konzeptes für den Umgang mit dem schweigenden Patienten war besonders groß, weil ja die Sprache mit zu den autonomen Ich-Leistungen gehört. Schweigen wird damit in einer neuen Dimension, dem Versagen der Ich-Funktion des Sprechens, verstehbar.

Loewenstein formuliert dies an einem Fallbeispiel so: Ein schweigender, entmutigter männlicher Patient befindet sich abwehrtheoretisch gesehen in einer Situation, in der er den Haß auf den Analytiker nicht mitteilen kann. Würde man nur diese Seite sehen, führt er aus, würden beide nicht wahrnehmen, daß sich in dieser Situation auch ein bestimmtes Ich-Verhalten mitteilt, nämlich die Passivität des Patienten in seiner Beziehung zum Analytiker als Ausdruck seiner Unfähigkeit, aktiv, kämpfend, gestaltend mit der analytischen Forderung, seine Gedanken mitzuteilen, umzugehen (Loewenstein, 1959).

Das Neue an diesem Konzept gegenüber dem abwehrtheoretischen ist, daß erkannt wurde, daß es Erlebnisse in der Analyse gibt, welche die kognitiven Ich-Funktionen außer Kraft setzen. Das führt zu einem Verständnis des Schweigens als eines Versagens entweder der Wahrnehmungsfunktion für Gedanken, Gefühle und Affekte oder der Sprechfunktion. Ursachen für dieses Versagen können einmal darin liegen, daß die Abwehr gegenüber aufkommenden Triebimpulsen versagt und sich das Ich davon so sehr betroffen fühlt, daß es verwirrt, ratlos, hilflos, stumm wird, oder aber die Abwehr in dieser Situation so sehr verstärkt wird, daß sie alle verfügbare Energie verzehrt: das Ich verarmt oder erstarrt. Derselbe Effekt kann durch einen außergewöhnlichen Druck von Seiten des Über-Ich zustande kommen. Hier führt die Angst, ihm nicht genügen zu können, zu Einengung und Lähmung der autonomen Funktion – die Angst macht das Ich sozusagen dumm. Ferner darf man nicht vergessen, daß der analytische Prozeß selbst eine Schwächung der autonomen Ich-Funktionen herbeiführt – einmal durch die Regression, zum anderen durch die analytische Forderung, sich der Phantasietätigkeit hinzugeben bei gleichzeitig verringerter Möglichkeit der Realitätsprüfung in der Übertragungssituation.

Von den autonomen Funktionen her gesehen, bekommt das Schweigen aber auch noch eine andere Bedeutung: Es kann als schöpferischer Akt verstanden werden, als der kreative Prozeß, in dem sich die Dinge ordnen, neu strukturieren, Nahes mit Fernem in Zusammenhang tritt und sich neue Verknüpfungen und Verbindungen herstellen. (Darauf hat Bally, der so viel über den kommunikativen Prozeß zwischen Analytiker und Analysand nachgedacht hat (1965), immer wieder aufmerksam gemacht. So versteht er Schweigen auch als das stille Hören des Patienten auf neu sich bildende innere Vorgänge und ihr Verstehen (1952)).

Die Handlungsanweisung aus diesem Konzept lautet, dem Patienten dabei zu helfen, die Störung wahrzunehmen. Es geht also hier zunächst nicht um Bewußtwerden von Unbewußtem, sondern um Gewahrwerden und Bemerken. Erst dann können wir mit ihm die Motive untersuchen, die zu dieser Störung geführt haben und ihm verständlich machen, daß wir seine Situation nachfühlen können. Loewenstein hat die operationalen Schritte, die hier von der Theorie der Therapie her für den schweigenden Patienten notwendig sind, wie folgt systematisiert: Der Analytiker hat die Aufgabe, zuerst die autonomen Ich-Funktionen so zu verbessern und zu formen, daß der Patient in die Lage versetzt wird, zu verstehen, und dann, daß er lernt, seine Gedanken in Worte zu kleiden, und dann erst die Einsichten im therapeutischen Sinne zu integrieren (Loewenstein, 1959). Im selben Sinne betont Zeligs (Zeligs, 1960), daß es nicht unsere Aufgabe sei, den schweigenden Patienten zum Sprechen zu bringen, sondern mit ihm die Gründe seines Schweigens zu verstehen. Auch Moser (Moser, 1961/62) fordert, dem Schweiger Zeit einzuräumen und ihn nicht zum Sprechen bewegen zu wollen. Wir sehen, daß jetzt das Schweigen nicht mehr als Störfaktor gilt, sondern als ein Gegenstand der analytischen Arbeit angesehen wird wie jeder andere, der Traum oder die Assoziationen. Dem schöpferischen Schweigen gegenüber kann sich der Analytiker der ruhigen Teilnahme überlassen. Er sollte sich aber nicht zurückhalten, seiner Freude an dem schöpferischen Vorgang und an der sich entfaltenden Autonomie des anderen Ausdruck zu verleihen.

3. Kommen wir jetzt zum letzten, dem objektpsychologischen Aspekt der Technik:

Die objektpsychologische Theorie der Psychoanalyse hat zu einer ganz anderen Auffassung des Schweigens und demzufolge zu einer anderen Technik geführt.

a) Sehen wir uns zunächst Ferenczis Theorie an, von dem diese Behandlungsweise ihren Ausgang nimmt. Nach dem Scheitern seiner Experimente mit einer aktiven Therapie versucht er nach 1927 neue Wege, welche Balint als „Wegweiser zu künftigen Entwicklungen" bezeichnet hat (Balint, 1966).

Ausgehend von der Vorstellung, daß die Wiederholung traumatischer Kindheitssituationen in der Analyse unerläßlich sei, verhalf er den Patienten dazu, indem er den Regressionsvorgang förderte. Damit stellte sich ihm die Frage, wie man vermeiden kann, daß es zu einer bloßen Wiederholung der Traumata und nicht zu einer Auflösung kommt? Da er glaubte, daß der Patient unter dem Druck der nun einsetzenden Gefühlsregungen von Worten der Erwachsenensprache nicht mehr erreicht werden könne, schlug er vor, ihn am Objekt des Analytikers neue Erfahrungen machen zu lassen. Dies versuchte er auf die Weise zu bewerkstelligen, daß er positiv auf die Wünsche, Begierden und Bedürfnisse des regredierten Patienten einging.

Von diesen Überlegungen aus gestaltet sich der Umgang mit dem Schweigen – Schweigen ist eines der Merkmale für die eingetretene Regression – zu einem Akt mitfühlender Teilnahme[2]. Unter Zurückstellung der Abstinenzregel forderte Ferenczi (1931), daß der Analytiker dem Patienten gibt, was ein Kind von einem Erwachsenen, der es lieb hat, erwarten würde. „Healing", sagt er, „ist die beruhigende Wirkung des Zuspruchs und der Zärtlichkeit" (1932a). Will man etwas von dem besonderen Klima dieser Therapie erfahren – Valenstein (Valenstein, 1964) spricht von „love cure" – muß man das Buch von Izette de Forest „The leaven of love" (1954) lesen, die zwischen 1925 und 1929 Ferenczis Schülerin war, und den Bericht von Eleanor Burnet über ihre Behandlungsanalyse bei Ferenczi in jenen Jahren (Burnet, 1961; Mos, 1952).

b) Da in den letzten Jahren der größte Teil des Balintschen Konzeptes in deutscher Sprache erschienen ist und auch bereits eine systematische Darstellung seines Beitrages zur Theorie und Praxis der Psychoanalyse von Loch vorliegt (1966), kann ich gleich mit der Frage beginnen, welche Auswirkungen dieses Konzept auf den Umgang mit dem schweigenden Patienten hat. Zunächst einmal wird das Schweigen (hier sind schwerere Formen desselben gemeint) als Ausdruck der speziellen Weise der Objektbeziehung dieses Patienten mit seinem Analytiker interpre-

---

2 An Ferenczis Entwicklungsweg erkennt man die Beziehung, die zwischen dem Interesse am Schweigen als einer frühen Kommunikationsform und der objektpsychologischen Betrachtungsweise besteht: Ersteres führt notwendig zur Beschäftigung mit der Kind-Mutter-Beziehung. In diesem Zusammenhang erscheint es nicht zufällig, daß Melanie Klein mit ihrer Kinderanalyse in der Budapester Klinik von Ferenczi (1917/18) begonnen hat.
Ferenczis Interesse am Schweigen zieht sich durch sein ganzes Leben: Er schreibt in der Frühphase der Analyse die einzige Arbeit, die ausschließlich dem Schweigen gewidmet ist (1916), und bis in die letzten Monate seines Lebens hält ihn dieses Problem fest, wie Notizen vom Oktober 1932 zeigen (1932b).

tiert. Sein Auftreten ist in der Regel das Zeichen der Regression und markiert bei anhaltendem Bestehen in charakteristischer Weise, daß der Patient die Ebene der Grundstörung erreicht hat. Daraus ergeben sich für den Analytiker folgende Schwierigkeiten: 1. Deutungen sind wertlos, weil die Worte unserer konventionellen Sprache den regredierten Patienten nicht erreichen und für ihn ihren Sinn verloren haben; 2. Deutungen sind unzweckmäßig, da gar kein Konflikt oder Komplex, der mit Deutungen aufzuhellen oder aufzulösen wäre, dem Schweigen zugrunde liegt, sondern ein Mangelzustand im weitesten psychobiologischen Sinne. Welche Möglichkeiten gibt es nun, solchen Patienten zu helfen? Balint zeigt zunächst drei Wege, von denen er glaubt, daß sie alle drei heillos in die Irre führen. Der erste ist der, daß der Analytiker sich für seinen Patienten in ein mächtiges, kenntnisreiches Objekt verwandelt, was den Nachteil hat, daß sich der Patient an ihn klammern wird und gerade jene Position der Freiheit nicht findet, von der aus ein „Neubeginn" einzig möglich ist. Der zweite Weg ist der, daß der Analytiker sich seinem Patienten gegenüber zu scharf konturiert oder als ein sehr genau umschriebenes Objekt handelt, weil er damit seinem Patienten zeigt, daß sie zwei verschiedene Objekte sind. Das bringt dem Patienten zum Bewußtsein, daß er hoffnungslos vom anderen getrennt ist. Dadurch verstärkt sich die Grundstörung. Der letzte falsche Weg ist der, daß der Analytiker sich als omnipotent ausweist. So sehr der Patient dies ersehnt, so sehr verurteilt es ihn letztlich zur Ohnmacht. Als wirkliche Hilfe, glaubt er, können dem Patienten nur dienen: 1. Die ruhige und unerschütterliche Akzeptation seiner Haltung (hier des Schweigens) als seiner Form, mit dem Analytiker umzugehen; 2. das gleichmäßige und stille Mitsein mit dem Kranken; 3. ein ihn Tragen in der Art wie Wasser den Schwimmer oder die Erde den Gehenden trägt und 4. eine Haltung der Unzerstörbarkeit (1967). Als sehr wichtiges Moment in diesem Prozeß erkennt Balint, daß die Patienten lernen müssen, mehr Spannungen in ihrem Ich zu ertragen (1938). Das wird im Umgang mit dem Schweigen zu einer komplizierten Aufgabe; Akzeptiert der Analytiker das Schweigen, gerät er in die Gefahr, die Spannung durch zu langes Mitschweigen zu überhöhen, geht er das Schweigen verbal an, erhöht er sie auch, weil der Patient sich dadurch in Frage gestellt sieht. (Wichtig, so betont Balint, ist, daß der Arbeit auf der Ebene der Grundstörung die Analyse des Über-Ich mit dem Abbau der Grausamkeit und der Aggressivität vorausgegangen ist.) Ferner wird der Analytiker seinem Patienten vermitteln, daß er keine Entwicklungsforderungen in einer bestimmten Richtung stellt, sondern daß er die Situation so nimmt, wie sie ist, daß er bereit ist, dem Prozeß des Neubeginns beizuwohnen und beizustehen, wie auch immer er sich gestalten mag. Er wird auch nicht verbergen, daß er keine Geheimmittel besitzt, die Leere, den Mangel, aus dem das Schweigen erwächst, beseitigen zu können. Die Therapie, so meint Balint, habe nur dann eine reale Chance, wenn der Analytiker zu einer „primären Substanz oder zu einem primären Objekt" für den Patienten zu werden vermag (1964).

Ich will an dieser Stelle den Fortgang der Darstellung unterbrechen, um zur Kontrastierung, zur Verdeutlichung meines Themas, einen Exkurs einzuschieben, der zeigen soll, wie ganz anders der technische Umgang mit dem schweigenden Patienten aussieht, wenn von einem anderen Modell, hier einer anderen Konzeption des Regressionsbegriffes, ausgegangen wird[3]. Für die Vertreter dieses Konzeptes handelt es sich bei der Regression um einen Vorgang, bei dem frühere Positionen der Libido- und/oder Ich-Entwicklung wieder besetzt werden, ohne daß der Boden der ödipalen Objektbeziehung verlassen wird. (So ist denn auch für Freud der Terminus „präödipal" der grundsätzliche Oberbegriff für präobjektal, präverbal usw. Damit weist er auf den Ödipuskomplex als die eigentliche Achse des Geschehens hin. Er bringt damit seine retroaktive Bedeutung zum Ausdruck. Für ihn, wie für Abraham, ist die frühe Kind-Mutter-Beziehung keine autonome Struktur – hier liegt das Mißverständnis Melanie Kleins, wenn sie sich auf Abraham zu stützen versucht.) Demzufolge behält das gesprochene Wort die Bedeutung bei, die es für das Kind auf der ödipalen Entwicklungsstufe einmal erlangt hatte. Deutungen dürfen rein verbal sein, da das Ich des Kranken in der Lage ist, sie intellektuell zu verstehen, sie prüfend zu erwägen und daraus Einsichten zu gewinnen. Es ist dabei gleichgültig, ob die Regres-

---

[3] Balint ist kein Vertreter des aut-aut. Für ihn kann die Ebene der Grundstörung neben der ödipalen Ebene fortbestehen (1957).

sion in den Bereich des Averbalen vorstößt: In jedem Falle formuliert der Analytiker die partialtriebhaften Phantasien der jeweiligen Phase in der Form der späten (ödipalen) Begriffssprache. Schweigen ist hier also stets Nicht-Sprechen: Dieses Nonverbale wird aber nie mit präverbal, averbal und präobjektal gleichgesetzt.

Auf den technischen Umgang mit dem Schweigen angewandt, sieht das so aus, daß der Analytiker je nach der Triebphase, auf die der Patient regrediert ist, d. h., die also jetzt die Natur des Schweigens bestimmt, seine Deutungen formuliert. In einem Falle wird er z. B. davon sprechen, daß der Patient seine Worte wie Fäzes behandle, die er jetzt zurückhalte, um damit dem Analytiker zu zeigen, daß er die Macht habe, den Prozeß der Analyse zu kontrollieren und zu dirigieren; im anderen Falle wird er ihm z. B. sagen, daß er mit diesem Schweigen sein Verlangen nach oraler Befriedigung ausdrücke, und daß er jetzt von seinem Analytiker die Phantasie entwickle, er habe eine Brust und solle ihm Milch (Worte) geben. Diese Deutungen basieren auf der Vorstellung, daß der Patient sie in ihrem Symbolcharakter erkennen kann. Und stets sind sie nur Operationen zur Aufhebung des Introversionsvorganges, zur Befreiung der Libido von den früheren Fixierungen, also bloße Vorbereitungen für spätere Deutungen im Kontext der phallischen Triebthematik.

Wenden wir uns nun zwei weiteren Autoren zu, Rado und Alexander. Wenn auch beide von anderen theoretischen Grundvoraussetzungen ausgehen als Ferenczi und Balint, so gehören sie doch in dem Sinne hier hin, als ihre Arbeit auf der Theorie der Objektbeziehung basiert. Für beide ist die Dynamik von Übertragung und Gegenübertragung das kardinale Medium der Therapie.

Während bei den bisherigen Beispielen die Änderung der Technik aus einer neuen Konzeption der psychoanalytischen Theorie erwachsen war, entstand sie bei Rado und Alexander auf Grund einer neuen Theorie der Therapie.

c) Beginnen wir mit dem Modell von Rado (1956). Auch hier steht die Objektbeziehung im Mittelpunkt: Stets geht es ihm darum, daß sich die Übertragung infantiler Gefühlsbeziehungen an der Realität der Zweierbeziehung mit der Person des Analytikers verdeutlicht und konkretisiert. Jedoch soll dies auf der Erwachsenenebene stattfinden, nicht auf der regressiven, weil Rado glaubt, daß regressive Bewegungen Versuche sind, infantile Positionen festzuhalten und den Analytiker in die Rolle der Eltern zu drängen. Die Annahme dieser Rolle müsse verweigert werden. Es erscheint ihm wichtiger, aktuelle Lebensschwierigkeiten miteinander zu bearbeiten, als Vergangenes zur Erinnerung zu bringen, weil, wie er formuliert, die Gegenwart ja immer die Vergangenheit mit enthält und von ihr determiniert wird. Er warnt davor, Therapie mit genetischer Forschung zu verwechseln. Der analytische Prozeß, so sein Konzept, soll die permanente Bearbeitung von Schwierigkeiten und Konflikten in der Beziehung zum Analytiker sein, eine Rekapitulation des emotionellen Reifungsprozesses der Vergangenheit im Spannungsfeld eines sehr konkreten Zweierverhältnisses. Dabei werden immer wieder die Tendenzen zum Festhalten angegangen und die Gegenkräfte, die sich vom Analytiker unabhängig machen wollen, ermutigt. Im Umgang mit dem schweigenden Patienten führt dies zu Handlungsanweisungen, die darauf abzielen, erstens dem Patienten zu zeigen, daß er schweigt, weil er eine Konfliktspannung *mit dem Analytiker* hat, zweitens ihm zu helfen, deren Motive zu erkennen und zu formulieren und drittens, diesen Konflikt auf der Ebene der Beziehung zu diesem realen Analytiker zu bearbeiten. Stellt sich das Schweigen als regressive Tendenz dar, so zeigt der Analytiker dem Patienten, wie er jetzt aus dem Analytiker eine Elternfigur zu machen versucht, anstatt wie ein Erwachsener mit dem Analytiker über seine Schwierigkeiten zu sprechen. Dabei zeigt ihm der Analytiker immer wieder, daß er mit der Realität besser umzugehen versteht, als die infantilen Tendenzen in ihm es wahrhaben wollen.

d) Alexander betont, daß die Arzt-Patienten-Beziehung sich sehr wesentlich von der Patienten-Eltern-Beziehung unterscheidet und sieht in diesem Unterschied das Moment, welches eine „korrigierende emotionale Erfahrung" ermöglicht. Ihr mißt er eine weitaus größere Bedeutung bei, als der durch Deutungen erreichbaren Einsicht. Das Ziel der analytischen Behandlung sieht er darin, daß der Patient die alten, emotionalen Verhaltensweisen, die er in den Konfliktsituationen mit den Eltern entwickelt, aufgibt und korrigiert. Das geschieht durch Wiederbelebung und Bewußtmachung derselben in der Übertragung. Ist das gelungen, kann das Ich die alten „pattern" an die veränderten inneren und äußeren Verhältnisse anpassen. Diese Überlegungen führen ihn zu einer technischen Operation, mit der er dem Patienten den Unterschied zwischen der Patienten-Eltern-Beziehung und der Patienten-Arzt-Beziehung zu verdeutlichen versucht: Dies macht er auf die Weise, daß er ein emotionales Klima in der Übertragung schafft, welches dem der Patienten-Eltern-Beziehung entgegengesetzt ist.

Für den Umgang mit dem schweigenden Patienten sieht das so aus, daß der Analytiker zu erraten versucht, welche Reaktionen der Patient vom Analytiker auf dieses Schweigen erwartet. Will er eine zurechtweisende, ermahnende, strafandrohende Antwort von ihm, verhält er sich in einer „berechneten" Weise freundlich, gewährend und wohlwollend, will er eine liebvolle, verwöhnende, nichtfordernde Antwort, wird er sich gegensätzlich verhalten. Dann kommt eine Phase, in welcher die Anpassungsschwierigkeiten des Ich an die neue Situation durchgearbeitet werden (1946).

IV. Kritischer Rückblick

Ich habe versucht, eine Klassifikation und Systematisierung des Schweigens unter konzeptuellen Gesichtspunkten durchzuführen. Hierbei muß die Fülle der klinischen Gesichtspunkte notwendig zu kurz kommen. Dann habe ich gezeigt, wie sich aus den verschiedenen Konzepten verschiedene Übersetzungen in technische Operationen entwickelt haben[4]. Von beiden Aspekten, dem systematisierenden wie dem technisch-therapeutischen, läßt sich feststellen, daß sie im Verlaufe der Jahre eine große Erweiterung und Differenzierung erfahren haben. Heute ist es möglich, sowohl die vielen Fazetten des Gegenstandes zu sehen als auch seine Geschlossenheit und Einheit. Zeligs (1960) formuliert die Mannig-

---

[4] In dem Streit um die richtige Technik zwischen Reich und Reik z. B. wird deutlich, daß hinter dieser Kontroverse mehr stand als eine Sachfrage, nämlich zwei hochidealisierte Weltanschauungen.

faltigkeit der Aspekte so: „Es (das Schweigen) kann angstbeladen oder konfliktfrei, ein Zeichen von Ich-Regression oder von Ich-Autonomie sein. Es kann vom Es, Ich oder Über-Ich ausgehen, oder von den Interaktionen zwischen den Systemen Es-Ich, Es-Über-Ich. Topologisch gesehen, kann der Prozeß des Sprechens auf irgendeiner Ebene des Systems bewußt-unbewußt als blockiert betrachtet werden. Schweigen kann – von Versagung oder Befriedigung begleitet sein.

Kurz gesagt, wir sind dahin gelangt, Schweigen als Teil der gesamten Kommunikationsmatrix, die sich in der Analyse ereignet, zu betrachten, und es besteht ein wachsendes Interesse an der Rolle, die es in Übertragung und Gegenübertragung spielt wie an seiner Bedeutung für die Technik."

Damit ist auch der Streit, welche Technik im Umgang mit dem Schweigen – es als Triebbefriedigung oder als Widerstand zu deuten – die richtige sei, behoben. Es geht darum, das Schweigen aus der Gesamtsituation der Analyse zu verstehen, zu begreifen, was es für diesen Patienten hier und jetzt bedeutet – und dann erst mit ihm zusammen Wege zu suchen, die dem Patienten weiterhelfen können. Es wird deutlich, daß das Schweigen auf diese Weise aus dem anfänglichen Bereich der negativen Bewertung als eines bloßen Störfaktors herausgekommen ist.

Daß es eines so langen und beschwerlichen Weges bis dahin bedurfte, hat zwei historische Gründe. Der eine ist der, daß die Psychoanalyse als Forschungsmethode in ihren Anfängen den sprechenden Patienten brauchte, um ihre Hypothesen prüfen und mit Beweismaterial belegen zu können (wir erinnern uns hier, daß die erste behandelte Patientin, Anna O., die Behandlung als „talking cure" bezeichnete); der andere ist der, daß sie sich aus dem therapeutischen Konzept der Katharsis entwickelt hat. Freuds frühe Formulierungen, daß er den Patienten dränge zu sprechen, daß er „unter dem Druck meiner Hand" zum Sprechen zu bringen sei (1893), wie die Tatsache, daß alle seine Fallberichte in die Zeit vor 1914 fallen, in der er nur mit Inhaltsdeutungen operierte, d. h. Schweigen nur als einen Störfaktor betrachtete, das die Freilegung der Inhalte behinderte, machte aus dem Schweigen ein negatives Phänomen. Dieser Aspekt verstärkte sich noch in der ersten Phase der Ich-

Psychologie, in der es als Widerstand des Ich gegen den therapeutischen Prozeß verstanden wurde. Die notwendigen Folgen davon waren, daß die Eigengesetzlichkeit des Schweigens gegenüber der des Sprechens nicht gesehen werden konnte und seine interpersonale Dynamik weitgehend verborgen blieb.

Neben den historischen Gründen ist noch ein methodologischer zu erwähnen. Er hat damit zu tun, daß die Psychoanalyse, wie alle anderen Wissenschaften auch, erst sehr spät über die Bedeutung der technischen Operationen selber nachzudenken begann. Demzufolge blieb ihr die Tatsache, daß die technischen Operationen das Objekt (den Patienten) wie das Beobachtungsfeld (die Übertragung) verändern, verborgen. So haben z. B. die Operationen, die dazu führen sollen, daß der schweigende Patient mitteile, was er nicht sagen kann, oder warum er es nicht sagen kann, alle einen Deklarations- und Manipulationscharakter: Sie wollen dem Patienten vermitteln, daß Sprechen etwas ist, was der Analytiker für die Durchführung der Behandlung für unerläßlich hält, oder mehr noch, daß Nichtsprechen als Widerstand empfunden wird. Damit ist der Entfaltung des Schweigens, vor allem als einer objektalen Beziehungsweise, der Boden entzogen. Die Zweipersonen-Beziehung wird in eine bestimmte Richtung gedrängt, und der Beobachter beraubt sich der Chance, mehr zu erfahren, als er gefragt hat.

Nachtrag 1983

Bei der triebpsychologischen Betrachtung von Sprechen und Schweigen weise ich darauf hin, daß das eine in den Bereich der phallisch-genitalen Trieb- und Ich-Entwicklung gehört, das andere in den Bereich des präödipalen, den Bereich der frühen Zweierbeziehung.

Das Sprechen hat eine an- und abschwellende Kraft, kann zustoßen, befriedigen, frustrieren – und befruchten: Hören als Empfängnis, im anderen etwas „erzeugen";

Das Schweigen bezieht sein Glück und seine Befriedigung aus dem harmonischen Verbundensein, Einssein mit dem anderen, sich fühlend verstehen. Im Falle der Beziehungsstörung wird es zum Ich-Schutz und dient der Abwehr (Trotz, Verschweigen, Aggression). Es hat seine

Wurzeln in der Welt der Mutter-Kind-Beziehung, der Zwei-Personen-Welt, der Welt der Phantasien, des Primärprozesses.

Schweigen kann daher entweder regressive Aufgabe des Sprachkontaktes sein – stets vorausgesetzt, daß es nicht die Reaktion auf störendes und verletzendes Verhalten des Analytikers ist – oder Ausdruck eines starken präödipalen Bedürfnisses nach Vereinigung. Letzteres gibt sich dadurch zu erkennen, daß es in der Regel mit Analysenbeginn einsetzt.

So wie das Erste Abwehr des Zweiten sein kann, kann Letzteres aber auch Abwehr des Ersteren, des genitalen Sprechkontaktes, sein, also eine Form von Kastrationsangst. Hartnäckiges, meist früh einsetzendes Schweigen, kann aber auch Ausdruck einer malignen Störung des Ichs sein: Der Patient erlebt sich als leer, wie tot. Ich lernte diese beiden Formen, das glückliche Schweigen im Vereintsein und das Verlorensein, Getrenntsein durch die Beobachtung von Körpervorgängen am Patienten unterscheiden. Während der glücklich Schweigende entspannt, gelöst, frei atmend daliegt, liegt der Schweiger im Objektverlust bewegungslos, leblos, wie verloren da. Therapeutisch genügen im Falle des frühen, glücklichen Schweigens Zulassen, das Bedürfnis spüren lassen und deuten, im anderen Falle sind Deutungen in der Regel wirkungslos. In manchen Fällen gelingt es, einen Weg aus diesem Zustand heraus zu finden. Oft aber versagen hier unsere Technik, unsere Kunst und unser mitmenschlicher Einsatz.

B. Das Schweigen des Analytikers

I. Einleitung

Wenn man sich heute über das Schweigen des Analytikers Gedanken macht, braucht man die alte Kontroverse Schweigen oder Sprechen, die mehr als ein Jahrzehnt die Analytiker zu hitzigen Diskussionen erregt hat, nicht mehr aufzugreifen[4]. Richtige oder falsche analytische Technik kann nicht daran erkannt werden, ob viel oder wenig geschwiegen oder gesprochen wird. Dieses Kriterium trägt nicht weit. So wirft z. B. Reik 1926, also sieben Jahre bevor Reichs „Charakteranalyse" erschien, den Psychoanalytikern vor: „Es wurde so viel über das Aussprechen in der Analyse gesprochen, daß man die seelische Wirkung des Schweigens fast völlig übersehen hat" (1927), und andere Analytiker sprechen im Gegensatz dazu von dem „Kunstfehler", den der Analytiker begehe, wenn er den analytischen Prozeß nicht durch seine Deutungen von Anfang an systematisch organisiere (Reich), oder davon, daß das konstante Schweigen nichts sei als der Ausdruck von „Verzweiflung" (Glover). Diese Kontroverse wurde nur dadurch möglich, daß beide Richtungen nicht sahen, daß hier ein nur scheinbarer Gegensatz vorliegt: Weder ist Schweigen passiv, noch Sprechen aktiv (der eine Streitpunkt), weder erfüllt der schweigende Analytiker die Idealvorstellung von der weißen Leinwand, auf die sich der Patient projiziert wie ein Diapositiv[5], noch macht der sprechende Analytiker eine Erziehungs- oder sogar Suggestionstherapie (der andere Streitpunkt). Schweigen kann viel aktiver und bestimmender sein als Sprechen, vor allem ist es – wie der Volksmund seit langem weiß – ungemein expressiv. (Stellt man alle Formulierungen zusammen, die unsere Sprache über den Ausdruckswert des Schweigens besitzt, wie es Kemper in seiner schönen, klinisch orientierten Arbeit 1948 (1948) getan hat – verstehendes, mitfühlendes, tödliches, beredtes, bedrohliches, warmumschließendes usw. Schwei-

---

5 Jedes Schweigen teilt dem Patienten so viel mit, daß er sich daran orientieren kann. Auch greift es – unreflektiert angewendet – genauso tief in die Befriedigungs-Frustrationswelt ein wie der unreflektierte Gebrauch der Sprache.

gen –, so gewahrt man eine zweite Ausdruckswelt, die nicht weniger mannigfaltig und deutlich zu sein scheint als die verbale. Der Unterschied zwischen beiden liegt vor allem darin, daß das eine die Sprache der Begriffswelt, der Vernunft, des Ordnens und Forschens [des Vaters, der Sekundärvorgänge], das andere die Sprache des Fühlens, der emotionalen Nähe, der frühen Fusion, der Empathie [der Primärvorgänge] ist, jene Sprache, die das Kind mit der Mutter verbindet, lange bevor die verbale Verständigung die Zweierbeziehung in ihrer einmaligen Intimität auflöst und eine Kommunikationsform schafft, die von draußen kommt und nach draußen führt[6].)

Der Gewinn aus dieser unseligen Fehde liegt darin, daß sich der *erlebnismäßige* Heilungsweg gegen den ursprünglich fast ausschließlich *kognitiv* verstandenen stärker hervorhob und zu Möglichkeiten der Therapie führte, z. B. zur Behandelbarkeit schwer regredierter Patienten, die vorher nicht bestanden. Eine Untersuchung wie die vorliegende, die es unternimmt, ihren Gegenstand im Rahmen theoretischer Konzepte abzuhandeln, könnte, wenn vom Schweigen des Analytikers gesprochen wird, den Eindruck erwecken, als huldige sie dem Ideal eines Therapeuten, dessen Behandlungsmaßnahmen in jedem Falle nichts als strenge Übersetzung der psychoanalytischen Theorie in technische Operationen sein dürften. Das ist jedoch nicht meine Meinung. Dieses Ideal stünde auch im Widerspruch zur Erfahrung, die zeigt, daß sehr viele subjektive Faktoren das Handeln des Analytikers bestimmen – und zwar störend wie fördernd. Im Gegensatz zu manchen anderen Wissenschaften wird in der Psychoanaslyse die Subjektivität zu einem differenzierten Hilfsmittel des Handelns – zwar nur unter der Voraussetzung, daß sie grundsätzlich der kontrollierenden Reflexion unterliegt. Unser Ziel kann nicht sein, sie zu beseitigen (die Lehranalyse war wohl zeitweise mit dieser Idealforderung belastet), sondern dem Analytiker dabei zu helfen, mit seiner Individualität analytisch zu arbeiten. Das ist also vor allem ein Problem der Stilfindung.

---

6 Wir sollten aber auch nicht die „Unheimlichkeit der Stille" vergessen, von der Freud sagt, daß sie das Moment sei, an welches die bei den meisten Menschen nie ganz erlöschende Kinderangst geknüpft ist und die der Traum und das Märchen als Todessymbol darstellen (1913).

II. Das Schweigen als Werkzeug der analytischen Arbeit

Wer einen anderen Menschen verstehen will, muß ihm zuhören; je tiefer er ihn verstehen will, je mehr er die geheimen Motive seines Handelns erfassen will, desto gründlicher muß er dem anderen Raum geben, sich darstellen zu können. Dem anderen Raum geben geschieht auf die Weise, daß sich der Arzt zurücknimmt, daß er schweigt. Dieses hörende, aufnehmende, teilnehmende Schweigen steht am Anfang unserer Arbeit. Wir würden jedoch nur kognitiv tätig, d. h. wir ließen einen großen Bereich des Menschlichen aus, würden wir nicht im Schweigen auch mitschwingend und mitfühlend unserem Patienten nahekommen. Und ferner sollten wir auch jene Organe ins Spiel bringen, die uns zur Intuition und Empathie befähigen, jenes dritte Ohr, mit dem Reik im Schweigen zu lauschen versuchte (1948). Wir brauchen das Schweigen aber noch als Werkzeug in anderen Bezügen. So ist z. B. die Arbeit des Ordnens und Klärens nach dem Zuhören wesentlich an das Instrument des Schweigens gebunden. Nur mit seiner Hilfe können wir uns das Auf- und Wahrgenommene, das Gefühlte und Mitgefühlte, das Geahnte und das Noch-nicht-Faßbare, verdeutlichen, können wir hoffen, daß ein produktiver Prozeß in uns in Gang kommt, der Dinge in uns miteinander verknüpft, die bloßer zerebraler Aufmerksamkeit nicht zugänglich sind. Zum Schluß, bevor wir zur therapeutischen Aktion übergehen, hat dann das Schweigen noch den Wert, daß es uns Muße gibt für die Tätigkeit des Abwägens, was und in welcher Form und Dosierung wir dem Patienten vom Ergebnis unserer inneren Arbeit Mitteilung machen. Dieses Schweigen als allgemeines Werkzeug wird in den einzelnen Phasen der Analyse – der initialen oder der terminalen z. B. – jeweils in verschiedener Weise gehandhabt werden müssen. Dabei werden die jeweilige Übertragungswiderstandssituation, reale Faktoren im äußeren Leben des Patienten, das Kräfteverhältnis zwischen Triebdruck und Abwehr, inter- und intrapsychische Ökonomie und anders ein bestimmendes Gewicht haben.

Ich betone abschließend ausdrücklich, daß ich vom Werkzeug des Schweigens gesprochen habe, nicht von einem Prinzip oder einer Doktrin.

III. Die hygienische Situation des Schweigens für den Analytiker

Da der Analytiker während seiner Arbeit auf mancherlei Weise durch den Patienten in seinem inneren Gleichgewicht und damit in seiner therapeutischen Funktion gestört werden kann, gehört es zur speziellen Aufgabe des Faches, Schutzmaßnahmen für ihn zu überlegen sowie dies in der Medizin ganz allgemein geschieht (Infektions- und Strahlenschutz z. B.). Die Lehranalyse fungierte in diesem Zusammenhang wie eine Prophylaxe. Darüber hinaus will sie aber dazu anleiten, daß sich der Absolvent in Form der Selbstanalyse auch weiterhin ihrer bedient. Damit besitzen wir ein Schutzmittel gegen akute Beunruhigungen oder Verunsicherungen. Ist die Situation so, daß sich der Analytiker während der Stunde gezwungen sieht, in sich etwas ins reine bringen oder Impulse wie Affekte kontrollierend in den Griff bekommen zu müssen, dann ist das nur mit Hilfe einer vorübergehenden Zurücknahme aus dem bedrohlichen Interaktionsfeld möglich, also durch Schweigen. Indem er sich so wie hinter einen Schirm hinter das Schweigen zurückzieht, kann er Ordnungs- und Reparationsarbeit an sich leisten, also ein Stück Selbstanalyse, deren hygienischer Effekt dann dem Patienten wie der gemeinsamen Arbeit zugute kommt. Es ist wichtig, daß der junge Analytiker diese Kunst erlernt, damit er nicht selber erkrankt.

IV. Das Schweigen des Analytikers als technische Operation

In dieses Kapitel gehören jene therapeutischen Maßnahmen, über die ich im dritten Kapitel bereits referiert habe. Sie zielen auf Brechung des Schweigens als eines Widerstandes durch Gegenschweigen (Ferenczi), auf Beseitigung des Schweigens durch Frustration der darin sich ausdrückenden Triebimpulse (Reik), auf Befriedigung von Triebwünschen (Ferenczi, Nacht) oder von Wünschen nach Objektbeziehung (Balint). Ich will jetzt noch einige weitere Beispiele für den Gebrauch des Schweigens im Sinne einer technischen Operation geben.

In Fällen, bei denen es uns nicht gelingt, das Schweigen des Patienten zu verstehen und damit umzugehen, sollten wir daran denken, daß es

Menschen gibt, die es sehr schwer haben, sich frei mitzuteilen. Aus Gründen der Scham, der Betroffenheit von inneren Vorgängen, zu starker Besetzung der Sprache mit narzißtischen oder exhibitionistischen Triebwünschen an den Analytiker und anderes sind sie zeitweise unfähig, über die Sprachfunktion oder sogar über die Wahrnehmungsfähigkeit inneren Prozessen gegenüber zu verfügen. In diesen Fällen schaffen die Feststellung des Analytikers „Wir sehen miteinander, daß Sie jetzt über gewisse Dinge, die Sie bewegen, nicht sprechen können, daß da etwas in Ihnen ist, das Sie sprachlos macht" und sein nachfolgendes operationales Schweigen eine kommunikative therapeutische Situation, deren Wert darin besteht, daß erstens das Arbeitsbündnis eine entscheidende Bestätigung und Festigung erfährt (um so mehr, je stärker es durch vorhergehende Schwierigkeiten, mit dem Schweigen umzugehen, belastet worden war); zweitens die Spannung im Patienten (hier eine unfruchtbare, gequälte, überhöhte Spannung) sich entladen kann und 3. jetzt diejenige Entwicklung eintreten kann, die für den Heilungsprozeß dieses Patienten die einzig mögliche ist. Entweder kann das Ich des Patienten die gute therapeutische Allianz nun dazu benutzen, synthetische und integrative Leistungen im Schweigen auszuführen, oder sich in mehr symbiotischer Weise am Analytiker zu stärken, bis es so vertrauensvoll geworden ist, daß es sich den Bedingungen einer Analyse im üblichen Sinne unterziehen kann[7]. Ich meine damit jenes Schweigen, das eine Regression in präverbale Bereiche darstellt, ein Schweigen, in dem das Ich angelockt wird von der Hoffnung auf das Glück wortloser Harmonie, das es einmal an der Mutter, vor der Zeit der Sprachentwicklung, erleben durfte, oder das ihm versagt blieb. Balint sagt (1949), daß das Schweigen des Analytikers in einer solchen Situation eine Atmosphäre schaffe, die den Patienten in den Stand setze, sich zu eröffnen.

---

7 Wie das Schweigen des Analytikers in solchen Fällen, die aussichtslos erscheinen, noch zum Erfolg führen kann, zeigen der Fall von Calogeras (1967), bei dem die Schweigephase 1½ Jahre dauerte, und der von Loom (1959), wo die schwer gestörte, aber nicht psychotische Patientin erst nach 6 Jahren in der Lage war, in den Gang einer verbalisierenden Analyse einzutreten. Hierhin gehört auch der Fall von Moser (1961/62), an dem er zeigt, wie der analytische Prozeß auch in den Schweigephasen weitergehen und produktiv sein kann.

An dieser Stelle sei noch eines Spezialfalles gedacht, des oral fixierten Patienten, dessen Schweigen Ausdruck einer Regression auf die Ebene ist, wo er nach Befriedigung seiner Fütterungswünsche verlangt. Zeligs weist darauf hin, daß diese Patienten sich während des Schweigens mit der „psychic alimentation", als welches sie das ernährende Schweigen wie die fütternden Worte des Analytikers empfinden, anfüllen, um dann fähig zu werden, die inneren Vorgänge in Worte zu kleiden. (Greenacre (1954) hat in Anlehnung an Rank den präverbalen Ursprung solcher zwischenmenschlichen Phänomene 1954 eindrucksvoll beschrieben und die These aufgestellt, daß die Matrix jeder Übertragung die Kind-Mutter-Beziehung der ersten Lebensjahre sei. Nacht hat, wie wir auf Seite 73 dargestellt haben, aus diesem Theorem eine spezielle Technik entwickelt.)

Ich will noch ein anderes Beispiel für das Schweigen als technische Operation anführen. In Fällen, wo der Patient den Widerstand (Schweigen) dazu benutzt, Triebbefriedigungen zu erlangen, wo also das Ich in den Dienst der Triebe gestellt wird, um durch Provokationen das vom Analytiker zu erreichen, was es nicht wünschen darf (entweder die anale Lust des Streitens, Rechtelns, Quälens, oder die masochistische des Versagens, Nichtkönnens, oder (bei Frauen) die phallische Lust, die den Analytiker, der um das Sprechen kämpft, an sich scheitern lassen muß), dient das operationale Schweigen dem Zwecke, diese Triebwünsche zu frustrieren. Deutungen erweisen sich in solchen Fällen erfahrungsgemäß als wirkungslos, weil das triebbesetzte Ich in seiner kognitiven Leistungsfähigkeit geschwächt ist. Die Deutungsarbeit wird hier erst nach längerem frustrierendem Schweigen, das also in diesem Falle präparatorische Funktion hat, erfolgen können, und zwar an dem Punkt, an dem der Patient die Enttäuschung über die nicht eingetretene Befriedigung in sich empfinden kann. Es ist Vorsicht angezeigt, bei dieser Technik nicht wichtige Ich-Funktionen, die sich erproben wollen (z. B. das im Schweigen sich dokumentierende „Nein"), zu übersehen.

Wir dürfen in diesem Kapitel nicht vergessen, daß Schweigen als technische Operation nicht nur beim schweigenden Patienten angezeigt sein kann, *sondern auch dem sprechenden Patienten gegenüber*. Ein Beispiel hierfür ist Alexanders Technik des „counteracting", der Ge-

genaktion, an welcher der Patient neue emotionale Erfahrungen machen soll, Erfahrungen, die denen entgegengesetzt sind, die er einmal an seinen Eltern gemacht hat.

Ein nächstes Beispiel: Wenn ein Patient sehr tief und schwer beunruhigt ist, die analytische Situation die Deutung der Unruhe aber noch nicht leisten kann, und der Analytiker ferner weiß, daß der Patient damit in seiner Kindheit bei den Eltern erreichte, daß alle in Unruhe gerieten und ratlos „wackelten", dann kann das Schweigen als technische Operation wie keine andere in der Lage sein, den Patienten erleben zu lassen, daß der Analytiker ruhig und gelassen bleibt, Vertrauen zu ihm hat, nicht sprechen muß, weil er nicht „wackelt". So kann der Patient an den Punkt kommen, sozusagen im Schutz des ruhigen und vertrauensvollen Schweigens des Analytikers, selber einmal Dinge in die Hand zu nehmen und Ordnung zu machen. Das aber heißt, *sich als einen erleben*, der verstehen, überschauen, ordnen und regulieren *kann*. Als letztes Beispiel aus den vielen Indikationen zum Schweigen noch dieses: Wenn Patienten die Sprache und das Sprechen hochgradig sexualisieren, droht die Analyse als Prozeß des Miteinandersprechens zu einer bloßen Triebbefriedigung zu werden, also eine Situation zu entstehen, wo das „set up" der Analyse selber den analytischen Prozeß bedroht (A. Freud, 1954). Hier kann Schweigen das einzige Mittel werden, aus diesem Teufelskreis herauszukommen. Der Analytiker hat dabei die Hoffnung, daß der Patient, wenn er die Triebbefriedigung vom Analytiker nicht erhält, enttäuscht und unzufrieden wird, und daß er in diesem Augenblick dem Patienten zeigen kann, was Sprechen für ihn bedeutet und wie bedrohlich Schweigen auf ihn wirkt.

Während wir bis jetzt das Schweigen als eine technische Operation zur Lösung ganz bestimmter therapeutischer Probleme betrachtet haben, wollen wir uns noch daran erinnern, daß es auch im üblichen Ablauf der Behandlung gewisse, *mehr allgemeine Aufgaben*, zu erfüllen hat:

Es vermittelt dem Patienten erlebnishaft, was in der Grundregel begrifflich formuliert ist, nämlich alles mitzuteilen, was in ihm vorgeht. Dies geschieht in der Weise, daß es den freien Raum sichtbar werden läßt, der dem Patienten zur Verfügung steht. Am Schweigen begreift der Patient, welchen Umfang die Aufforderung, sich mitzuteilen, hat.

Er lernt, daß hier etwas anderes gemeint ist als die übliche Bitte um Informationen, die der Arzt dann bald durch Fragen, Äußerungen bestimmter Richtungen seines Interesses usw., unterbricht, um in ein Wechselgespräch einzutreten.

Es verdeutlicht ferner ein anderes, wesentliches Prinzip der Analyse, nämlich, daß der Analytiker die Behandlung nicht in dem Sinne führen und leiten will, wie der Patient es von der üblichen ärztlichen Behandlung her gewöhnt ist. Das operationale Schweigen enthält die Aufforderung zu eigener Aktivität im Sinne des „tua res agitur". Aber es fordert nicht nur die Aktivität heraus, sondern es führt den Patienten auch zu der Einsicht, daß der Analytiker geschehen läßt, daß er nicht die übliche Rolle der Autorität, nicht das in der Medizin institutionalisierte Eltern-Kind-Spiel, zu übernehmen bereit ist.

Schweigen schafft somit, zusammen mit den anderen Bedingungen wie Liegen usw., eine wahrhaft offene Situation. Ihr gegenüber versagen die konventionellen Spielregeln, muß der Patient eine neue Einstellung gewinnen, ein eigenes Verhalten finden. Es wird mehr und immer mehr die Züge seiner infantilen Neurose annehmen: passiv geschehen lassend, unsicher fragend, Ratschläge erbittend, mißtrauisch prüfend, wütend anklagend, ärgerlich klagend usw.

Wir sehen, daß Schweigen sich bei gewissen Fällen oder in gewissen therapeutischen Situationen als ein wirksames Instrument für gezielte technische Operationen erweist. Dagegen sollte von einem gewohnheitsmäßigen oder nicht kritisch begründeten Schweigen abgeraten werden. Wenn der Analytiker sich entschließt, Schweigen als spezielle Maßnahme anzusetzen, sollte er diesen Schritt vor sich selbst mit einer Besinnung auf die Konzepte der Theorie wie der Therapie, die er seiner Arbeit zugrunde gelegt hat, rechtfertigen, d. h. *er sollte sich fragen, was und warum er es tut* (Eissler, 1953; A. Freud, 1954). Das Sprichwort „Reden ist Silber, Schweigen ist Gold" hat in der Analyse ebenso wenig allgemeine Gültigkeit wie im Leben. Und der Analytiker, der sich, ein altes Sprichwort variierend, denkt „Wer schweigt, sündigt nicht", hat kein Verständnis für die dynamische Wirkung seines Handelns.

Ich kann nur noch einmal wiederholen, daß es nicht um Sprechen oder Schweigen geht – beides sind legitime Mittel der Technik, beide sind sie hoch wirksam –, sondern darum, herauszufinden, was für die Verwirklichung des Therapieplanes jeweils das beste ist.

V. Das Schweigen des Patienten als spezieller Störfaktor der therapeutischen Funktion des Analytikers
(Schweigen und Gegenübertragung)

Der lang oder gar chronisch schweigende Patient löst im Analytiker ganz spezielle *Triebimpulse* aus. Kann er sie nicht adäquat verarbeiten, gerät er in eine schwierige Lage: Gibt er dem Triebverlangen nach, hebt er die analytische Situation auf, mobilisiert sein Ich jedoch Abwehrmechanismen dagegen, ist der Fortgang der Analyse ebenfalls bedroht.

Folgende Impulse sind es, die besonders angesprochen werden: Der Wunsch, ebenfalls in die Welt der frühen Mutter-Kind-Fusion, der Primärprozesse, des Lustprinzips zu regredieren und schweigend in das dunkle Reich des Unbewußten einzutauchen.

Der Wunsch, dem als hilfloses Baby erlebten, nicht sprechenden Patienten zu helfen, ihn zu schützen, zu wärmen und für ihn Aktivität, Verantwortung und Planung zu übernehmen.

Der Wunsch, selber passiv zu werden.

Der Wunsch nach prägenitalen Befriedigungen: Zu streicheln – gestreichelt zu werden, sich zu zeigen – angeschaut zu werden, anzuschauen – gezeigt zu bekommen.

Das lang anhaltende Schweigen bewirkt aber auch die *Frustration* ganz spezieller Triebimpulse. Sie hat wiederum, wenn nicht adäquat verarbeitet, die Störung der therapeutischen Funktion des Analytikers zur Folge.

Manche Analytiker empfinden das Schweigen als eine Frustration ihres Wunsches, vom Patienten etwas erhalten zu wollen (Worte), was für sie unbewußt den Wert von Nahrung hat (Racker, 1957). Sie fühlen sich demzufolge durch das Schweigen enttäuscht, traurig-verstimmt und leer. Das führt entweder zum Versacken in hungerndem Erwartungsschweigen, oder zu Versuchen, den Patienten zum Sprechen zu verführen. Die spezielle Abwehr des Leergefühls ist die Feststellung, das

Schweigen des Patienten sei Ausdruck seiner inneren Leere. Diese Projektion hat zur Folge, daß die Sprache des Schweigens wie der emotionale Kommunikationscharakter desselben nicht mehr wahrgenommen werden können. Wir können auch sagen, was hier ganz allgemein gilt, daß Gefühle der Gegenübertragung auf Grund der Einengung der kognitiven Funktionen des Ich zu Mißdeutungen und Fehlinterpretationen der Situation führen.

Ebenso schwierig ist die Lage, wenn der Analytiker das Schweigen als Frustration seines Wunsches empfindet, der Patient möge ihm Worte im Sinne von Kot geben, d. h. sich der Grundregel, alles zu sagen (herzugeben, was in ihm ist) fügen. Das führt zunächst zur Verkennung des Schweigens als Verweigerung, Nicht-Gehorchen, Auflehnung und Trotz. Daraus resultiert nun entweder ein Gefühl von Ohnmacht („da kann man nichts machen"), von Trotz („wenn du nicht willst, will ich auch nicht"), oder des Sichbehauptens („wir haben eine Grundregel, und ich werde dafür sorgen, daß sie eingehalten wird"). Als Gegenübertragungsgefühle haben sie den Nachteil, daß sie den Analytiker unfähig machen, die Fülle anderer Aspekte des Schweigens zu sehen.

Analytiker, die das Schweigen als Frustration ihres phallischen Tätigkeitsdranges und Ehrgeizes, aus der Analyse einen Erfolg zu machen, empfinden, neigen dazu, die Situation in der Weise zu verkennen, daß sie glauben, der Patient wolle sie lahmlegen, entmachten, ihnen zeigen, daß sie unfähig seien. Fühlen sie sich davon kastrativ bedroht, werden sie sich entweder ängstlich zurücknehmen oder dem Patienten zeigen, daß er nicht in der Lage ist, eine erfolgversprechende Analyse zu machen, d. h. sie wenden die Kastrationsdrohung gegen ihn. Eine andere typische Abwehrform ist die, eigene phallische Potenz zu demonstrieren, ihre Unzerstörbarkeit zu beweisen. Dies geschieht entweder in der Form kraftvoll vorstoßender Interventionen, oder der Vorführung einer alles aufbietenden, alles aussprechenden, artistisch glänzenden Deutungskunst. Analytiker, die das Schweigen als Frustration des narzißtischen Wunsches, geliebt zu werden, empfinden, fühlen sich zurückgewiesen und mißverstehen das Schweigen als Ablehnung. Das aufkommende Gefühl der Enttäuschung führt entweder zu einem ressentimentvollen Schweigen oder zu einer werbenden Aktivität, deren Ziel es ist, den Patienten zur Liebe zu verführen. Die Abwehr der Enttäuschung geschieht in der Regel auf die Weise, daß sie dem Patienten deuten, er schweige aus Gründen der Liebesenttäuschung.

Mit Störungen im Triebhaushalt des Analytikers hängt es auch zusammen, wenn er den *Wiederholungscharakter im Schweigen* des Patienten nicht erkennt, d. h. wenn er nicht sieht, daß er ihn mit dem Schweigen dazu bringen will, bestimmte Triebwünsche zu befriedigen. Auch das führt natürlich zur Störung der therapeutischen Funktion des Analytikers. Dafür zwei kurze Beispiele:

Manche Patienten benutzen das Schweigen dazu, den Analytiker zu einer bestimmten Reaktion zu provozieren. Sie versuchen damit, eine bestimmte Interaktion im Sinne des Wiederholungszwanges auszuüben. Zum Beispiel gelingt es den anal-verweigernden Schweigern auf diese Weise, mit dem Analytiker in endlose Streitereien einzutreten. Wenn der Analytiker deutet, daß sie etwas nicht sagen, sondern zurückhalten, bestreiten sie dies, beginnen zu argumentieren usw. Nach längerem Kampf treten sie dann wieder in eine Schweigephase ein, um den nächsten Streit vorzubereiten. Der Analytiker, der aus diesem Teufelskreis nicht herauskommt, wird sich fragen müssen, warum er dieses Schweigen nicht versteht. Ob er z. B. den Abwehrcharakter dieses Manövers gegen die phallische Entwicklung des Patienten nicht sehen kann, weil er selber sich vor ihr ängstigt und deshalb lieber im Bereich des ihm vertrauten Analen bleiben will.

Bei manchen weiblichen Patienten hat das Schweigen den Wert kastrierender Machtgefechte mit dem männlichen Analytiker. Auch hier führt jeder Versuch, dieses Verhalten zu beseitigen zur Verstärkung des Kampfes. Wenn der Analytiker den hier wirkenden Wiederholungszwang nicht versteht, gerät die Analyse in eine Sackgasse. Kann er die kastrative Bedrohung, die in ihm durch die Schweigehaltung ausgelöst wird, erkennen, werden seine Deutungen den Angriffscharakter für die Patientin verlieren. Dann erst ergibt sich die Möglichkeit, hinter dem Schweigen als Befriedigung phallischer Machtphantasien seinen Abwehrcharakter zu sehen. Die Patientinnen werden dann bedrückt und traurig, weil sie das Abgewehrte zu spüren beginnen: Das beschämende, demütigende Gefühl der klitorialen Minderwertigkeit.

Am Ende dieses Kapitels über das Schweigen des Analytikers möchte ich noch einen Punkt erwähnen. Er hat mit der *Qualität des Schweigens* zu tun. Schweigen ist nicht gleich Schweigen. Dieser bekannten Tatsache steht eine andere weniger bekannte oder weniger beachtete gegenüber, nämlich daß die Qualität des Schweigens, d. h. das, was den Analytiker im Schweigen bewegt und dessen Ausdruck es ist, vom Patienten bemerkt wird. Er kann sich also nicht damit beruhigen, zu sagen, daß er seinen Patienten, so lange er (der Analytiker) nur den Mund hält, durch die ihn erfüllenden Gefühle der Wut, des Ärgers, des Trotzes, der Hoffnungslosigkeit, der Langeweile usw. nicht schädigen wird. Und zwar sind es die am stärksten gestörten Patienten, z. B. gerade Schizophrene, welche die inneren Vorgänge im Analytiker am feinsten perzipieren. Oft ist das Fortbestehen des Schweigens auf Seiten des Patienten nur die Folge dieser Wahrnehmungen, Ausdruck davon, daß sie keinen anderen Weg sehen, mit dem feindlichen, sie ablehnenden Analytiker umzugehen, als sich noch tiefer in das Schweigen zurückzuziehen[8]. Natürlich meine ich hier nichts Parapsychologisches, sondern die einfache Tatsache, daß es viele Formen von Wahrnehmungen gibt. So hatte einer meiner Patienten während einer jahrelangen Analyse, in der er oft schwieg, ein feines Gespür dafür entwickelt, was bei mir während seines Schweigens vorging. Gegen Ende der Analyse war er in der Lage, dieses „Gespür" zu begründen: Ihm hatte die Zahl der Streichhölzer, die ich brauchte, um meine Pfeife zu unterhalten, als Signal gedient; brauchte ich wenige, war mein Schweigen mit ihm im Einklang, brauchte ich viele, war die Kommunikation auf irgendeine Weise gestört.

Für den *Umgang mit der Gegenübertragung* bei schweigenden Patienten gilt im allgemeinen das, was auch sonst für ihre Handhabung gilt: Selbstanalyse, Kontrollanalyse und gegebenenfalls Reanalyse (Windholz, 1959). Man sollte jedoch hinzufügen, daß die Auflösung der Gegenübertragung hier noch wichtiger ist als sonst, weil der schweigen-

---

8 Ich erlebte einmal eine solche Situation bei einer Kontrollanalyse. Der Kollege und ich wurden davon überrascht, daß ein chronisch schweigender Patient unmittelbar im Anschluß an die Kontrollstunde, in welcher der Kollege seine Einstellung zu dem Patienten korrigieren konnte, ohne daß der Kollege auch nur ein Wort zu Beginn der Stunde gesagt hätte, zu sprechen begann.

de Patient weit bessere Antennen für ihre Wahrnehmung hat als der sprechende. Und zum Schluß noch ein für das Schweigen spezieller Gesichtspunkt: Der Analytiker sollte es vermeiden, mit seinem Schweigen das Übertragungsangebot, das vom Schweigen des Patienten ausgeht, unkontrolliert anzunehmen. Sein Schweigen sollte neutral bleiben, weil er sonst in die Konflikte des Patienten, in seine Befriedigungs- und Frustrationswelt, hineingezogen wird. Solche Intentionen des Schweigens sollten unbedingt gedeutet werden, da sonst der Patient das Schweigen im Sinne seiner unbewußten Wünsche ausphantasiert. Der schweigende Analytiker gerät hier in eine schweigende Komplizenschaft. (Dies gilt für die Analyse gegengeschlechtlicher Patienten mit sexualisierter Übertragung ödipaler Gefühle, für Perversionen, vor allem für den Umgang des männlichen Analytikers mit einem männlichen Homosexuellen.)

Zum Schluß möchte ich einen Gedanken nochmals hervorheben, nämlich den, daß es zwei Kommunikationsformen gibt: Das Sprechen *und* das Schweigen. Es gibt Merkmale, die beide gemeinsam haben und solche, die sie unterscheiden. Letztere sind so markant, daß wir berechtigt sind, von einer eigenen Psychologie des Schweigens zu sprechen. Vor allem scheint mir die Verschiedenheit der Genese, insbesondere für die unterschiedliche technische Behandlung der beiden, von besonderer Wichtigkeit zu sein. Das Schweigen ist die Kommunikationsform, welche die frühe Kind-Mutter-Beziehung auf der Ebene der Subjekt-Objekt-Fusion kennzeichnet, das Sprechen setzt ein, nachdem die symbiotische Einheit verlorengegangen ist – ja, es ist selber eines der Mittel, sie zu zerstören. Zugleich stellt es aber auch den Versuch dar, den Kontakt mit dem geliebten Objekt wieder herzustellen – nur jetzt in der distanzierten, sekundären, abstrakten Form einer Verständigung mit Hilfe von Begriffen, die man gemeinsam besitzt.

So wie es in der Biologie die Regel ist, geht auch hier das Ältere nicht unter, sondern lebt, verdeckt vom Jüngeren, weiter. Aus seinen Quellgebieten fließen die Sehnsüchte nach wortlos-zärtlicher Verbundenheit, nach dem sprachlosen Glück der Liebenden, welche den Menschen bis zu seinem Tode begleiten – Rekapitulationen jenes frühen Glückes vegetativen Einsseins. Aus jener Tiefe wird unser Geist gespeist, wenn er

Institutionen schafft – immer wieder und in immer neuen Formen –, die der Ausübung des Schweigens dienen: Andachts- und Gebetsgemeinschaften, kultische Versammlungen und religiöse Rituale.

Diese Überlegungen haben zur Folge, daß wir uns bei dem Bemühen, das Schweigen des Patienten verstehen zu wollen, fragen müssen, ob der Patient schweigt, weil der Sprechkontakt mit dem Analytiker aus irgendwelchen Gründen nicht aufgenommen bzw. nicht mehr aufrechterhalten werden kann, oder weil der Patient nach einer anderen Form des Kontaktes verlangt. Das eine Mal liegt eine Störung in der Subjekt-Objekt-Beziehung auf dem ödipalen Niveau vor, also ein Konflikt, das andere Mal ein Mangel, der regressiv durch Verschmelzung mit dem Analytiker wieder behoben werden soll[9].

Beim Studium der Literatur dieses Themas stößt man immer wieder auf leidenschaftliche Kontroversen zwischen Befürwortern und Gegnern des Schweigens. Auch heute noch kann man auf Kongressen das Aufflackern dieser Affekte beobachten. Fragt man nach den Hintergründen dieser Emotionen, so lassen sich mehrere Faktoren isolieren. Einer von ihnen ist der – und ihn will ich besondern herausgreifen, weil ich glaube, daß seine Benennung auf den Streit der Meinungen eine relativierende Wirkung haben könnte –, daß die Streitenden Vertreter gegensätzlicher Temperamente sind, daß sich hier zwei Grundformen menschlicher Anschauungsweisen konfrontieren. Die eine läßt das Kapitel der Genesis mit dem Satz beginnen: „Im Anfang war das Wort" – die andere dagegen mit der Feststellung: „Im Anfang war das Wasser" („die Erde", „das Feuer", „das Dunkle", „das Offene"). Die eine setzt an den Anfang die Kontroverse zwischen dem Vater und den Kindern (Gott bringt Adam und Eva in Versuchung und bestraft sie, wenn sie tun, wozu er sie verlockt), wir können sagen den Konflikt – die andere versteht unter Anfang einen zeitlosen Zustand vor jeder Differenzierung, einen Zustand, wo das Gebärende und das Zugebärende noch Eins sind.

---

9 Im Verlauf dieser Regression kann es auch zu Übergängen in Schlaf kommen, der hier die Aufgabe hat, eine totale Objektfusion herzustellen. Es ist wichtig, nicht jedes Einschlafen während der Behandlungsstunde in diesem Sinne zu interpretieren. Auch beim Vorliegen ödipaler Gefühle und deren Abwehr kommt es zum „Übertragungsschlaf".

Der Patient spricht zuviel*

Ich will versuchen, einige behandlungstechnische Probleme, die sich beim Umgang mit Patienten, die eine bestimmte Art des Sprechens – Zuviel-Sprechens – zum Widerstand benutzen, unter *strukturellen* und *triebspezifischen* Gesichtspunkten zu betrachten. Bei der strukturellen Betrachtung beschränke ich mich darauf, am Beispiel eines extrem strengen Über-Ichs zu zeigen, wie das Ich zu einem bestimmten Verhalten gezwungen wird, welches sich auf der Ebene der Beobachtung als ein Zuviel-Sprechen darstellt. Dieses Verhalten soll das Ich daran hindern, verdrängte, in Bewegung geratene Triebimpulse wahrzunehmen. Bei der triebspezifischen Betrachtung geht es darum, deutlich zu machen, in welch differenzierter Weise die jeweilige Triebstruktur das Feld, in dem die Deutungsarbeit stattfindet, beeinflußt, und wie sehr die einzelnen Maßnahmen, die der Deutung dienen, auf die jeweilige Triebstruktur abgestimmt werden müssen. Das heißt, die Deutung kann sich nie damit begnügen, ein dem Verstehen des Analytikers zugängig gewordenes Stück isoliert anzusprechen, sie muß stets den triebspezifischen Kontext mit berücksichtigen.

Ich will das Gemeinte an dem nachfolgend beschriebenen technischen Vorgehen Ferenczis verdeutlichen. Ferenczi versteht das Zuviel-Reden richtig als Widerstand – erkennt aber seine triebspezifische Herkunft, den triebspezifischen Kontext nicht. Demzufolge ist es nur eine Störung der analytischen Arbeit, die er beseitigen muß. Wie Freud (1916–17, S. 469) bedient er sich dazu erzieherischer und suggestiver Maßnahmen: er gemahnt den Patienten an die Einhaltung der Grundregel und fordert ihn auf, gewisse Dinge zu tun, andere zu lassen (Erziehung). Auch versichert er dem Patienten, daß die Einhaltung der Regel gut für ihn

---

* Die vorgelegte Untersuchung des Phänomens beschränkt sich auf die strukturellen und die triebspezifischen Gesichtspunkte. Damit soll nicht gesagt werden, daß das Symptom „Der Patient spricht zuviel" nur *einer* bestimmten Konstellation, z. B. *einer* traumatischen Fixierung, seine Entstehung verdanke. Der Autor ist sich der Vielzahl der möglichen Zusammenhänge des Symptoms neben und jenseits seiner Darstellung voll bewußt.

sei, geht beruhigend auf seine Fragen ein (Suggestion). Was ist der Erfolg dieses Vorgehens? Der Patient eröffnet einen Streit, in dessen Verlauf es zum Zweikampf kommt. Er erklärt, es falle ihm nichts ein, es falle ihm nur Unsinn ein, und er frage sich, ob er das alles sagen solle, z. B. auch unartikulierte Laute, Tierlaute. Er legt lange Pausen ein und schweigt schließlich gänzlich. Der Analytiker reagiert darauf mit Erklärungen, Darstellungen eines Stückes der psychoanalytischen Theorie, beruhigt und greift schließlich zu einer strafenden Maßnahme: er setzt dem „Schweigen des Patienten das eigene Schweigen entgegen" (1918, S. 38–43). – Was hier abläuft, ist leicht als eine Übertragungsbeziehung auf der Ebene der analen Trieborganisation mit ihren verschiedenen Aspekten der analen Streitlust, der analen Machtphantasien, der analsadistischen Triebbefriedigung zu erkennen:

Die Grundregel (Mutter [M]: „Du sollst jetzt und hier Stuhl absetzen") wird mit der Produktion von „sinnlosem Zeug" (Kind [K]: „Ich drücke ja, soviel ich kann, es kommt aber nichts, nur etwas Wind") beantwortet.

Auf vermehrtes Drängen (M: „Aber du mußt Stuhlgang machen"), antwortet der Patient, er tue, was von ihm verlangt werde, es sei nicht seine Schuld, daß es nicht gehe, daß nur Unsinn käme (K: „Du siehst doch, wie ich drücke, aber es kommt nur Wind."). Jetzt schlägt der Patient vor, man solle die „Gespräche systematisch ordnen" (K: „Jetzt gebe ich die Regeln an"). Der Analytiker lehnt ab und argumentiert dagegen (M: „Hier bestimme ich").

Dagegen argumentiert der Patient: Und wenn Tierlaute kommen? Darauf der Analytiker: Dann ist das „eine böse Absicht" (Kind trotzt – Mutter macht Vorwürfe). Patient schweigt – Analytiker schweigt.

Die Wiederholung der Töpfchenszene endet genau da, wo sie in der Kindheit geendet hat: Trotz – Vorwurf – Machtkampf des Trotzes – Liebesentzug[1]. Der für Übertragungsvorgänge hoch sensible Ferenczi

---

[1] In der Analyse des „Rattenmannes", wo der Ablauf dem hier geschilderten weitgehend ähnlich ist – der Patient „widerspricht", „zweifelt", ist „ungläubig", „fragt nach Garantien", Freud antwortet mit Argumenten, führt „ein Stück Theorie vor" (Theorie des Unbewußten, Theorie über das verschobene Schuldgefühl bei der Zwangsneurose), dann kommt es zum Streiten, Rechten, Zweifeln, Zaudern, das Freud einmal mit einer entschiedenen Forderung beantwortet (der Patient muß einen Bericht dreimal wiederholen), einmal mit dem Gefühl, es sei besser, den Streit abzubrechen (1909d, S. 394–403) –, endet die Wiederholung der analen Übertragungsszene schließlich in der für diesen Patienten triebspezifischen Weise. An die Stelle eines Trotz-Machtkampfes tritt die homosexuell-passive Lösung: Freud zwingt dem Patienten seinen Willen auf, der Patient unterwirft sich mit Vergnügen.

erfaßt die anal-sadistische Wiederholung dieses Trieb-Abwehrverhaltens seines Patienten sehr genau: „Wir dürfen uns nicht ärgern" [wenn der Patient die Grundregel ad absurdum führen will], „sonst hätte ja der Patient seinen Zweck erreicht", schreibt er (1918, S. 39), ist aber technisch nicht in der Lage, es zu bewältigen.

Das ist die Stelle, die ich meine, wenn ich von der triebspezifischen Bearbeitung des Widerstands spreche. Was der Patient Ferenczis wiederholend überträgt, übertragend wiederholt (Freud 1914g, S. 130), darf weder zurückgewiesen noch bloß zugelassen werden.

Unsere Aufgabe besteht darin, den Prozeß zu begleiten, ihm Raum zu geben, ihn Schritt für Schritt zu benennen bis an den Punkt, wo die Szene als Ganzes beschreibbar wird: „Es macht Ihnen Spaß, mit dem, was ich möchte, so umzugehen, daß es scheitert. Sie genießen darin Ihre Stärke. Zugleich ist es Ihnen wichtig, mich zu ärgern, um auf diese Weise mit mir in ein rechtelndes und streitendes Gerangel zu kommen. Auch das macht Ihnen viel Spaß."

Ob ich jetzt schon die Töpfchenszene anspreche, hängt von Faktoren ab, die mannigfaltiger und subtiler Natur sind. (Daß damit und was damit abgewehrt wird – hier das Sprechen über „Wesentliches", wie Ferenczi sagt, das sind die phallischen Wünsche und Ängste –, wird erst später gedeutet. Ich glaube aber, es wird nur deutbar, wenn diese vorbereitende Arbeit, das Bewußtwerden des Verhaftetseins in der analen Triebwelt, vorausgegangen ist. Ohne diese Bewußtwerdung, Verdeutlichung, Realisation im Felde einer Zwei-Personen-Beziehung ist diesen technischen Maßnahmen kein Erfolg beschieden. So stellt denn Freud fest: „– – man [kann] keinen Feind umbringen, der abwesend, oder nicht nahe genug ist." [1914g, S. 132]). Was Ferenczi hier tut, ist eine Befriedigung des analen Triebes[2] (eine Verletzung der Abstinenzregel) anstelle ihrer Bewußtmachung. Dieses läßt sich bis in die Details hinein verfolgen. Ich muß darauf verzichten, möchte aber noch von der Abwehr her zeigen, in welch vollkommener Weise der Analytiker in den

---

2 Dies passiert auch späteren Autoren. Ich verweise nur darauf, wie Sullivan bei seiner aktiven Therapie der Zwangsneurose genau in diese Falle tritt, Mitspieler der analen Trieb-Abwehrszene zu werden (1952).

unbewußten Wiederholungsvorgang hineingezogen wird: er bedient sich genau derselben Abwehrhaltung (Rationalisierung), die der Patient vorschreibt. Der Analytiker argumentiert mit Vernunftgründen und erteilt Belehrungen. Was einmal agierende Aktion an der Grenze zwischen Körpersprache und Wortsprache zwischen Mutter und Kind war, wiederholt sich hier zwischen dem Analytiker und seinem Patienten. Ferenczi fühlt zwar wie die Mutter den Ärger, aber er findet wie sie die begleitenden, benennenden Worte nicht. Wir wissen aber heute, daß erst in diesem sprechenden, das ist Worte findenden Miteinander Unbewußtes bewußt wird und jener Prozeß beginnen kann, in welchem sich der Patient zwischen Bejahung und Verzicht selber finden, seiner einmaligen und einzigartigen Realität gewahr werden kann. Das aber ist verbunden mit der Entscheidung, neurotisches Elend aufzugeben und menschliches Leiden anzunehmen, verbunden mit dem Abschied von infantilen Formen des Triebglückes.

Sagen wir, „der Patient spricht zuviel", müssen wir die Kriterien angeben, nach denen wir beurteilen, wann ein Patient zuviel spricht. Die Antwort lautet, daß dieses Zuviel nicht etwas Quantitatives meint, sondern etwas Qualitatives, nämlich dies, daß hier Sprechen – und zwar Zuviel-Sprechen – in den Dienst der Abwehr und des Widerstandes gestellt wird. Ferenczi hat als erster den Widerstandscharakter dieses Verhaltens erkannt und benannt: „Geschwätzigkeit" ist ein „Mittel des Widerstandes". Der Patient redet „über alles mögliche Unwesentliche, um von einigem Wesentlichen nicht reden oder darüber nicht nachdenken zu müssen" (1915, S. 36). – Die Bezeichnungen, die Ferenczi für diesen Widerstand wählt: „Geschwätzigkeit" (1915, S. 36), „Mißbrauch der Assoziationsfreiheit", „nur sinnloses Zeug" assoziieren (1918, S. 38 ff.), verraten seine Einstellung dazu. „Geschwätzigkeit" und „sinnloses" Zeug bezeichnen Wertloses, Störendes, für die psychoanalytische Arbeit Unfruchtbares. Das Wort Mißbrauch setzt voraus, daß es einen anderen, den richtigen Gebrauch (gemeint ist die korrekte Einhaltung der Grundregel[3]) gibt. Der Patient tut also etwas, was er

---

3 „Von dieser Regel darf man unter keinen Umständen eine Ausnahme gestatten und muß unnachsichtig alles ans Tageslicht ziehen, was der Patient, mit welcher Motivierung auch immer, der Mitteilung zu entziehen sucht" (Ferenczi, 1918, S. 38).

nicht soll und was ihm und der analytischen Kur schadet. Daneben läuft eine andere Einstellung zum Widerstand, die von Geduld getragen wird und dem Patienten die Entfaltung derselben in der Analysenstunde gestattet – zwar mit dem Hintergedanken, ihm seine „böse Absicht" zu zeigen (1918, S. 40). In dieser gegensätzlichen Haltung Ferenczis spiegelt sich ein Stück Geschichte der psychoanalytischen Behandlungstechnik wider. Sie spannt sich von Freuds Satz „Was immer die Fortsetzung der Arbeit stört, ist ein Widerstand" (1900 a, S. 521) über den rigorosen Umgang mit demselben im Falle des Rattenmannes (1909 d, S. 394 z. B.) bis zu der Zuhilfenahme von Erziehung und Suggestion: „Diese Überwindungsarbeit ist die wesentliche Leistung der analytischen Kur, der Kranke hat sie zu vollziehen, und der Arzt ermöglicht sie ihm durch die Beihilfe der im Sinne einer Erziehung wirkenden Suggestion" (1916–17, S. 469). Auch hier läuft eine zweite gegensätzliche Tendenz – unkoordiniert – neben der ersten einher. Da spricht Freud von Geduld, dem Patienten Zeit lassen, „sich in den ihm unbekannten Widerstand zu vertiefen, ihn durchzuarbeiten, ihn zu überwinden – " (1914 g, S. 135). „Der Arzt hat dabei nichts anderes zu tun, als abzuwarten und einen Ablauf zuzulassen, der nicht vermieden, auch nicht immer beschleunigt werden kann" (1914 g, S. 136).

Die geschichtliche Entwicklung, die sich hier abbildet, hängt aufs engste mit den jeweils angestrebten Zielen zusammen: in der Phase der Erforschung der Welt des Unbewußten war der Widerstand nur einfach ein zu beseitigendes Hindernis, in der Phase der Entdeckung der unbewußten Abwehrstruktur des Ichs erhielt er die Bedeutung der „Sesamöffne-dich"-Formel, mit der einzig der Schatz des Verdrängten gefunden werden konnte. Freuds soeben zitierte Worte vom „Abwarten" und „den Ablauf zulassen" sind eher als Ausdruck einer noch bestehenden Unsicherheit im Umgang mit der neuen Methode zu verstehen denn als optimale technische Anleitung.

Die Lösung, vor etwa 30 Jahren gefunden, ich glaube vor allem unter dem Einfluß Anna Freuds, die feststellte, daß die Arbeit am Widerstand das Entscheidende an der Analyse sei und von der ersten bis zur letzten Stunde andauere (1936), läßt sich auf die Formel bringen: die Durcharbeitung des Widerstandes im Felde der Übertragung gilt als das schlechthin Analytische an der psychoanalytischen Behandlungstechnik. Diese Lösung, mit der wir heute noch arbeiten, hat nicht eine der alten Methoden – Angriff und Überwindung oder „Abwarten" und „den Ablauf zulassen" – bevorzugt, sie hat den Gegensatz aufgehoben. Weder der den Widerstand brechende Zugriff noch das geduldige Abwarten gelten als Methode der Wahl. Die Übersetzung der psychoanalytischen Theorie in Maßnahmen der Technik ist unendlich mannigfach geworden. Einige dieser Erweiterungen und Differenzierungen will ich hier beschreiben. Da sind einmal die strukturellen Momente (Abwehrstruktur des Ichs, Entwicklungsstand des Ichs, Härtegrad des Über-Ichs, inter- und intrapsychische Dynamik) auf seiten des Patienten wie des Analytikers. Sie geben einen Rahmen ab, innerhalb dessen und bezogen auf ihn die Deutungsarbeit stattzufinden hat. Zum anderen gewinnen die triebspezifischen Momente hier eine neue und entscheidende Bedeutung für die Technik.

Die technische Bearbeitung des Zuviel-Sprechens im Dienste des Widerstandes setzt zunächst einmal voraus, daß wir das Phänomen als solches erkennen. Hier liegt die erste Schwierigkeit. Narzißtische Patienten können uns mit dem Reichtum ihrer inneren Welt, den sie vor uns ausbreiten, faszinieren, anale Patienten können uns mit der Akribie und Gewissenhaftigkeit ihrer Darstellung davon überzeugen, daß sie alles tun, um der Grundregel zu folgen und deshalb pausenlos sprechen, und depressiv strukturierten Patienten gelingt mit ihrem hohen Leistungsanspruch leicht dieselbe Wirkung auf uns. Begabte hysterische Patienten verführen uns mit dem schillernden Glanz ihrer sprachlichen Fertigkeit dazu, uns eingehend mit dem Mitgeteilten zu beschäftigen und zu glauben, es bestehe eine intensive, produktive analytische Situation. (Es gehört zur Realität unserer Arbeit, daß jeder von uns einer bestimmten Trieb-Abwehrstruktur gegenüber seine besonderen Schwächen hat und sich hier besonders leicht täuschen läßt. Es gehört aber auch zu unserer Arbeit, um sie zu wissen.) Um dieses Erkennen zu ermöglichen, ist es erforderlich, die Zeichen und Signale zu bemerken, die Hinweise auf die Triebstruktur geben. So gewappnet werden wir auftretende Störungen in der Arbeit – Übertragungswiderstände – nicht isoliert betrachten, sondern im Rahmen der gesamten Trieb-Abwehrstruktur. Es ist nicht einfach und erfordert viel Geschick und Takt, ein Verhalten wie das des Zuviel-Sprechens deutend anzugehen –, dies zumal dann, wenn es entweder narzißtisch hoch besetzt ist oder Teil eines analen Produzierens oder eines phallischen Exhibitionierens zur Freude des Analytikers. Da sich in den beiden letzten Fällen der Patient als zugewandt, kooperativ und freundlich erlebt – ganz im Gegensatz zu Patienten, die schweigen und denen nichts einfällt –, kann er schon das bloße Benennen des Verhaltens als Zurückweisung und Kränkung erleben. Es ist gut, bei jeder Widerstandsanalyse behutsam und geduldig vorzugehen, „dem Patienten Zeit zu lassen" (Freud, S., 1914 g, S. 135). Ich glaube mit Reich (1934), daß die sogenannte „negative therapeutische Reaktion" häufig eine Antwort auf derartige Fehler in der Technik darstellt, vor allem ein falsches „timing". (Reich verstand sie vor allem als Antwort auf unzulängliche Analyse der negativen Übertragung.)

Ich beginne mit dem strukturellen Aspekt des Zuviel-Sprechens, dem Fall, in dem das Über-Ich die Sprechfunktion des Ichs unter Kontrolle nimmt. Uns fällt dabei der Patient ein, der stets pünktlich in jede Stunde kommt und sich mit angestrengtem Ernst bemüht, seine Aufgabe zu erfüllen. Er spricht viel, konzentriert, gewissenhaft – er macht den Eindruck eines fleißigen Schülers, der gut abschneiden will. Wenn wir intervenieren, z. B. etwas fragen, hält er erschrocken in seinem Redefluß ein und fragt angstvoll gespannt, was er tun solle, um es ganz richtig zu machen, oder er beschuldigt sich in der Weise, daß er sagt, jetzt könne der Analytiker sehen, wie er wirklich sei. Er würde eben immer alles falsch machen. Es zeigt sich bald, daß er unsere Fragen bereits als Kritik oder Äußerung kaschierter Unzufriedenheit verstanden hat. Folgen wir dieser Linie, wird uns das Symptom sehr schnell als Gehorsam des Ichs dem Über-Ich gegenüber klar[4]. Würden wir jetzt

---

4 Derselbe Patient kann in einer anderen Phase der Kur auf die fordernde Strenge des Über-Ichs gegensätzlich reagieren: er schweigt oder spricht wenig, und dieses maximal kontrolliert. So taucht denn auch der Patient mit dem extrem strengen Über-Ich in technischen Abhandlungen über das Thema „Mir fällt nichts ein" und „Der Patient schweigt" wieder auf (Cremerius, 1969, 1974). Es scheint mir jedoch aufgrund jahrelanger Beobachtung solcher Patienten in der psychoanalytischen Behandlung, daß unter dem Druck des Über-Ichs spezifische Charaktertypen – analog den triebdeterminier-

deuten – etwa: „Sie müssen hier wie ein fleißiger, gehorsamer Schüler das Beste leisten, weil Sie nur auf diese Weise glauben, Wertschätzung und Zuneigung gewinnen zu können" –, würde der Patient uns sofort zustimmen und erklären, er wäre uns dankbar, wenn wir ihn immer auf seine Fehler aufmerksam machen würden, dann könne er sich bemühen, sie abzustellen. Von nun an wird er sich anstrengen, das fleißige, gehorsame Verhalten einzustellen. Begleiten wir diesen Prozeß, wird er sich im Kreise bewegen, bis wir einsehen, daß dieser Patient – gleichviel, was wir tun – immer versucht, uns in der Position dessen zu halten, der die Wahrheit, das Richtige, das Beste weiß, der ihn von diesem Piedestal aus kritisiert und von ihm fordert, daß er das Äußerste leiste. (Projektion seines Über-Ichs auf den Analytiker.) Eine Veränderung ist erst zu erwarten, wenn wir dem Patienten vermitteln können, wie anstrengend und quälend die Stunden für ihn sein müssen, und daß wir den Eindruck haben, es dürfe ihm hier nicht gutgehen. Auf dieser Linie fortfahrend, immer deutlicher Triebwünsche ansprechend[5], gelingt es in der Regel, daß der Patient sowohl diese Triebwünsche spürt wie die Unzufriedenheit und das Unglück, das er sich selber bereitet. Macht er nun Versuche, die Identifikation mit dem jetzt als mütterlich und liebevoll erlebten Analytiker als Stütze benützend, auf seine Wünsche zu lauschen und ihnen versuchsweise nachzugeben, so bekommt er die ganze Härte des ermahnenden, Strafe androhenden Über-Ichs zu spüren. Die nachfolgenden Schuldgefühle zwingen ihn, sich von dem durch seine Toleranz angstmachenden Analytiker zu entfernen und wieder streng und rigide

---

ten – entstehen. Zu jedem dieser Typen gehört ein bestimmtes Sprechverhalten, ein bestimmter Umgang mit der Sprache in der analytischen Situation: Viel sprechen müssen, nur wenig und äußerst kontrolliert sprechen dürfen; schweigen müssen.
5 Wie hier gezeigt, kann das nur sehr behutsam geschehen, fast unmerklich, oft indirekt. Jede zu große Deutlichkeit oder Intensität ruft sofort eine Verstärkung der Über-Ich-Aufmerksamkeit hervor, die sofort die Abwehr in erhöhte Tätigkeit versetzt. Bei allzu großer Intensität der Triebdeutung kann der Patient sich nur noch dadurch retten, daß er sein infantiles Über-Ich auf den Analytiker projiziert. Das bedeutet, daß er uns ablehnende, ihn verurteilende, zurückweisende Äußerungen unterschiebt oder meint, herausgehört zu haben, wir wollten die Analyse mit ihm beenden, weil er dafür nicht geeignet sei.

zu sein. Dieses ganze dramatische Geschehen muß sich zwischen Patient und Analytiker voll und ganz in Szene setzen. Für jeden der hier beteiligten Spieler (die internalisierten Elternfiguren etc., die Instanzen) muß Sprache gefunden werden, d. i. die Sprache der jeweiligen Figur aus der Zeit der Kindheit, als das Stück in dieser Weise eingeübt wurde. An dem Verhalten des Analytikers, der das angebotene Spiel mitmacht, aber es mit Sprache, seiner Sprache, begleitet, spürt der Patient, daß in diesem Stück einige Darsteller fehlen. Ihren Text macht jetzt die gemeinsame Arbeit wieder hörbar. Es ist der Text der frühkindlichen Triebwünsche, derentwegen das Über-Ich einige Akteure in die Kulissen schicken mußte. Die letzte Phase der Kur besteht darin, daß das Stück mit voller Besetzung Stunde für Stunde wiederholt wird: der Patient spricht jetzt langsamer, macht Pausen, überläßt sich Phantasien, macht es sich auf der Couch bequem, um jedoch immer wieder zu erleben, wie ihn Unbehagen, Angst, Unzufriedenheit, Mißmut und Lustlosigkeit überfallen. Am Ende wird kein neues Spiel gespielt werden, aber eines, in dem alle Teilnehmer sich kennen und jeder über eine (seine) Sprache verfügt, die wiederum alle verstehen. – In dem hier geschilderten Prozeß gibt es für den Analytiker nicht nur die Gefahr, vom Patienten (unbemerkt vom Analytiker) in die Rolle des Über-Ichs manövriert zu werden, sondern auch die gegenteilige, zu früh und zu intensiv voller Liebe und Mitgefühl auf das gequälte Ich des Patienten zuzugehen, um ihm zu helfen. Es wirft sich daraufhin nicht voller Glück in die Arme seines Befreiers, sondern antwortet mit Angst und Mißtrauen. In dieser Situation ruft es nach dem strengen Über-Ich, das daraufhin prompt seinen Druck erhöht. Wir sehen, wir können dem Patienten das fehlende Gute nicht geben und das Böse nicht nehmen. Wenn sich das Ganze nicht in Szene setzt und wir nicht fähig sind, mitzuspielen bis zu dem Punkt, wo wir eine neue Sprache, d. i. aber die verlorene Sprache für einen Teil des Stückes, einführen können, wird sich nichts ändern. Das hier Beschriebene versucht mit anderen Worten das zu beschreiben, was Freud die Übertragung und den vom Über-Ich ausgehenden Übertragungswiderstand nannte. Erst ihre Entdeckung und ihr methodischer Einsatz machte aus der psychoanalytischen Wissenschaft die psychoanalytische Therapie.

[Es ist bemerkenswert, daß Freud im Jahre 1933 in der Neuen Folge der Vorlesungen zur Einführung in die Psychoanalyse (1933a, S. 163) feststellt, daß er zur Theorie der psychoanalytischen Therapie nichts hinzuzufügen habe, was er nicht bereits vor 15 Jahren in den Vorlesungen zur Einführung in die Psychoanalyse (1916–1917) formuliert habe. Dies ist erstaunlich, weil er zwischenzeitlich die Entwicklung der Ich-Psychologie wesentlich vorangetragen und vor allem das Konzept des Über-Ichs entworfen hatte (1921c, 1923b, 1926d). So heißt die Therapieanweisung am Ende der 31. Vorlesung immer noch: „Wo Es war, soll Ich werden" (1933a, S. 86). Daß dasselbe für das Über-Ich gilt, formuliert er nicht mit. So waren es andere Autoren – Jones (1923), Alexander (1925), Rado (1925), Strachey (1934) –, welche die Veränderung der Technik durch die neuen theoretischen Einsichten in Angriff nahmen. Letzterer ist es, der die hier beschriebene Technik der Bearbeitung des Über-Ichs am Umgang des Patienten mit dem freien Einfall erstmalig zur Anwendung brachte und für die von mir gebrauchte Ich-freundliche Haltung den Terminus „auxiliary superego" einführte (1933, S. 140).]

Kommt es infolge des extrem strengen Über-Ichs zu dem, was Freud das „unbewußte Schuldgefühl" nannte (1933a, S. 116), welches die Patienten mit „unbewußten Strafbedürfnissen" zu beschwichtigen versuchen, so reagieren sie nicht so wie der von uns beschriebene Patiententyp, nämlich kooperativ, d. i. fähig, Deutungen zur Ermäßigung des Über-Ich-Druckes anzunehmen, sondern mit der von Freud 1918 erstmalig beschriebenen (1918b, S. 100) sog. „negativen therapeutischen Reaktion". Auf jede Mitteilung einer Symptomlösung, einer hilfreichen Deutung, auf jede freundliche Zuwendung antwortet der Kranke mit Verschlechterung und neuen Leiden (1933a, S. 117). In diesen Fällen erreicht die psychoanalytische Therapie ihre Grenze – zumal dann, wenn das Ich auch noch aus dem Leiden den masochistischen Gewinn ziehen kann (1923b, S. 278ff.).

Wenden wir uns nun dem triebspezifischen Hintergrund des Zuviel-Sprechens zu, wie wir ihn bei anal- und bei phallisch-narzißtisch-exhibitionistisch strukturierten Patienten antreffen. Am besten gliedere ich nach der Art, wie das Viel-Sprechen in Erscheinung tritt, weil wir ja in der Praxis immer vom Beobachtbaren ausgehen. Von hier, von der jedermann aufweisbaren Oberfläche, geht der Weg in die nächste Ebene des Wahrnehmens und Wahrnehmbaren. Das beobachtbare Phänomen erweist sich dabei stets als Signal, das uns die geheime Beziehung zur Triebquelle weist. Da ist der viel und flüssig sprechende Patient, den wir daran erkennen, daß er seine Mitteilungen, Nachrichten und Einfälle glücklich und voll Stolz berichtet, und der von einer Stunde auf die andere in hartnäckiges Schweigen verfallen kann. Dieser Typ stellt keine besonderen technischen Anforderungen an den Analytiker. Deutet er nur konsequent den Geschenkcharakter des vielen Sprechens und das Schweigen als Enttäuschung über das Ausbleiben von Freude und Lob auf seiten des Analytikers, wird der Redestrom bald ruhiger und bald weniger überladen. Der weitere Weg führt dann in der Regel in eine depressive Phase, in der es für den Patienten darum geht zu verstehen, warum er es so schwer hat, sich auch ohne Leistung zu mögen, sich so zu akzeptieren wie er ist, ohne Großes produzieren zu müssen.

Eine andere Variante des analen Umganges mit der analytischen Situation ist die, daß der Patient seine Einfälle vor dem Analytiker ausleert, wie man Säcke auskippt, in der Erwartung, daß der Analytiker sich an die Arbeit des Sortierens, Gliederns und Ordnens macht. Beschränkt er sich einige Stunden aufs Zuhören, endet auch hier der Redestrom schnell. Aber anstatt mit einem depressiv-enttäuschten, reagiert der Patient mit einem vorwurfsvollen Schweigen. Wir sehen, hier geht es um eine Verarbeitung der analen Passivität in der Analyse. Das Aufgreifen des Symptoms führt uns mitten hinein in das zentrale Thema der praegenitalen Phase: passiv – aktiv.

Wieder eine andere anale Variante, die wir beim Viel-Sprechen antreffen, ist die, die am deutlichsten an den Gegenübertragungsgefühlen diagnostiziert werden kann. Das Sprechen dieser Patienten füllt den Raum, füllt die Stunde in einer Weise aus, daß der Analytiker – nach einigen Versuchen, auch zu Worte zu kommen – deutlich spürt, daß er hier beherrscht, kontrolliert und festgelegt werden soll. Je nach dem Temperament, Grad der Erfahrenheit im Umgang mit solchen Patienten und Dauer des Zuwartens stellen sich Gefühle von Ärger, Impulse, dagegen anzugehen, oder Ohnmacht und Resignation beim Analytiker ein. (Wir haben gelernt – seit den Untersuchungen von Ferenczi [1928 a, 1928 b, 1928 c, 1933], Heimann [1950, 1960], Little [1951] und Balint [1966] –, solche Gefühle als feine Indikatoren für die unbewußten Triebtendenzen des Patienten zu benutzen. Sehr oft erkennen wir auf diese Weise erst an unseren Gefühlen – vorausgesetzt, wir überlassen uns hinreichend lange und offen genug dem Übertragungsfeld – Vorgänge im Patienten, die wir mit keinem anderen Mittel wahrzunehmen in der Lage wären. Natürlich enthebt uns diese Erfahrung nicht der Aufgabe, stets daran zu denken, daß solche sog. Gegenübertragungsgefühle auch aus unseren neurotischen Resten entspringen können.) Auch hier führt die direkte Deutung des analen Triebverlangens, das die Übertragung bestimmt und sich als Szene wiederholen will, zum Durcharbeiten. Dies wird um so leichter für den Patienten möglich sein, je mehr wir ihm den Lustcharakter zeigen. Nach anfänglicher Verstärkung der Abwehr und nach Auftreten offener Angst erkennt der Patient, warum er diese Form der Lust beibehalten will: weil er Angst davor hat, sich seine Triebwünsche offen einzugestehen, und weil sie ihn vor größeren Ängsten (Kastrationsangst) schützt.

Zum Schluß noch eine Variante – auch zur analen Struktur gehörend –, bei der der abwehrtheoretische Aspekt des Viel-Sprechens in den Mittelpunkt rückt. Hier beobachten wir ein sehr beflissenes, fleißiges Sprechen, das durch große Liebenswürdigkeit und Beachtung der Interessen der Analyse bzw. des Analytikers auffällt. Intervenieren wir, schweigt der Patient aufmerksam, greift artig das von uns Gesagte auf und geht willig darauf ein. Wer zum ersten Mal mit einem solchen Patienten arbeitet, wird leicht durch die bereitwillige, intelligente und nie ermüdende Kooperation getäuscht. Jüngere Analytiker haben das Gefühl, eine gut gehende Analyse zu machen. Der Patient vermittelt ihnen das beglückende Bewußtsein, ein guter Analytiker zu sein und sein Handwerk zu verstehen. Vor allem autoritäre Analytiker, denen Widerstände leicht als Auflehnung, Agieren oder schlechtes Arbeitsbündnis erscheinen, haben an solchen Patienten in dieser Phase viel Freude. – Bald ändert sich das Bild. Wir spüren, daß sich hinter der Liebenswürdigkeit etwas Bedrohliches verbirgt. Sprechen wir das Verhalten des Patienten an und folgen wir der Linie der Aufarbeitung desselben (d. h. nähern wir uns dem Mechanismus der Reaktionsbildung), so erleben wir einen Hintergrund voller Aggressivität und Destruktion. Er ist oft so bedrohlich, daß es verständlich ist, daß der jüngere Analytiker hier zögert, den Widerstand aufzulösen. Er muß einen sehr angenehmen Patienten gegen einen schwierigen, ja vielleicht angstmachenden eintauschen. – Mit den ersten Schritten auf die Reaktionsbildung zu verändert sich in der Regel auch das Sprechverhalten. Wir können beobachten, daß das viele und freundliche Sprechen oft mit einem Schlag verschwindet und trotzigem Schweigen, rechthaberischem Argumentieren oder wilden Haßäußerungen Platz macht.

Einen anderen abwehrtheoretischen Aspekt des Zuviel-Sprechens, der ebenfalls zur analen Struktur gehört, hat Sullivan bei zwangsneurotischen Patienten beschrieben, nämlich das „An-der-Sache-vorbei-Reden". Es sei, so stellt er fest, ein „stellvertretendes Gedankensystem", das dazu bestimmt sei, den Patienten von angstbesetzten Gebieten fernzuhalten. Im Zusammenhang damit macht er eine für die psychoanalytische Technik insofern bedeutsame Entdeckung, weil sie die Bedeutung des „freien Einfalls" relativiert und den Analytiker als aktiven Organisator der psychoanalytischen Arbeit einführt. Diese Entdeckung deckt den Widerstandscharakter des „freien Einfalls" auf, der, so Sullivan, in diesem Falle nirgendwo hinführe. Der Patient schlüpfe ohne Ende von einem wichtigen Material zum anderen. Daher sehe sich der Analytiker hier vor die Aufgabe gestellt, die Aufmerksamkeit des Patienten bei bedeutsamen Daten festzuhalten, also aktiv einzugreifen (1952).

Nehmen wir noch eine Variante der Gestaltung der analytischen Situation – jetzt aus der Grenzzone zu dem nächsten Triebgebiet, dem phallischen. Hier erscheint das Zuviel-Sprechen lauter, glänzender, selbstbewußter. Wir meinen schon, einen Patienten mit einer phallisch-narzißtischen Struktur vor uns zu haben, da fällt bereits nach einigen Stunden auf, daß der Patient mit dem Gesagten in einer seltsamen Weise umgeht: Er verweilt nicht interessiert dabei, geht damit nicht in demonstrativer oder narzißtischer Art um, sondern verläßt es schnell, geht wie achtlos zu neuen Produktionen über usf. – immer in gleichförmiger Wiederholung. Der anfängliche Glanz weicht immer mehr einer lustlosen Betriebsamkeit. Wir verstehen jetzt, daß das laute, selbstbewußte

Sprechen zu Beginn eine Pseudophallizität darstellte. Der Sinn derselben wird uns deutlich, wenn wir den Patienten auf seinen lustlosen und teilnahmslosen Umgang mit dem Gesagten, mit sich selbst, ansprechen. Einer meiner Patienten antwortete auf meine Intervention: „Solange ich leeres Zeug rede, das mich nicht interessiert, interessiert es Sie auch nicht. Wenn es Sie nicht interessiert, wollen Sie nichts von mir. Wenn es Sie interessiert, werden Sie es ernst nehmen, damit umgehen, mich auf das Gesagte festlegen, mich beim Wort nehmen. Der Gedanke macht mir Angst. Solange ich alles Gesagte ohne Bedeutung und Wichtigkeit lasse, kann ich, wenn Sie es festhalten wollen, um es mit mir zu behandeln, sagen: „Das ist ein Mißverständnis, da haben Sie etwas falsch verstanden, das war nicht so gemeint." Der Sinn dieses Symptoms offenbart sich als Abwehr der Kastrationsangst in einer oberflächlichen Schicht mit Hilfe der Pseudophallizität, in einer nächsten mit Hilfe des „Ich will nichts machen, was verbindlich ist, was sichtbar wird und so – wie gesagt – stehen bleibt". Es ist die Angst des Knaben in unserer Kultur, vor den Erwachsenen seine Erektionen zu zeigen. Verbindliches Sprechen und bestimmte Worte in einem bestimmten Sinne gebrauchen heißt aber, aus sich heraustreten, etwas aus sich herausstellen, das für jedermann in einer definitiven Form wahrnehmbar ist, das den Sprechenden definitiv bestimmt.

Besonders typisch und daher leicht zu erkennen ist ein Sprechverhalten, das durch folgende Merkmale charakterisiert ist: Viel-Sprechen, platzgreifend und raumfüllend, Aufmerksamkeit heischend, im Ton mehr oder weniger prahlend. Die Inhalte sind vor allem Selbstdarstellungen im günstigen Licht, ein Sich-Zeigen von der besten Seite, ein Ausbreiten von Begabungen und Fähigkeiten. (Handelt es sich bei dem Analysanden um einen Menschen, in dessen Leben geistige Arbeit und Sprechen zum Beruf gehören, werden wir zum Auditorium für Vorträge und wissenschaftliche Darlegungen.) Die Stunden vergehen eine wie die andere damit, daß sich der Patient mit Genuß und Vergnügen, meist mit psychologischem Geschick und rhetorischem Können, darstellt. Dabei strahlt er ein sichtbares Wohlbehagen aus. Es ist erstaunlich, wie lange eine Analyse mit einem solchen Patienten gehen kann, ohne daß etwas anderes als das Beschriebene geschieht. Analytiker, die in dieses

Übertragungsfeld nicht im Sinne des Durcharbeitens eintreten können, machen „glänzende" Analysen mit solchen Patienten und können über die erstaunlichsten Dinge berichten, die sie erfahren und freigelegt haben. Ihr Narzißmus scheint sich mit dem des Patienten zu verbinden, und beide machen zusammen eines der vielen möglichen psychoanalytischen Spiele, z. B. frühgeschichtliche Forschung. Fülle und Tiefe des Materials, das zutage gebracht wird, sind verblüffend. Man erkennt solche Analysen daran, daß sie gänzlich affektfrei verlaufen und daß das Drama der Übertragung ausbleibt. „Affektloses Erinnern ist" aber, so Freud, „fast immer völlig wirkungslos" (1895d, S. 85) und „Die Übertragung – – spielt in der Dynamik des Heilungsvorganges eine kaum zu überschätzende Rolle" (1923a, S. 223). Natürlich bleibt das Sprachverhalten in einer solchen Zweierbeziehung ebenso unverändert wie die zugrunde liegende Neurose. Hier kann die Änderung nur aus der Einsicht des Analytikers in sein unbewußtes neurotisches Mitspielen kommen. Das Besondere an der Analyse mit einem derart strukturierten Patienten ist das, daß über lange Zeit kein Konflikt sichtbar wird. Im besten Falle formuliert der Patient Probleme, für die er aber, wenn nicht noch in dieser, so sicher in der nächsten Behandlungsstunde eine Erklärung oder sogar eine Lösung weiß. So erscheint es zunächst so, als ob es hier um eine ungestörte Triebbefriedigung ginge, die sich am deutlichsten im Sprechverhalten bestätigen würde. Nun, diese Antwort ist unbefriedigend, weil niemand, der seine Triebe frei befriedigen kann, die Mühen einer Analyse auf sich nehmen würde. – In der Regel bringt auch hier die Übertragung (damit meine ich nicht allein das, was von seiten des Patienten kommt, sondern auch das, was von seiten des Analytikers eingebracht wird, also die Interaktion) den Prozeß in Gang und schafft Wiederholung. Erst jetzt erscheint die lebendige Wirklichkeit der Neurose in Form der Übertragungsneurose auf der Bühne des Sprechzimmers. Je nachdem, welche Seite der phallischen Struktur vorherrscht und je nachdem, mit welchem Anteil seiner phallischen Struktur der Analytiker antwortet, entwickelt sich ein Spiel mit jeweils anderem Text. Dabei wird uns auch der Konflikt sichtbar. Ich will einige davon vorführen und darauf hinweisen, welch diagnostischer Wert jeweils der Gegenübertragung des Analytikers zufällt.

Beginnen wir mit dem Analytiker, der unbewußt auf rivalisierende Tendenzen des phallischen Verhaltens reagiert, auf die Demonstration der Überlegenheit. Er wird vielleicht nach der langen Phase, in der er sich handlungsunfähig gefühlt hatte und seine Interventionen fruchtlos geblieben waren, auf die Idee kommen, dem Patienten, der Probleme berichtet, zu zeigen, daß sich dahinter Konflikte verbergen. Er wird das Konzept zur Anwendung bringen wollen, daß der Patient sein Kranksein erst in der Analyse erfahren muß. Oder es geschieht ihm, daß er der Sache mit überlegener Technik Herr werden will: Er gibt blendende Deutungen, zeigt sich kunstreich im Erraten unbewußter Inhalte, entwickelt gescheite Kombinationen und Verknüpfungen, gelangt zu weitreichenden Konstruktionen etc. – In beiden Fällen wird er bald spüren, daß er mit dem ersten wie dem zweiten Vorgehen nur seinen rivalisierenden Gefühlen Luft gemacht hat. Gelingt es ihm jetzt, sich zu distanzieren, so kann er entdecken, daß dieser Patient, der zuerst anscheinend alles tat, um dem Analytiker zu gefallen und für sich zu gewinnen, damit eigentlich das Gegenteil erreichen wollte, nämlich eine gereizte Ablehnung. Er wird sich nun fragen, was das dynamisch bedeutet. Nehmen wir einen anderen Analytiker, der unbewußt auf die narzißtische Tendenz, auf die stolze Autonomie und Egozentrizität reagiert. Er wird vielleicht dem Patienten zu zeigen versuchen, daß er Allmachtsphantasien hat oder daß er gar nicht so autonom sei, wie er sich gäbe. Wenn der Patient dann darauf mit der kühlen Feststellung antwortet, daß das durchaus möglich sei, oder damit, daß er bemerkt, er habe bei der Freud-Lektüre vor einigen Tagen denselben Gedanken bereits erwogen, so mag er fühlen, daß er sich zurückgewiesen, entwertet, verärgert fühlt. Und er wird, wenn ihm die Distanzierung gelingt, wie der bereits erwähnte Analytiker ebenfalls entdecken, daß der Patient ihn gegen sich einnimmt, ihn zu einer ablehnenden Haltung bewegt. Auch er wird sich fragen, wozu braucht der Patient, dem es anfänglich so wichtig war, daß der Analytiker ihn schön und interessant fand, der soviel Werbung um Liebe und Bewunderung aufgewandt hat, die Wendung des anderen ins Gegenteil? Warum muß er ihn zu einem machen, der Gefühle des Nichtmögens hat?

Ordnen wir diese Beobachtungen, so zeigt sich, daß hier ein Mensch zunächst sehr werbend auf einen anderen zugeht, um am Ende alles zu tun, daß der gewünschte Kontakt nicht zustande kommt. Der Patient, so liegt es jetzt nahe, hat Angst vor einer unmittelbaren Verbindung. Den Grund derselben kennen wir. Freud hat entdeckt, daß es in dieser Phase nur die Alternative gibt, einen Phallus haben oder kastriert sein. Indem der Patient seine phallische Position bewahrt, demonstriert er, daß er nicht kastriert ist; indem er mit dem Analytiker rivalisiert, beweist er sich, daß beide den Phallus haben, indem er ihn entwertet, kastriert er ihn – nun kann er nicht mehr kastriert werden. Und die Angst vor der Objektbeziehung? Nun, Objektbeziehung bedeutet stets Aufgabe narzißtischer Omnipotenz, bedeutet, daß auch der andere ins Spiel kommt, Einfluß gewinnt, Macht ausüben kann. Alles zusammen ist Objektbeziehung stets ein Mehr an Realität. Diese Realität ist aber notwendigerweise stets weniger als der Phallus. Sie ist nur durch Verzicht, Einschränkung, kritische Bewertung etc. zu erreichen. Wir verstehen, daß das der Penis ist – die verglichen zu den phallisch-narzißtischen Träumen schmerzliche kleine Realität des Lebens. – Wenn der Analytiker sich bis dahin aus der Gegenübertragung zurückgenommen hat, dann sieht er etwas von dem neurotischen Elend dieses Menschen.

Versucht er die Kastrationsangst direkt anzugeben, d. h. etwa den Redestrom als Abwehr gegen sie zu deuten, wird er nach einiger Zeit feststellen, daß der Patient entweder offen aggressiv gegen ihn wird oder in einen Zustand labiler Selbstunsicherheit mit hoher Empfindlichkeit gerät. Fragt er sich, was passiert ist, warum er keinen Erfolg hat, wird er gut daran tun, sich der Feststellung Reichs zu erinnern, daß der phallisch-narzißtische Charakter seine passiv-homosexuellen Neigungen der analen Phase mit Hilfe der phallischen Aggression abwehrt (Reich 1933, S. 230)[6]. Daraus ergibt sich als erste Regel, jede Kränkung des phallischen Narzißmus zu vermeiden und die ganze Aufmerksamkeit darauf zu verwenden, den Patienten erleben zu lassen, daß er sich gegen passiv-homosexuelle Wünsche aus der Phase der analen Libidoor-

---

6 Vielsprechen kann bei Männern Ausdruck von Abwehr gegen die passiv-feminine Einstellung zum anderen Manne (wenn der Analytiker ein Mann ist) sein, die „Ablehnung der Weiblichkeit" (Freud, 1937c, S. 97).

ganisation wehrt. Dann beginnt eine lange Epoche des Durcharbeitens dieser Wünsche, die für das phallische Ideal-Ich manche Beschämung mit sich bringt. Dieses Durcharbeiten wird um so besser gelingen, je weniger der Analytiker sich in seiner eigenen phallischen Struktur verunsichert und geängstigt fühlt und je offener und vorurteilsfreier er den homosexuellen Gefühlen des Patienten wie seinen eigenen Raum geben kann. Wenn beides der Fall ist, wird es ihm leichtfallen, das Positive der phallisch-narzißtischen Formation zu erfassen, das Aktive, Energiegeladene und Lebendige. Vermittelt er dies seinem Patienten, wird sich dieser mit mehr Sicherheit den homosexuellen Wünschen überlassen können, die, zu schnell und zu direkt angesprochen, die narzißtische Reaktion verstärken würden. Die Therapie verläuft also in einem sich ständig wiederholenden Zweierschritt: Deutung des Abwehrcharakters des phallisch-narzißtischen Verhaltens und Durcharbeitung der passiv-homosexuellen Wünsche auf der einen und Schonung, oft sogar Akzeptation der phallischen Position auf der anderen Seite. Je mehr Aggression, Haß und Rache gegen das andere Geschlecht dabei bewußt werden können, desto besser. Gelingt es diese Technik durchzuführen, ereignet sich bald, daß der Analytiker dem Patienten zeigen kann, daß es ihm an gesundem Narzißmus fehlt, daß er oft Dinge mit sich machen läßt, die ihn kränken und verletzen müssen. Mit dieser Bewegung eröffnet sich für den Patienten die Hoffnung auf eine neue Möglichkeit, auf die Zukunft der genitalen Potenz mit größerer Stabilität. Da diese therapeutische Bewegung ohne narzißtische Kränkung abläuft, ja im Gegenteil die gesunden narzißtischen Triebimpulse ermutigt, kommt es zu einer identifikatorischen Zuwendung zum männlichen Analytiker, mit deren Hilfe die passiv-homosexuelle Triebseite überwunden werden kann. Das derart gestärkte Ich wird, da es die phallische Aggressivität ja bereits voll zur Verfügung hat, mit der Kastrationsangst unschwer fertig werden können. Die größte Gefahr für die Therapie dieser Charakterbildung ist die bei männlichen und weiblichen Therapeuten zu beobachtende Tendenz, den Patienten für „früh gestört auf der oralen Stufe" zu erklären und daraus eine besonders freundliche, behutsame, liebevollgewährende Haltung abzuleiten. Das Resultat ist in der Regel, daß der Patient eine direkte Befriedigung seiner passiv-homosexuellen Wünsche erfährt, die er anfänglich zu genießen weiß und wofür er dem Therapeuten dankbar ist. Jedoch übersieht dieses Vorgehen, daß es schlußendlich den Patienten noch abhängiger macht und demzufolge die Racheimpulse intensiviert. Ihre Einbringung in die Übertragung wird aber um so schwerer, je liebevoller das Objekt sich verhält. Auf diesem Wege fällt der Patient entweder in eine Depression mit Arbeitsunfähigkeit, oder er wendet sich mit aller Wucht gegen die Behandlung, indem er sie und den Analytiker herabsetzt und die Deutungsarbeit ad absurdum führt. Die Frage, ob hier urethrale Charaktermomente mit hereinspielen, halte ich für müßig. Die Verbindung zwischen Harnerotik und phallischer Erotik, zwischen Harn- und Genitalapparat, ist zu eng, als daß hier noch erfolgreich differenziert werden könnte. Es mag gut sein, daß sich in dem rivalisierenden Verhalten, das wir beschrieben haben, der „brennende Ehrgeiz" verbirgt, den Freud als typisch urethralen Charakterkomplex anspricht (1908b, S. 209; 1905d, S. 141; 1930a, S. 449). Die Annahme liegt nahe, weil sich bei vielen phallischen Charakteren Enuresis nocturna als frühkindliches Neurosensymptom findet – für Freud aufgrund der Gleichstellung von Enuresis nocturna und Pollution die Bedingung des urethralen Ehrgeizes (1905d, S. 90). Daß Freud bei seinen Untersuchungen des Jahres 1905 über die Stadien der Libidoentwicklung die phallische Organisationsstufe entging und er statt dessen nur den urethralen Komplex sah, und daß es 18 Jahre brauchte, bis er sie beschreiben konnte (1923c), stellt ein Phänomen dar, welches bis heute kaum in das Bewußtsein der Analytiker eingedrungen ist. Eine zukünftige kritische Untersuchung über die Geschichte der Theorienbildung in der Psychoanalyse wird hier – vor allem an den Stellen, wo es darum geht, ihre Verhaftung in und mit gesellschaftlichen Prozessen aufzuzeigen – Wichtiges entdecken können.

Zum Schluß noch ein Viel-Sprechen ganz anderer Art, eine Variante urethraler Triebstruktur. Hier hat das Viel-Sprechen den Charakter des uferlos Fließenden. Der Patient kommt vom Hundertsten ins Tausendste. Dabei ist er lebhaft und frisch. „Was werde ich heute wieder sagen?" beginnt er die Stunde, und dann fließt der Redestrom, bis der Analytiker nur noch sagen kann, die Stunde ist beendet. Andere Male erzählt der Patient Träume – auch sie bieten ihm Gelegenheit, die Stunde randvoll auszufüllen. Er erzählt Traum nach Traum, dazwischen auch Einfälle, aber so, daß die Grenzen zwischen Traum und Traum und Traum und Einfall ineinander übergehen. Versucht der Analytiker, den Patienten auf etwas aus seinem Bericht anzusprechen, will er etwas fragen, vor allem aber, verspürt er das Bedürfnis, zu klären und zu strukturieren, ist der Patient freudig dazu bereit. Aber er landet gleich wieder mitten in einer neuen Geschichte, die keine erkennbare Beziehung zum Ausgangspunkt hat. Es ist unmöglich, klare Auskünfte und Informationen zu erhalten, jeder Versuch einer Verdeutlichung endet im Diffusen. Der Unerfahrene, der die Triebnatur dieses Sprechverhaltens nicht erkennt, mag geneigt sein hinzuhören, um den geheimen Sinn dahinter zu entdecken, das verschlüsselte Unbewußte zu enträtseln. Aber dieses Rebus ist nicht auflösbar, weil es in dieser Ebene des Geschehens nichts Verstecktes und Verborgenes gibt – es handelt sich um eine reine Triebbefriedigung, um eine Perversion. Wenn Ferenczi entdeckt, daß es in der Phase der Reinlichkeitserziehung zu einer analen und urethralen Identifizierung des Kindes mit den Eltern kommt, einer Vorstufe des Über-Ichs, die er als Errichtung einer strengen „Sphinktermoral" (1925, S. 255) bezeichnet, so kann man sagen, daß es sich hier um ein Fortbestehen des Partialtriebes handelt. Was den Analytiker scheitern läßt, ist die Begegnung mit einem Stück jener lustvollen Willkür und praemoralischen Unmoral aus der Zeit vor der „Sphinktermoral".

Jedoch sollte – das gilt für alle als „Perversion" deklarierten Störungen – die Diagnose nie gestellt werden, bevor nicht mit allen Mitteln der Technik, d. i. vor allem der Bearbeitung der unbewußten Abwehrstruktur des Ichs, versucht worden ist, das Geschehen als neurotisches Geschehen zu verstehen. Das fällt in diesem speziellen Fall deshalb besonders schwer, weil die passive Form der urethralen Erotik von uns eigentlich bis heute nicht hinreichend rezipiert worden ist. Das hat seinen Grund darin, daß Freuds Ansicht über die Beziehung zwischen Harnerotik und Ehrgeiz die wissenschaftliche Neugier jahrzehntelang befriedigt hatte. (Seine Entdeckung der phallischen Phase im Jahre 1923 hätte die Diskussion neu beleben können. Aber sie blieb aus. So wurde die Beziehung zwischen urethralen und phallischen Merkmalen nicht geklärt.) Loewensteins Beschreibung der passiv-urethralen Komponente – zwölf Jahre später – konnte an dieser Situation nichts mehr ändern (1935). (Nach 1967 nehmen Laplanche und Pontalis sie nicht in das „Vokabular der Psychoanalyse" auf. Es ist Fenichel, der gewissenhafte Enzyklopädist der Psychoanalyse, der das Phänomen rezipiert, ihm den gebührenden Platz gibt [1945, S. 68]). Die andere Schwierigkeit im Umgang mit dem passiv-urethralen Verhalten ist abwehrpsychologischer Natur. Hier liegt eine ganz besonders gut gelungene Abwehr der Kastrationsangst vor. Das Gelungene ist darin zu sehen, daß ihr durch eine geschickte Erfindung des Knaben die Bedrohlichkeit genommen ist: er entwickelt die Phantasie, schon kastriert zu sein. In dem „Laufenlassen" als einem passiven Sich-Aufgeben, bestätigt er sich immer wieder aufs neue, daß keine Kastrationsgefahr besteht. Auch die auf diese Weise abgewehrten phallisch-destruktiven Impulse gegen die Frau sind gut kamoufliert. Das Vorliegen einer Symptomatik im Sinne der Ejaculatio praecox deckt sie jedoch auf (Abraham, 1917). Die Therapie der urethralen Passivität als Perversion ist wenig erfolgversprechend. In den Fällen, die ich sah, bestand ein kümmerliches oder korrumpiertes Über-Ich, das der mit dem Syndrom einhergehenden Verwahrlosung nichts entgegenzuhalten hatte. – Die Analyse der Abwehrform gelingt nur in einer zweiphasigen Operation: zunächst muß die Passivität als Abwehr wiedererlebt werden können – dann erst kann die Kastrationsangst für den Patienten wahrnehmbar werden. Dabei stellen sich die Tendenz, den Lustgewinn aus der Passivität festhalten zu wollen, wie die Konfrontation mit der bisher erfolgreich abgewehrten Angst unserem Unternehmen entgegen. Auch die Bearbeitung der anderen Abwehrbedeutung des passiv-urethralen Komplexes ist äußerst schwierig. Die Annäherung an die unbewußten phallisch-destruktiven Impulse aktiviert sofort die Kastrationsangst. Weil im Symptom (Ejaculatio praecox) dieser passiv-urethralen Triebform der Sadismus ungemein erfolgreich gelebt werden kann – bei den Patienten mit diesem Sprechverhalten gibt der Analytiker in der Regel mit dem ohnmächtigen Gefühl, eine Niederlage seiner Kunst erlebt zu haben, irgendwann auf –, fließt dem therapeutischen Prozeß von dorther, d. i. vom Leidensdruck, keine Energie zu. Es ist erstaunlich, wie wenig diese Patienten an ihrer erektiven Impotenz leiden. Ich gewann den Eindruck, daß sie das Kunststück fertiggebracht haben, ihr Ideal-Ich durch die erfolgreiche Rache an der Frau, ihre Entwertung durch Beschmutzung mit Ejaculat gleich Urin weitgehend zu befriedigen. Im übrigen ist die hier vorliegende „aktive Form der Passivität" in unserer Gesellschaft mit dem ihr eigenen formalen Leerlauf in gewissen Arbeits- und Lebensbereichen wenig auffällig. In der beschmutzenden Entwertung der Frau stehen die Patienten in der Männergesellschaft nicht isoliert, und auch von seiten der Frauen kommt ihnen in der weitverbreiteten weiblichen Selbstmißachtung eine starke Tendenz entgegen.

Zum Schluß weise ich noch auf das Vielsprechen als Ausweichen vor der Grundregel – in Fällen, wo sie rigide aufgestellt wird – hin. Freud hat es bei Angsthysterien beschrieben: „Angsthysteriker bringen es gelegentlich zustande, sie [die Grundregel] ad absurdum zu führen, indem sie nur Einfälle produzieren, die so weit von dem Gesuchten entfernt sind, daß sie der Analyse keinen Ertrag bringen" (1916/17, S. 298/99).

„Mir fällt nichts ein" –
Einige behandlungstechnische Überlegungen im Umgang
mit Patienten, die nicht frei assoziieren können

Von dem Moment an, an dem der freie Einfall die beherrschende Funktion bei dem Bemühen des Arztes, einen Zugang zum Verdrängten zu erhalten, zu spielen begann, gibt es das Problem des nicht – oder ungenügend assoziierenden Patienten. War für Freud der Traum die via regia zum Unbewußten, so wurde der assoziierende Patient, vor allem der Patient, der mit dem freien Einfall Schwierigkeiten hatte, Wegweiser auf eine andere via regia, die via regia zum Verdrängten. Schon früh war Freud in der Lage, das Problem begrifflich als „Widerstand" zu fassen und seine theoretische wie klinische Bedeutung zu sehen: „Das Moment des Widerstandes ist eines der Fundamente seiner Theorie geworden", schreibt er 1904 in der anonym erschienenen Schrift „Die Freudsche psychoanalytische Methode" (1904 a). Unter diesen Begriff fiel es zwar mit vielen anderen Widerständen – „Was immer die Fortsetzung der Arbeit stört, ist ein Widerstand", schreibt Freud in der „Traumdeutung" (1900 a, S. 521) (hierhin gehören Zuspätkommen, Agieren statt Verbalisieren, die Übertragungsliebe im Dienste des Widerstandes und vieles andere) – behielt aber wegen seiner zentralen forscherischen wie therapeutischen Bedeutung stets eine Sonderstellung. Freud hat es von seinen ersten klinischen Arbeiten (1894 a und 1895 d, s. hier z. B. S. 284) bis zu seiner letzten (1937 c) beschäftigt. 1926 gelang ihm eine Zusammenfassung der verschiedenen Widerstandsformen nach ihren Quellen, die bis heute Gültigkeit behalten hat (1926 d, S. 191–193).

Ich will einige technische Probleme darstellen, die sich beim therapeutischen Umgang mit solchen Patienten stellen. Dabei wird sichtbar, daß wir von dem so einfach erscheinenden klinischen Phänomen „Mir fällt nichts ein" gelegentlich in Tiefen des Seelenlebens geraten, von denen die Oberfläche nichts ahnen läßt. Dies wird besonders an den Assoziationsschwierigkeiten depressiver Patienten deutlich, auf deren Grund eine so folgenschwere Störung wie der von Freud beschriebene „Über-Ich-Widerstand" gefunden wird. – Die Situation, von der hier die Rede ist, bleibt solange unproblematisch, solange es sich um Patienten handelt, die nur gelegentlich (und meist aus einfühlbaren Gründen) Assoziationsschwierigkeiten haben. Sie ändert sich aber grundlegend, wenn der Patient in einem Maße unfähig wird zu assoziieren, daß die Fortführung der Analyse in Frage gestellt ist. An solchen Fällen will ich zeigen, welche klinischen Beobachtungen und theoretischen Überlegungen hier weiterhelfen können und wie die technischen Maßnahmen aussehen, mit denen man noch Aussichten auf Erfolg haben kann. Dabei werde ich auch auf fehlerhaftes Umgehen mit der Situation durch den Analytiker eingehen.

Die Literatur, die sich mit dem hier genannten Problem „Mir fällt nichts ein" unter technischen Aspekten beschäftigt, findet sich in der Regel unter dem Oberbegriff „Widerstand". Wie bereits erwähnt, nimmt es im Werke Freuds eine zentrale Stellung ein. Dies bekundet in eindrucksvoller Weise die große Zahl von Texthinweisen unter den Begriffen „freie Assoziation", „psychoanalytische Grundregel", „Widerstand", „psychoanalytische Technik" im Indexband der Gesammelten Werke (s. Band XVIII). Weiterführende Untersuchungen – technischer wie begriffsklärender Natur – haben vorgelegt: Reich, W., 1933, Freud, A., 1936 und 1965, Deutsch, H., 1939, Fenichel, O., 1945, Hartmann, H., 1951, Greenson, R. R., 1967, Sandler, J., Ch. Dare und A. Holder, 1973.

Ich will damit beginnen, von den Schwierigkeiten zu sprechen, die dadurch entstehen, daß wir mit der Situation fehlerhaft umgehen. Hier liegt oft der erste Anstoß zur Entwicklung einer schlußendlich hoffnungslos verfahrenen therapeutischen Lage. Zwei technische Fehler im Umgang mit dem nichtassoziierenden Patienten sind die meist verbreitetsten. Es sind im Grunde dieselben, die wir auch mit dem schweigenden Patienten machen (Cremerius, J., 1969).

Da ist einmal das zu rasche, zu direkte Ansprechen der Schwierigkeit des Patienten als Widerstand mit der Tendenz, denselben so schnell als möglich zu überwinden, zu brechen, wie in einem solchen Falle dann typischerweise gesagt wird. Dem so vorgehenden Therapeuten entgeht, so sehr er prinzipiell Recht hat und im Einklang mit der Theorie steht, die Tatsache, daß der freie Einfall eine potentielle Gefahr für das Ich des

Patienten darstellt, mit dem Verdrängten erneut konfrontiert zu werden. Der Therapeut vergißt die tiefe Verankerung eines jeden Widerstandes in den Abwehrkämpfen der ersten Lebensjahre: „Die entscheidende Tatsache ist nämlich, daß die Abwehrmechanismen gegen einstige Gefahren in der Kur als Widerstände gegen die Heilung wiederkehren. Es läuft darauf hinaus, daß die Heilung selbst vom Ich wie eine neue Gefahr behandelt wird" (Freud, S., 1937c, S. 84). Der Therapeut braucht nur daran zu denken, welche Mühen und Kämpfe es seinen Patienten einmal in der Kindheit gekostet hat, das Kunststück fertigzubringen, seine Triebnatur zu sozialisieren und dabei Teile von ihr zu bewahren, um sein Verhalten in der therapeutischen Situation richtig verstehen zu können. Mancher seiner Patienten hat dieses Kunststück in schwierigen Familienkonstellationen nur gerade noch geschafft. Der Preis war die Entwicklung eingehender Abwehrmechanismen und leidvoller Symptome, war die Aufwendung großer Energiemengen für die Verdrängung wichtiger vitaler Impulse. Und wenn ihm dieser Aspekt deutlich wird, dann versteht er auch, daß der Patient jetzt nicht einfach etwas wieder zulassen kann, was einmal vielleicht lebensrettend war, es zu verdrängen. Er versteht, daß sein Patient sich mittlerweile damit eingerichtet hat, daß er sich daran gewöhnt hat, so zu leben, und so wird er mitfühlen können, was es heißt, sich einem Prozeß auszusetzen, der die Wiederkehr des Verdrängten zum Ziele hat. – Von diesen Überlegungen aus wird es verständlich, daß unsere erste Annäherung die des mitfühlenden und geduldigen Hörens sein muß, daß wir zunächst einmal die Ängste und Befürchtungen des Patienten annehmen und respektieren müssen, daß wir seinem Ich eine Hilfe sein müssen. (Ich meine damit nicht, daß wir diese Dinge dem Patienten sagen müssen; ich meine eine innere Einstellung des Arztes.) Ich glaube, diese Überlegungen machen uns verständlich, daß solche fehlerhafte Technik eher geeignet ist, den Widerstand zu verstärken, als ihn zu mildern. Bedeutet jedoch jede plötzliche, nicht erarbeitete Widerstandsverminderung eine sofortige Erhöhung der Angst und eine Verstärkung der Abwehr.

Da ist zum anderen die Haltung des Verwöhnens und Schonens – nicht weniger gefährlich als die andere. Der Analytiker läßt den Widerstand gar nicht erst voll sich entfalten. Sobald es schwierig für den

Patienten wird, springt er rasch mit Erklärungen bei (manchmal werden hier kleine Vorlesungen über psychoanalytische Theorie gehalten), mildert die Spannung, tröstet oder geht sogar so weit, daß er dem Ich die Arbeit abnimmt und dem Patienten den Inhalt des Verdrängten (das heißt das, was er dafür hält) mitteilt. Ein solches Vorgehen leitet die Kur auf ein Gleis, das leicht dahin führt, daß der Arzt die Rolle des guten, lieben Vaters übernimmt, der alles kann und weiß und der Patient die des Kindes, dem endlich das „Glück" zuteil wird, geführt und bewahrt zu werden. Daß es sich hier um ein neurotisches Glück handelt, welches der Analytiker aus eigenen neurotischen Bedürfnissen heraus herstellen muß, oder zu dessen Herstellung ihn der Patient verführt, ist deutlich. Die Folge ist, daß der Patient die Fortdauer dieser Haltung fordert. Wir hoffen, daß der Analytiker sie eines Tages erkennt und aufgibt. Gelingt ihm dies und versucht er, die wechselseitige Triebbefriedigung zu beenden und durch Frustration zu ersetzen, droht ihm die Gefahr, daß der Patient die Behandlung abzubrechen versucht. Es gibt aber auch einen gewichtigen anderen Grund dafür, warum der Widerstand nicht umgangen oder durch Freundlichkeit aufgehoben werden darf, nämlich den, daß der Widerstand eines der feinsten Instrumente ist, mit dessen Hilfe wir den Zugang zum Verdrängten und zum Geheimnis der Neurose finden können. Denn, so heißt die entscheidende Entdeckung Freuds: Es sind die gleichen Kräfte, die beim Widerstand wie bei der Verdrängung tätig sind. So besteht jeder Fortschritt in der psychoanalytischen Kur in einem richtigen Einschätzen des Widerstandes und in seiner konsequenten Bearbeitung. Es nutzt dem Patienten nichts, wenn wir ihm, aus gleich welchen Gründen auch immer, den von uns erratenen Inhalt des Verdrängten mitteilen. Im übrigen rät man bei dieser Art des Vorgehens oft daneben und verrennt sich dann in seine Ahnungen. Was in der Regel dabei herauskommt, ist, daß der Patient mehr über seinen Analytiker erfährt, als der Analytiker über seinen Patienten. Denn das ist eine der Situationen, wo Deklarationen gerne an die Stelle von Deutungen treten.

Gegenüber solchen Fehlern in der Einstellung zum Problem des Patienten sind Deutungsfehler weit weniger folgenschwer. Das hängt damit zusammen, daß das, was wir hier Fehler nennen, im Grunde

Schwierigkeiten sind, die aus der Neurose des Arztes, bestenfalls aus der Interaktion der Neurose von Arzt und Patient, entstehen.

Betrachten wir, diese Seite des Themas abschließend, noch eine andere Schwierigkeit des Analytikers im Umgang mit dem Patienten, der nicht frei assoziieren kann. Sie besteht darin, daß er, wenn sich das „Mir fällt nichts ein" über einen längeren Zeitraum ausdehnt, ungeduldig wird und sich der Hoffnung hingibt, er könne, wenn er nur gründlich an diesem Widerstand arbeite, eine friedlichere, entspanntere Phase der Analyse herbeiführen, in der ein freundliches Arbeitsbündnis ein harmonisches Zusammenwirken auf Dauer möglich mache. So verständlich eine solche Erwartung auch sein mag – bedenkt man, aus welch bedrängter und gelegentlich beängstigender Lage heraus sie erwächst –, so weit entfernt ist sie von der Realität der Analyse. Sicherlich gibt es solche Phasen, wie sie hier erwartet werden und sicherlich gehören sie zu einer ordnungsgemäß durchgeführten Analyse –, aber sie bleiben Intermezzi in der mühseligen Abwehrarbeit, die die Analyse von der ersten bis zur letzten Stunde begleitet (Freud, A., 1936). Als Dauerzustand nach einer Widerstandsphase sind sie eine Illusion. Freud hatte dies schon sehr früh erkannt und schrieb 1909, daß „eine Behandlung unter beständigem Widerstand vor sich gehe" (1909c). Beim Verschwinden, vor allem dem plötzlichen Verschwinden einer Widerstandshaltung, d. h. ohne daß dieses aus der vorhergehenden Durcharbeitung verständlich ist, sollte der Analytiker nicht aufatmen, sondern seine Aufmerksamkeit verstärken. Viele Patienten versuchen durch eine liebenswürdige Gefügigkeitshaltung, durch eine Pseudokooperation, das Bewußtwerden des Verdrängten zu verhindern. Es ist nicht schwer, diese Haltung als eine solche zu erkennen. Sie ist, wie Glover feststellt, durch folgende Merkmale charakterisiert: Zustimmung des Patienten zu allem, was der Analytiker sagt, Angebot von Material, beispielsweise von Träumen, wenn er glaubt, daß diese den Analytiker besonders interessieren. Glover sagt von diesen „unauffälligen" Widerständen, „daß sie die Oberfläche der analytischen Situation nicht durchbrechen oder schädigen, sondern daß sie in die Situation einsickern, ihr durch die Poren dringen, um ein anderes Bild zu gebrauchen, sich nicht gegen den Strom stemmen, sondern mit ihm schwimmen" (1955). Aus diesen

Feststellungen wird deutlich, daß es großer Aufmerksamkeit bedarf, um diese Art des Widerstandes zu erkennen.

Ich wende mich nun einem anderen Aspekt unseres Themas zu. Hier liegt die Schwierigkeit in der Triebstruktur des Kranken, die der Durcharbeitung des „Mir fällt nichts ein" eine spezifische Färbung gibt, oder anders ausgedrückt, die den Rahmen für alle technischen Operationen bildet.

Es handelt sich um Patienten, die entweder mit Beginn der Analyse oder bald danach, zuerst klagend, bald auch anklagend, mitteilen, daß ihnen nichts einfalle. Wenden wir uns dem Problem in der klassischen Weise zu, zeigt sich sehr schnell eine ungewohnte Spannungserhöhung, ein Nachlassen der Fähigkeit zu objektivieren, eine verringerte Offenheit logischen Argumenten gegenüber und eine starke Intensivierung der Beziehung des Patienten zum Analytiker. Bei dieser fällt wiederum auf, daß das Bild des Analytikers immer stärker von der Realität abweicht: Kurzum, wir haben eine typische Übertragungssituation vor uns. – Ich will nun am Beispiel des Patienten mit einer analen Struktur zeigen, welche technischen Besonderheiten sich hier ergeben. Vorher muß ich aber zuerst das klinische Bild, wie es sich in der Übertragung spiegelt, präzisieren. Es kann, entsprechend den verschiedenen Triebkomponenten der analen Struktur, sehr unterschiedlich sein. Die Übertragung kann streitende und rechtelnde Züge annehmen, sado-masochistische, retentive und andere mehr. Jeder dieser Züge strebt nach Wiederholung in der Übertragung, nach Befriedigung am Analytiker, nach Lustgewinn. Je nachdem, welche partialtriebhafte Komponente die Übertragung bestimmt, wird die Bearbeitung des „Mir fällt nichts ein" anders aussehen müssen. Beginnen wir mit dem Patienten, der seine anale Streitlust zu wiederholen versucht. Er wird uns vorhalten: „Wieso soll mir immer etwas einfallen, es ist doch logisch, daß das mal aufhört", oder „Jetzt habe ich schon seit x Stunden gesprochen, jetzt weiß ich nichts mehr, jetzt reden Sie mal". Allen logischen Argumenten unzugänglich, dient ihm alles nur dazu, mit uns zu streiten und Recht zu bekommen. Der Analytiker, der die Situation nicht erkennt, sondern glaubt, es handele sich immer noch um die einfache Bearbeitung eines Widerstandes gegen das Bewußtwerden von Verdrängtem, wird in der

Widerstandsanalyse fortfahren und dabei genau das tun, was dem Triebwunsch entspricht: Sich ihm entgegenstellen. Er gerät dabei in der Regel an die Stelle, an der einmal in der betreffenden Triebphase die Beziehungsperson gestanden hat, an der der Patient den Partialtrieb befriedigen konnte. Der Wiederholungsvorgang hat nun seinen Partner gefunden, und von jetzt an läuft die Analyse nach dem Schema der gegenseitigen Triebbefriedigung weiter. Der Analytiker drängt auf die Bearbeitung des Widerstandes, will ihn beheben, wird ärgerlich, weil der Patient nicht mitarbeitet, macht ihm Vorwürfe, gibt falsche (den Patienten kränkende oder beschuldigende) Deutungen, setzt ihn mit Schweigen unter Druck oder resigniert. Hier helfen nur die Erkenntnis des klinischen Tatbestandes und die Rückkehr zur Abstinenz weiter. Gelingt dies, so sind die notwendigen Deutungen nicht schwer zu finden, und in der Regel bald auch wirksam. Es muß dem Patienten der Lustcharakter des Streitens und die Wiederholung der infantilen Situation in der Übertragung gezeigt werden. Durch die Anerkennung des Triebimpulses verringert sich der Spannungszustand und in der jetzt einsetzenden positiven Übertragung wird es möglich, den Abwehrcharakter des Partialtriebes gegen phallische Regungen und die damit verbundene Kastrationsangst zu deuten. Wenn dies geschehen ist, können Arzt und Patient die Herkunft des Widerstandes gegen den freien Einfall aus alten Ängsten und Abwehrhaltungen verstehen. – Bei der Übertragung retentiver analer Lust sieht der Ablauf ähnlich aus. Hier erklärt der Patient: „Mir fällt nichts ein, weil nichts mehr da ist. Ich tue ja alles, um Einfälle zu berichten, aber es geht einfach nicht." Der Analytiker, der die Verknüpfung mit dem Partialtrieb nicht sieht, wird – wie im vorhergehenden Falle – weiter am Widerstand arbeiten und so ebenfalls zum Partner des Wiederholungsvorganges werden. Je mehr er drängt, desto mehr wird der Patient versichern, daß er sich ja aufs äußerste anstrenge, aber es komme nichts. Das Ende ist, daß der Patient den Analytiker völlig lahmlegt und so den Triumph des Sieges auskosten kann. Die Analogie zur Töpfchensituation: „Du siehst doch, Mama, wie sehr ich drücke, aber es kommt leider nichts", ist unverkennbar. Tausk war es, der erkannte, daß die Kinder in dieser Situation entdecken, daß eine Täuschung des Erwachsenen möglich ist (1919, S. 15 Anm. 1). Eines der

Lustmomente, das der Patient am Analytiker wiederholt, liegt hierin begründet. Es ist Teil jenes Glückes, das Freud als die „Allmacht der Gedanken" beschrieben hat (1909 d), dem Ferenczi seine bahnbrechende Untersuchung über die „Entwicklungsstufen des Wirklichkeitssinns" folgen ließ (1913). Auch hier liegt die Lösung darin, zunächst die Triebkomponente zu deuten, die Lust am Beherrschen und Täuschen. Dann erst ist der Patient der Abwehrdeutung und der Bearbeitung seiner analen Retention von Einfällen zugängig. – Um auch hier wieder einen Hinweis auf den Analytiker, seine Schwierigkeit bei der Bearbeitung dieses Problems, anzubringen, sei vermerkt, daß es in der Regel Reste seiner eigenen unbewußten analen Triebregungen sind, die ihn in die agierende Gegenübertragung hineinmanövrieren.

Ganz anders geartet ist die Schwierigkeit, Einfälle zu bringen bei Patienten mit einer depressiven Struktur. Zuerst beobachtet man bei ihnen, daß sie durch ihre Einfälle leicht beschämt werden. Sie können jede Art negativen Aspektes, z. B. infantile Züge an sich, nur mit großer Scham zur Kenntnis nehmen. In diesem Punkt erinnern sie an die Fälle, die Karl Abraham 1919 beschrieben hat, an eine sozusagen stärker gehemmte Abart derselben, ihnen aber ähnlich durch das Erleben des freien Einfalls als einer Gefährdung ihres Selbstwertgefühles (1919, Bd. II, S. 254 ff.). Hört man ihnen jedoch längere Zeit zu, entdeckt man, daß die Ähnlichkeit trügt. Während die Patienten von Abraham Schwierigkeiten mit dem freien Einfall haben, weil sie über einen überstarken Narzißmus verfügen, weisen die Patienten, von denen hier die Rede ist, zu wenig Eigenliebe auf. So hören wir bald, wenn wir ihre Schwierigkeiten in den Stunden geduldig begleiten, daß sie sagen, daß das, was ihnen einfiele, nichts Besonderes sei, banal und belanglos. Sie dächten, daß, wenn sie es mitteilen würden, der Analytiker darüber lachen und es für wertlos halten werde. Wir stoßen auf die Vorstellung, der Analytiker sei gebildeter, differenzierter, wissender, kultivierter, aus besserem Hause etc. und werde alles, was der Patient sage, als alltäglich, banal, dumm, ungebildet, primitiv etc. verachten. Greifen wir die Idealisierung des anderen und die Selbstentwertung auf, so zeigt sich bald, daß wir nicht weiterkommen. Der Patient beharrt darauf, daß seine Meinung über uns zu Recht bestehe und daß er sich der Gefahr nicht aussetzen könne und wolle, von uns im besten Falle belächelt zu werden. Unsere Bemühung, sein Verhalten als Übertragung zu deuten und mit ihm die frühen Elternfiguren zu finden, die so rigide und lieblos mit ihm umgegangen sind, scheitert ebenfalls. Auch wenn er Erinnerungen dieser Art über eine der frühen Elternfiguren bringen sollte, bleibt der Zustand unverändert. Der Weg, den gestörten Narzißmus anzugehen, vermag im besten Falle einen Tränenausbruch herbeizuführen, aber sonst führt auch er nicht weiter. Eine Änderung tritt erst dann ein, wenn wir nach weiterem gelassenen Mithören entdecken, daß es gar nicht Scham und Angst vor dem Analytiker sind, die den Patienten hindern, den Einfällen freien Lauf zu lassen, sondern etwas in ihm selbst. Diese Entdeckung geschieht auf die Weise, daß wir geduldig immer wieder fragen, was in ihm vorgehe, während er schweigt. Er verrät uns dann, wenn wir es verstehen, ihm das Gefühl von Sicherheit zu geben: Es würden sich Gedanken, Erinnerungen, Gefühle und Bilder einstellen, denen er eine Zeitlang Raum gäbe, die er wachsen, sich entfalten ließe und von denen er spüre, daß sie aus ihm herauswollten. Während dieser Phase fühle er sich ungestört – von außen wie von innen –, sei ganz bei sich und vermöge sogar, ein gewisses Behagen dabei zu empfinden, die Dinge kommen zu lassen und sie anzusehen. Plötzlich bräche dieser Vorgang jedoch ab und Etwas betrachte all das und sage, es sei dumm, primitiv, banal etc. (s. oben). (Manchmal sind die beiden Vorgänge weniger scharf voneinander getrennt als hier beschrieben. Jedem Einfall folgt dann die kritische Entwertung sogleich auf dem Fuße.)

Es ist auffallend schwierig, den Patienten bei der Wahrnehmung dieses Vorganges zu halten. Er versucht sofort wieder, davon wegzukommen und zu sagen, daß diese Entwertung eben nur stattfände, weil er glaube, der Analytiker dächte so. Hier wird ganz deutlich, daß es sich um die Projektion der eigenen Entwertung auf den anderen handelt. Nun taucht die Frage auf, wogegen ist dieser Abwehrmechanismus der Projektion gerichtet, welche Funktion hat er? Warum darf das Ich des Patienten nicht wahrnehmen, daß alles, was es tut, von einer Stimme in der eigenen Brust entwertet werden muß? Bevor wir die Frage beantworten, wovor die Projektion schützen soll, müssen wir noch berichten, daß der Patient allmählich Details aus seinem Leben bringt, die zeigen, daß es dort genauso aussieht wie in der Behandlungsstunde: Jeder Impuls, jede Intention wird lächerlich gemacht, entwertet und fallengelassen oder nur halbherzig ausgeführt. Diagnostisch handelt es sich, wie unschwer zu erkennen ist, um eine Über-Ich-Thematik: Das Über-Ich bewacht jede Regung des Ich und achtet darauf, daß sich keine Triebimpulse durchsetzen. Vom Ich her gesehen ist es so, daß „es der Zorn, die Strafe des Über-Ichs, der Liebesverlust von dessen Seite (ist), den das Ich als Gefahr wertet..." (Freud, S., 1926 d, S. 170). Es ist also die Angst des Ich dem Über-Ich gegenüber, von ihm wie von einer realen Person nicht mehr geliebt zu werden, wenn es Dinge tut, die nicht von ihm gebilligt werden. Wenn wir dies beharrlich deuten, dann leiten wir eine Änderung ein. Dabei erleben wir dann mit, wie grausam, hart und rücksichtslos das Über-Ich des Patienten alles beherrscht. Jetzt führt die permanente Deutung dieser Natur des Über-Ichs zusammen mit der wiederholten Feststellung, daß da etwas im Patienten sei, das sich entfalten, wachsen und auch heraus wolle, daß es das alles aber nicht dürfe, weil ein anderer Teil es für böse und schlecht erkläre, daß es letztlich darauf hinausliefe, daß der Patient sich selber nicht lieben könne, zur Verminderung der Abwehr und zur Einsicht. Der Kampf gegen diese Einsicht läßt uns die Entstehung und den Sinn der Projektion verstehen und die oben gestellte Frage beantworten: Indem das Ich die Entwertung nach außen verlegt, erspart es sich die schmerzhafte Einsicht, daß der Feind in der eigenen Brust sitzt, daß die draußen erlebte Lieblosigkeit die eigene Lieblosigkeit ist und daß das Ich die Mühe auf sich nehmen muß, die nicht geleistete Bearbeitung der Triebe (bisher lebten sie in der Verdrängung, was stets heißt, daß sie sich nicht entfalten konnten, was wiederum das Erwachsenwerden verhindert und einen gewissen partiell infantilen Zustand zur Folge hat) nachzuholen. Um welche Triebimpulse es sich hier handelt, haben wir aus den Worten, mit denen der Patient beschreibt, als was er die Einfälle erlebt (wachsen, entfalten, herauswollen) deutlich verstanden: Es sind phallische Impulse.

Jetzt erst, wenn wir weiterarbeiten, wird uns der letzte Grund deutlich, der es dieser Gruppe von Patienten unmöglich macht, dem freien

Einfall Raum zu geben. Es ist das, was Freud als Über-Ich-Widerstand aus einem unbewußten Schuldgefühl erkannte (1923 b, S. 279): Die freien Einfälle führen den Patienten in die Nähe von Triebwünschen, die er aufgrund seiner Gewissensforderungen abwehren muß. Werden sie durch die analytische Arbeit mobilisiert, setzen Schuldgefühle und Strafbedürfnis ein, die den Über-Ich-Widerstand mobilisieren, der dann die Triebregung zurückdrängt. Als Beispiel führe ich den Fall einer jüngeren depressiven Frau an, die meine anderen Patientinnen als ihre Schwestern erlebte und für die die Analyse zu einer Wiederholung der frühkindlichen Situation wurde, in der sie gewünscht hatte, des Vaters Liebling zu sein und die Schwestern auszustechen. Nachdem ihre Schuldgefühle bearbeitet werden konnten und das Ich diesen Wunsch in der Übertragung zulassen durfte, war es ihr möglich, sich dem freien Einfall zu überlassen. Ich muß aber betonen, daß diese Arbeit fast die ganze Analyse von 4 Jahren ausfüllte – und daß, als sie getan war, auch die Analyse im wesentlichen beendet war. Ein großer Teil der Arbeit bestand in dem zähen Versuch, das Über-Ich zu „ermäßigen". Hier bedarf es einer großen Ausdauer auf beiden Seiten. Über lange Strecken ist die Arbeit eintönig und monoton. Die lange Dauer des Durcharbeitens erklärt sich daraus, daß das Schuldgefühl für diese Patienten stumm ist, „es sagt ihm nicht, daß er schuldig ist, er fühlt sich nicht schuldig, sondern krank. Dies Schuldgefühl äußert sich nur als schwer reduzierbarer Widerstand gegen die Herstellung" (1923 b, S. 279).

Ich habe die technische Prozedur mit ihren beiden Schwierigkeiten, dem Erkennen und dem Bearbeiten, so ausführlich dargestellt, um zu demonstrieren, was Freud mit seiner Feststellung meinte: Der Über-Ich-Widerstand ist für den Analytiker am schwersten zu erkennen und zu handhaben (1923 b, S. 279, Anm.).

Grenzen und Möglichkeiten der psychoanalytischen Behandlungstechnik bei Patienten mit Über-Ich-Störungen

Einleitung

Während es über die theoretischen Aspekte des Über-Ichs (unter genetischem, topographischem, strukturellem Aspekt) eine umfangreiche Literatur gibt, sind Untersuchungen über die therapeutischen Probleme, die sich bei der Behandlung von Patienten stellen, deren Störungen vorwiegend oder ausschließlich im Bereich des Über-Ichs liegen, selten. So fordert denn auch Rangell in seiner Adresse an die Psychoanalytiker, einen Gedanken Fenichels aus dem Jahre 1945[1], der ohne Echo blieb, wiederholend: „Um ihren [der Psychoanalyse] Umkreis abzurunden und ihr Zentrum auszufüllen, müssen auch die Realität draußen und das Über-Ich innen in das Verfahren miteinbezogen werden, und zwar nicht nur nebenbei, sondern mit der gleichen Intensität und in der gleichen Tiefe wie bisher beim Ich und beim Es" (1974, S. 948).

Diese Lücke ist einmal dadurch entstanden, daß zunächst die technischen Besonderheiten, die sich bei den beiden anderen Instanzen, dem Es und dem Ich, stellten (der Umgang mit der Abwehr, mit Störungen der Objektbeziehungen, Ich-Defekten etc.), im Vordergrund standen, zum anderen dadurch, daß der Sektor der Technik, um den es beim Über-Ich-Patienten vor allem geht, nämlich das „Durcharbeiten", seit Freuds grundlegenden Arbeiten (1914, 1916a, 1916b, 1917, 1926a, 1937) wenig behandelt worden ist – vergleicht man zum Beispiel die Literatur darüber mit der über die Deutung. Zuletzt mag Freuds Feststellung aus dem Jahre 1933, daß er der Theorie der psychoanalytischen Therapie nichts hinzuzufügen habe, was er nicht bereits vor 15 Jahren in den „Vorlesungen zur Einführung in die Psychoanalyse" (1916/1917) formuliert habe (1933, S. 163), das Interesse der Analytiker an diesem

---

1 Den schichtspezifischen Aspekt des Über-Ichs, also seine klassenspezifisch unterschiedlichen Ausbildungen, lasse ich unberücksichtigt. Darauf sind mein Mitarbeiter Trimborn und ich andernorts eingegangen (Cremerius, 1975c; Trimborn, 1976).

Gegenstand gehemmt haben. (Diese Feststellung muß Verwunderung auslösen, weil Freud ja zwischenzeitlich die Entwicklung der Ich-Psychologie wesentlich vorangetragen und vor allem das Konzept des Über-Ichs entworfen und komplettiert hatte (1921, 1923, 1926b). So heißt die Therapieanweisung am Ende der 31. Vorlesung immer noch: „Wo Es war, soll Ich werden" (1933, S. 86; daß dasselbe für das Über-Ich gilt – „Wo Über-Ich war, soll Ich werden" – erwähnt Freud nicht). Aber es war nicht nur eine Hemmung des Interesses, die von Freud ausging, sondern auch eine tiefe Skepsis in bezug auf die therapeutische Beeinflußbarkeit des überstrengen Über-Ichs. Über das unbewußte Schuldgefühl, an dem diese Kranken leiden, sagt er, daß „man direkt nichts dagegen tun kann, indirekt nichts anderes, als daß man langsam seine unbewußten verdrängten Begründungen aufdeckt" (1923, S. 279) – aber der Ausgang der therapeutischen Bemühung „hängt in erster Linie von der Intensität des Schuldgefühles ab, welcher der Therapeut oft keine Gegenkraft von gleicher Größenordnung entgegenstellen kann" (ebenda, S. 279). Die stärkste Bremse ist wohl seine Feststellung gewesen, daß Personen, bei denen ein unbewußtes Schuldgefühl übermächtig sei, die prognostisch so unliebsame „negative therapeutische Reaktion" zeigen (1923, S. 278/279, und 1933, S. 117/118). 1926 folgt diesen wenig ermutigenden Feststellungen eine weitere. Er bemerkt, daß der fünfte der gegen die Behandlung gerichteten Widerstände, „der des Über-Ichs, der zuletzt erkannte, dunkelste, aber nicht immer schwächste, ... dem Schuldbewußtsein oder Strafbedürfnis zu entstammen [scheint]; er widersetzt sich jedem Erfolg und demnach auch der Genesung durch die Analyse" (1926b, S. 193).

Von pathologischem Über-Ich spreche ich, wenn eine Dauerspannung zwischen dem Ich und den Ansprüchen des Gewissens besteht, die so stark ist, daß das Über-Ich als gesonderte Struktur in Erscheinung tritt und das Ich vor ihm kapituliert.

1. Einige Besonderheiten des Über-Ichs, die erklären, warum die Prognose für den Über-Ich-Patienten so ungünstig ist

Seine Herkunft aus genetisch frühen Stadien:

„Die Abkunft von den ersten Objektbesetzungen des Es, also vom Ödipuskomplex, bedeutet aber für das Über-Ich noch mehr. Sie bringt es, wie wir bereits ausgeführt haben, in Beziehung zu den phylogenetischen Erwerbungen des Es und macht es zur Reinkarnation früherer Ichbildungen, die ihre Niederschläge im Es hinterlassen haben. Somit steht das Über-Ich dem Es dauernd nahe und kann dem Ich gegenüber dessen Vertretung führen. Es taucht tief ins Es ein, ist dafür entfernter vom Bewußtsein als das Ich" (Freud, 1923, S. 278).

Das Über-Ich verdankt seine besondere Stellung zum Ich der Tatsache, daß es aus den ersten Identifizierungen entstand, die vorfielen, als das Ich noch schwach war, – der Identifizierung mit dem Vater. Es errichtet in der langen Phase der kindlichen Abhängigkeit seine Herrschaft über das Ich mit Hilfe dieser Identifikation. Diese setzt es auch über das reife Ich fort (ebda., S. 277).

Das Über-Ich tritt dem Ich „als Anwalt der Innenwelt, des Es, gegenüber. Konflikte zwischen Ich und Ideal werden, darauf sind wir nun vorbereitet, in letzter Linie den Gegensatz von Real und Psychisch, Außenwelt und Innenwelt, widerspiegeln" (ebda., S. 264).

Nach der Hypothese von „Totem und Tabu" wurde das Über-Ich phylogenetisch am Vaterkomplex erworben und erhält von dorther archaische Zuflüsse (ebda., S. 265).

Freud unterscheidet Vorläufer des Über-Ichs in Form von Wortvorstellungen, die auditive Wahrnehmungen und Gebote aus der präödipalen Zeit festhalten. Er spricht vom Über-Ich als der „inneren Stimme" (ebda., S. 282).

Einen weiteren präödipalen Vorläufer des Über-Ichs erkennt Freud in der zwangsneurotischen Übermoral:

„Erwägt man, daß die Zwangsneurotiker eine Übermoral entwickeln müssen, um ihre Objektliebe gegen die hinter ihr lauernde Feindseligkeit zu verteidigen, so wird man geneigt sein, ein gewisses Maß von diesem Voraneilen der Ichentwicklung als typisch für die menschliche Natur hinzustellen und die Fähigkeit zur Entstehung der Moral in dem Umstande begründet zu finden, daß nach der Entwicklung der Haß der Vorläufer der Liebe ist" (1913, S. 451).

Müller-Braunschweig bemerkt dazu etwas sehr Wichtiges, das in der Diskussion über das Über-Ich verlorengegangen ist. Er stellt fest, daß die Bedeutung des Ödipus-Komplexes für die Entstehung der moralischen Spannung [Stärke des Über-Ichs] geringer sei als die Phase der Reinlichkeitsgewöhnung: im Untergang des Ödipus-Komplexes verzichtet das Kind auf etwas, was es real nie besessen hat [das inzestuöse Objekt]; am Ende der analen Phase dagegen muß es auf ein Glück verzichten, welches es einmal real und restlos ausleben durfte (1921, S. 249/250). Ich sehe darin ein Argument für die weit größere Strenge des analen Über-Ichs im Vergleich zu der des ödipalen. Eine weitere Beziehung des Über-Ichs zu früheren Phasen der Triebentwicklung erkennt Freud im Zusammenhang und im Gefolge seiner Narzißmusarbeit: Das Ich-Ideal, dem er die Funktionen der Selbstbeobachtung, des moralischen Gewissens, der Traumzensur und einen Haupteinfluß bei der Verdrängung zuschreibt, sei

„der Erbe des ursprünglichen Narzißmus, in dem das kindliche Ich sich selbst genügte. Allmählich nehme sie [diese Instanz] aus den Einflüssen der Umgebung die Anforderungen auf, die diese an das Ich stelle, denen das Ich nicht immer nachkommen könne, so daß der Mensch, wo er mit seinem Ich selbst nicht zufrieden sein kann, doch seine Befriedigung in dem aus dem Ich differenzierten Ichideal finden dürfe" (1921, S. 121).

Seit diesen Feststellungen Freuds hat sich unsere Kenntnis der Frühformen des Über-Ichs entschieden erweitert und differenziert. Es haben sich zwei gegensätzliche Denkansätze entwickelt. Der eine, vertreten von Melanie Klein, sieht die Entstehung des Über-Ichs aus Teilobjekten, die introjiziert werden. Es stellt demnach eine Grundformation ähnlich der des Es dar. Es sei, stellt sie fest, von Anfang an in archaischer, rudimentärer Form vorhanden. Anstatt die Entwicklung des Ichs sozusagen zu verlängern, indem es sich von diesem differenziert, gehe es ihm voraus. Der andere Ansatz, im Gefolge der Freudschen Theorie der Über-Ich-Entwicklung formuliert, wird von Anna Freud, E. Glover und R. Spitz weitergedacht. Hier ist das Über-Ich grundsätzlich die Endphase der Ich-Entwicklung. Strukturell betrachtet gilt es als Substruktur des Ichs. Wie Freud selber, entdecken die genannten Autoren Vorformen des Über-Ichs schon in der präödipalen Phase. Ferenczi hatte hier die entscheidende Entdeckung bereits 1925 gemacht: die Beschreibung eines Über-Ich-Vorläufers in der analen Phase, der der Bewältigung der Reinlichkeitserziehung dient, die „Sphinktermoral". (Es wäre zu untersuchen, welche Beziehungen zwischen Ferenczis Begriff und dem des „Ober-Ichs" von Grunberger [1974] – anal-sadistische Dressur durch die Mutter[2] – bestehen.) Anna Freud beobachtet, daß die „Identifizierung mit dem Angreifer" einer „Vorstufe der Über-Ich-Bildung" entspricht. Ein Ich, das mit Hilfe dieses Abwehrmechanismus diesen speziellen Entwicklungsweg durchmacht, introjiziert die kritisierenden Autoritäten als Über-Ich und ist imstande, seine verbotenen Regungen nach außen zu projizieren. Ein solches Ich ist intolerant gegen die Außenwelt, ehe es streng gegen sich selber wird. Es erlernt, was verurteilt werden soll, schützt sich aber mit Hilfe der Abwehr gegen die Unlust der Selbstkritik (1936, S. 92). Glover versteht unter Über-Ich-Kernen rudimentäre Teile von Ich-Kernen, die er aber scharf von der hochorganisierten seelischen Instanz des Über-Ichs abgrenzt. Letzteres könne erst dann als Differenzierungsprodukt im Gesamt-Ich erscheinen, wenn die infantile Trieborganisation ihre endgültige Entwicklungsform erreicht habe. Jedoch schreibt er auch den „Über-Ich-Kernen" eine teilweise Autonomie zu (1943). Spitz spricht von „frühen Über-Ich-Komponenten" (1958). Er beschreibt drei Primordien derselben: die körperlichen Einwirkungen, denen das Kind ausgesetzt ist (und die introjiziert

---

2 So wichtig diese Entdeckung für das Verständnis präödipaler Über-Ich-Formen und ihrer Bedeutung für die Genese der Moral in unserer Kultur ist, so bezweifle ich doch, daß es sich hier um eine mütterliche Moral handelt. Ist nicht die Mutter nur Vermittlerin der paternistischen Analkultur, des paternistischen Prinzips schlechthin – und entdeckt das Kind das nicht spätestens auf der Höhe des Ödipuskomplexes? Ich sehe darin, daß das Kind in unserer Kultur erlebt, wie sich die nährende, schützende, sorgende Mutter der ersten Lebensmonate mit Einsetzen der Reinlichkeitserziehung – oft abrupt – in ein anderes Wesen verwandelt, eine entscheidende traumatische Situation. Hierbei ist ja ferner zu bedenken, daß dieses Trauma zum Dauertrauma wird: Die frühe gute Mutter verschwindet weitgehend aus dem Leben des Kindes zugunsten einer die Gebote des Vaters ausführenden und kontrollierenden Mutter. Als erschwerend ist noch der Zeitpunkt zu nennen: Für das Mädchen geschieht diese Frustration zu einer Zeit, wo es sich aus anderen Gründen (Penislosigkeit) von der Mutter benachteiligt fühlt – für den Knaben in dem Moment, wo seine Zuneigung zu ihr ödipale Züge annimmt und der Vater, also auch das paternistische Prinzip, ihm als etwas Feindliches erscheint.

werden), den Versuch des Beherrschens durch Identifizierung mit den Gesten der Autoritäten und die Identifizierung mit dem Angreifer. – Weitere wichtige Beiträge zu der Theorie, daß es präödipale, vorväterliche Formen des Über-Ichs gibt, finden sich bei Jacobson (1946), Smith (1949), A. Reich (1954), Beres (1958) und Hammermann (1965). Cambor hat in einer subtilen Fallstudie beschrieben, wie das Vorhandensein einer Mutterersatzfigur neben der leiblichen Mutter in der frühen Kindheit die Über-Ich-Vorläufer drastisch beeinflußt und die spätere ödipale Über-Ich-Bildung deformiert (1969).

Auch die Beziehung zwischem dem Über-Ich und dem Narzißmus, die Freud 1921 beschrieben und später fortgeführt hatte (1924b, S. 398), wird weiterverfolgt. Ich verweise nur auf die Arbeiten von Grunberger (1957), Schäfer (1960) und Lampl-de Groot (1962). Letztere geht von der These aus, daß die ersten Objektbeziehungen (die Brust, später die Mutter selbst) narzißtisch seien und zunächst ausschließlich der Bedürfnisbefriedigung dienten. Aber auch dieses Objekt sei nicht fähig, alle Bedürfnisse vollkommen und augenblicklich zu befriedigen. Diese Erfahrung bedrohe das narzißtische Gleichgewicht des Kindes. Die das Selbst idealisierenden Allmachtsphantasien, mit denen sich das Kind in dieser Phase Befriedigung verschaffe, seien Ich-Ideal-Vorläufer (1962, S. 324). Es lerne also, daß Unlustempfindungen von diesem Objekt nicht behoben werden, und mißverstehe dies als Einschränkung seiner Bedürfnisse, als Verbot und Forderung. Der Protest dagegen rufe Angst hervor, die das Kind dadurch zu vermeiden suche, daß es sich den Forderungen füge (ebenda, S. 325). Wir stoßen also auch hier auf frühe Wut- und Haßgefühle gegen Objekte, die mit denselben introjiziert werden. (Man lese dazu auch die entsprechende Stelle in der bereits zitierten Arbeit von Müller-Braunschweig, 1921, S. 247.)

Das Über-Ich als Erbe des Ödipuskomplexes:

„Das Über-Ich ist aber nicht einfach ein Residuum der ersten Objektwahlen des Es, sondern es hat auch die Bedeutung einer energischen Reaktionsbildung gegen dieselben. Seine Beziehung zum Ich erschöpft sich nicht in der Mahnung: So (wie der Vater) *sollst* du sein, sie umfaßt auch das Verbot: So (wie der Vater) *darfst* du *nicht* sein, d. h. nicht alles tun, was er tut; manches bleibt ihm vorbehalten. Dieses Doppelangesicht des Ichideals leitet sich aus der Tatsache ab, daß das Ichideal zur Verdrängung des Ödipuskomplexes bemüht wurde, ja, diesem Umschwung erst seine Entstehung dankt. Die Verdrängung des Ödipuskomplexes ist offenbar keine leichte Aufgabe gewesen. [...] Das Über-Ich wird den Charakter des Vaters bewahren und je stärker der Ödipuskomplex war, je beschleunigter (unter dem Einfluß von Autorität, Religionslehre, Unterricht, Lektüre) seine Verdrängung erfolgte, desto strenger wird später das Über-Ich als Gewissen, vielleicht als unbewußtes Schuldgefühl über das Ich herrschen" (Freud, 1923, S. 262 f.).

Die zeitliche Umkehrung: Ein wichtiger theoretischer Aspekt dieser genetischen Betrachtung des Über-Ichs ist der seiner zeitlichen Institutionalisierung[3]. Das Erlernen von Regeln, Geboten, sozialem Verhalten etc. ist eine Leistung des Ichs, die über die kognitiven Funktionen des Ichs geht und dem Ich die Möglichkeit bietet, sich mit den Forderungen der Umwelt auseinanderzusetzen: zustimmend, ablehnend, sich anpassend mit Hilfe von Mechanismen etc. Werden diese Forderungen zu früh und zu brutal – ehe eine zureichende Ich-Reife besteht und in Form von Gewaltanwendung – Isolierung oder Liebesentzug – gestellt, so ist das Ich nicht in der Lage, diese Leistungen zu vollbringen. Es bleibt ihm jetzt nichts anderes übrig, als sich zu unterwerfen. Die Erziehung nimmt hier die Form der Dressur an und hat dieselben Ergebnisse: Das Kind tut, was gefordert wird. Der Preis dafür ist aber eine nicht fortgesetzte oder sehr verlangsamte Ich-Entwicklung. Das Ich wird durch Angst gehemmt, im Extremfalle gelähmt (Autismus, sekundärer Schwachsinn). Da diese Aggressionen internalisiert werden und somit zur Ausbildung des späteren Über-Ichs beitragen, kommt es zu einer Persönlichkeit mit extrem strengem Über-Ich und extrem unterentwikkeltem Ich. Es war wieder Ferenczi, der diesen Vorgang erkannte und seine Auswirkungen verstand. Er beschreibt, wie Kinder, die von Erwachsenen sexuell mißbraucht wurden oder extremen Strafmaßnahmen ausgesetzt waren, sich einerseits mit dem Angreifer wie mit dem Bedrohlichen der Triebverstärkung identifizieren und andererseits die Schuldgefühle des Erwachsenen introjizieren. Das aus den obengenannten Gründen zur alloplastischen Verarbeitung des Geschehens unfähige Kind verarbeitet die Traumata jetzt autoplastisch. „Wir gelangen so zu

---

3 So sagt Freud: „Abänderungen in der Zeitfolge und in der Verkettung dieser Vorgänge müssen für die Entwicklung des Individuums sehr bedeutsam werden" (1924 b, S. 401).

einer Persönlichkeitsform, die nur aus Es und Über-Ich besteht, der also die Fähigkeit, sich selbst auch in der Unlust zu behaupten, abgeht ..." (Ferenczi, 1933, S. 309).

Die Beziehung zum Sado-Masochismus: Außer durch die Herkunft aus genetischen Frühstadien und – in ungünstigen Fällen – durch die zeitliche Verkehrung seiner Beziehung zum Ich ist das Über-Ich noch durch seine Beziehung zum Sado-Masochismus charakterisiert. Genetisch erklärt sich der Sadismus aus der väterlichen Grausamkeit, der gegenüber sich das Ich passiv-masochistisch einstellt. Dadurch entsteht – im ungünstigsten Falle – eine optimale Triebbefriedigung zwischen den beiden Instanzen wie zwischen zwei Partnern. Strafbedürfnis und Bestrafungslust können ein perverses Glück herstellen (Freud, 1928, S. 408). Ich wende mich jetzt den unbewußten Schuldgefühlen im Über-Ich zu, das durch Krankheit, Leiden, soziales Elend und Unglück beschwichtigt werden kann. Das Problem ist, meint Freud, daß der Kranke dieses Schuldgefühl nicht wahrnehme. Er erlebe sich einfach als krank (1923, S. 279).

Freud hat diese Beziehung zwischen dem sadistischen Über-Ich und dem masochistischen Ich einerseits sowie dem Schuldgefühl im Über-Ich und dem Strafbedrüfnis im Ich andererseits in ihrer Verschiedenartigkeit für die drei großen Neuroseformen – Zwangsneurose, Melancholie und Hysterie – dargestellt und gezeigt, welche prognostisch ungünstigen Konstellationen dabei entstehen können (1923, S. 280 ff.). Bei der *Zwangsneurose*, stellt er fest, sträube sich das Ich gegen die Zumutung, schuldig zu sein. Im Über-Ich herrsche jetzt der Todestrieb, dem es oft gelinge, das Ich in den Tod zu treiben (1923, S. 283); bei der *Melancholie*, wo das Über-Ich das Bewußtsein an sich reiße, bekenne sich das Ich schuldig und unterwerfe sich den Strafen; bei der *Hysterie* gelinge dem Ich nur noch die Fernhaltung des Materials, auf welches sich das Schuldgefühl beziehe – d. h. das Ich leistet erneut Verdrängungsarbeit. 1924 fügte Freud hinzu, daß das unbewußte Schuldgefühl in manchen Fällen durch eine unbewußte *masochistische* Tendenz verstärkt sein könne. Dies könne einen zusätzlichen Gewinn aus dem krankheitsbedingten Leiden ermöglichen und einen verstärkten Widerstand gegenüber der Besserung hervorrufen (1924a). Bereits 1916 hatte er in der Studie *„Der Verbrecher aus Schuldgefühl"* (1916a, S. 390) einen Charaktertypus beschrieben, bei dem das Schuldgefühl so stark ist, daß es versucht, auf dem Wege über Verbrechen zur Bestrafung und damit zu einer vorübergehenden Entlastung zu gelangen. (Die bedeutende Entdeckung lag darin, erkannt zu haben, daß das Schuldbewußtsein dem Vergehen vorausging. Das war die Geburtsstunde einer verstehenden Psychotherapie des Verbrechers.) 1928 hat er diesen Gedanken dann am Schicksal Dostojewskis demonstriert. Er zeigte an ihm, daß er nach Strafe von außen her verlangte – auch wenn sie, wie die Deportation, ungerechtfertigt war –, weil sich sein Über-Ich auf diese Weise ersparte, sich selbst zu bestrafen (1928, S. 410). Reik hat diese Seite der Über-Ich-Psychologie systematisch dargestellt und mit klinischem Material belegt (1925).

Der ökonomische Nachteil der Gewissensbildung: Zuletzt noch eine Bemerkung über eine ökonomische Besonderheit des Über-Ichs: Während Schuldgefühle in der Regel verschwinden, wenn auf Triebbefriedigung verzichtet wird, ermäßigen sie sich im Über-Ich nicht durch einen solchen Verzicht, weil dem Über-Ich der Fortbestand der Wünsche nicht verborgen bleibt und es dafür Strafe fordert. Der ökonomische Nachteil der Gewissensbildung liegt also darin, daß der Triebverzicht keine befreiende Wirkung mehr hat, die tugendhafte Enthaltung wird nicht mehr durch die Sicherung der Liebe belohnt. Das Schuldbewußtsein wird permanent (Freud, 1930, S. 487)[4].

Die Folgen für die Ich-Entwicklung: Die Strenge des Über-Ichs hängt auch vom Neutralisierungsgrad der aggressiven Energie, die dem Über-Ich zur Verfügung steht, ab. Hier taucht das ökonomische Problem auf, daß es das Ich ist, welche diese Neutralisierung leistet. Je strenger aber das Über-Ich, desto geringer werden, ganz allgemein, die Ich-Leistungen, auch die hier genannten (Danneberg, 1968).

---

4 Das Paradigma dieser Haltung stellt in der christlich-abendländischen Geschichte der Heilige dar, dessen Kasteiungen und Züchtigungen bis zur Zerstörung des Leibes gehen. Erst dann darf das Über-Ich sicher sein, daß auch die Triebquellen nicht mehr fließen. Alle Entsagungen, Verzichte und tugendhaften Bewährungen sind in den Augen des Heiligen nur oberflächlicher Natur: Es geht nicht um Entsagung oder Beherrschung, es geht um die endgültige Aufhebung des Triebes.

Auf die Folgen aus dieser ökonomischen Beziehung zwischen Über-Ich und Ich, z. B. erhöhte Ambivalenz, Entscheidungsschwäche, Einengung des freien schöpferischen Denkens, Hörigkeit, mangelnde Praxis im Umgang mit Trieben und hohes Angstniveau, bin ich vielerorts im Text eingegangen.

Das vielleicht eindrucksvollste und erschütterndste Beispiel für die Richtigkeit dieser Beobachtung bietet Robert Musil. Über 30 Jahre schreibt er am „Mann ohne Eigenschaften", ohne Freude, leidend, gequält, zweifelnd-verzweifelnd. „Wie Penelope trennt der Patient des Nachts auf, was er am Tage gewebt", schreibt Musil über sich selbst, einen Satz Alfred Adlers übernehmend. Und 1937 heißt es in seiner Autobiographie: „Unentschlossenheit: Die Eigenschaft, die mich am meisten gequält hat, die ich am meisten fühle." Während etwa 10 Jahren gelingt ihm kaum eine Zeile. Sein Schreibtisch mußte mit Decken verhängt werden. Ruhelos, 60–80 Zigaretten am Tage rauchend, umkreiste er ihn unschlüssig, an wechselnden psychosomatischen Störungen leidend (Corino, 1973, S. 193 ff.). Musil selber beschreibt das Phänomen sehr genau, kann aber seine Ursache – das ihn kontrollierende, überstrenge Über-Ich – nicht erkennen: „... die Unsicherheit, die sich [beim Schreiben] einstellt, ist keine andere als die nervöse, die ich beim Tennis, Fechten, Maschinenschreiben kenne, wenn mir jemand zusieht, oder ich es besonders gut machen will." Wie gut er es machen wollte, dokumentieren seine Manuskripte, in denen er immer wieder verbessern muß, Worte durch andere ersetzen, Sätze umstellen, Kapitel einschieben, etc., bis endlich ein undurchschaubares Chaos entstanden ist, und er von vorne beginnt (Corino, 1973, S. 201).

Zum Schluß muß ich noch drei kulturelle Momente anführen, die erklären helfen, warum das Über-Ich in unserer Gesellschaft „als Urheber aller Neurosen" (A. Freud, 1952, S. 65)[5] erscheint. H. Lincke hat sie

---

5 Anna Freud greift hier einen Gedanken Sigmund Freuds auf: „Die gemeinsame Ätiologie für den Ausbruch einer Psychoneurose oder Psychose bleibt immer die Versagung, die Nichterfüllung eines jener ewig unbezwungenen Kindheitswünsche, die so tief in unserer phyolgenetisch bestimmten Organisation wurzeln. Diese Versagung ist im letzten Grunde immer eine äußere; im einzelnen Fall kann sie von jener inneren Instanz (im Über-Ich) ausgehen, welche die Vertretung der Realitätsforderung übernommen hat" (1924c, S. 390).

1970 erstmalig herausgearbeitet: 1. die intensive und lange affektive Beziehung des Kindes zu zwei Objekten, auf die alle Libido verteilt wird und die dann introjiziert werden. Diese Introjekte sind der einzige Garant für die Abwendung des Ichs von den ödipalen Strebungen. Als Matrix des Über-Ichs vermitteln sie diesem die Ambivalenz von Liebe und Haß. (Lincke stützt sich hier auf die Untersuchungen von Parin und Morgenthaler über die Dogon [1963], wo es heißt: „Was in unserer Kultur erzwungen wird [nämlich die vollständige Introjektion der beiden Objekte], wird dort vermieden oder abgewehrt" [durch das Clan-Gewissen].) 2. Die Vater-Identifizierung findet eine starke Stütze in der Religion: In der Kommunion identifiziert sich der Christ immer wieder mit dem gekreuzigten Gott. Hier wird die präödipal und ödipal erworbene Koppelung zwischen Über-Ich und Masochismus wiederholt und verewigt. Solcher Art ist eine Ermäßigung des Über-Ichs durch Lebenserfahrung erschwert. 3. Das Über-Ich ist eine Symptom- oder Kompromißbildung: Es verkörpert gleichzeitig den *endgültigen* Verzicht auf die inzestuösen Liebesobjekte und das *lebenslängliche* Festhalten an ihnen (in introjizierter Form). Es strebt nach außen Unabhängigkeit durch Befreiung von den Bindungen an die Objekte der Kindheit an und fordert gleichzeitig nach innen das Gegenteil, nämlich Unterwerfung unter die Gebote dieser Objekte.

„Kompromisse von der Art der Symptombildungen pflegen", stellt Lincke fest, „da ich-fremd, in Konflikt mit dem Ich zu geraten, ein Schicksal, dem auch das Über-Ich unterworfen ist. Was dieses ‚Symptom' aber zu einem ganz besonders tückischen macht, ist der Umstand, daß sein Fehlen in unserer Kultur noch schlimmere Folgen hat als sein Besitz [...] Da das ‚Symptom' selbst unangreifbar ist [weil kulturimmanent], kann sich die Abwehr nur gegen dessen Folgen richten" (1970, S. 381/382).

Die gravierenden Momente, welche die Prognose des Über-Ich-Patienten so ungünstig gestalten, sind demnach: 1. die Herkunft des Über-Ichs aus genetisch frühen, d. i. prägenitalen Stadien der Trieb- und Ich-Entwicklung, die vor allem die Tatsache einschließt, daß der Haß der Liebe vorausgeht; 2. die in unserer Kultur häufige zeitliche Umkehr der Ich- und Über-Ich-Entwicklung; 3. die Beziehung zum Sado-Masochismus; 4. die Verknüpfung mit dem Narzißmus und 5. die spezifischen kulturellen Faktoren.

Die ausführliche Darstellung dessen, was wir über Genese und Struktur des Über-Ichs wie über seine Beziehungen zur Triebentwicklung wissen, erschien mir erforderlich, weil die Durchführung der psychoanalytischen Behandlung bei so schweren Krankheitsbildern wie der Melancholie und manchen Formen des Wahns sowie bei der Kriminalität nur Aussicht auf Erfolg haben kann, wenn der Analytiker u. a. auch klare Vorstellungen von den theoretischen Voraussetzungen hat – zumal wir uns hier auf einem Feld bewegen, wo der Analytiker mehr als sonst Pionier sein muß und den Mut zum Experiment haben sollte.

2. Die Folgen der Freudschen Skepsis für die Entwicklung der Therapie des Über-Ich-Patienten und die abschreckende Wirkung der „negativen therapeutischen Reaktion"

„Solange wir uns mit der Triebabwehr des erwachsenen Neurotikers allein befassen, ist unsere Meinung vom Über-Ich eine sehr hohe. Das Über-Ich erscheint hier als Urheber aller Neurosen. Das Über-Ich ist der Störenfried, der kein freundliches Übereinkommen zwischen Ich und Trieb zustande kommen läßt. Es präsentiert die Idealforderungen, die die Sexualität verpönen und die Aggression für unsozial erklären. Es fordert Sexualentsagung und Aggressionseinschränkung in einem Maß, das mit psychischer Gesundheit nicht mehr verträglich ist. Es nimmt dem Ich alle Selbständigkeit, drückt es zu dem Vollstrecker seiner Wünsche herab und macht es dadurch triebfeindlich und genußunfähig. Das Studium der Abwehrsituation der Neurose der Erwachsenen drängt uns dazu, in der Therapie die analytische Zersetzungsarbeit am Über-Ich ganz besonders zu berücksichtigen. Eine Herabsetzung, Milderung oder – wie manche es extrem ausdrücken – eine Zertrümmerung des Über-Ichs muß das Ich entlasten und für den neurotischen Konflikt wenigstens von einer Seite her Erleichterung bringen" (A. Freud, 1952, S. 65).

Was hier so einfach klingt, ist wohl nur in den Fällen wirksam, in denen wir es mit einem sozusagen „normalen" Über-Ich zu tun haben. Darunter verstehen wir, daß es bei der Bearbeitung des Konflikts zwischen Es und Ich möglich ist, an der Abwehr zu bleiben, ohne daß das Über-Ich diese Arbeit extrem stört oder gar unmöglich macht. Im anderen Falle gelingt es ihm, den Wiedereintritt des Verdrängten zu verhindern. Das führt dazu, daß Ich und Über-Ich keine Neuorganisation mit Hilfe des bisher nicht integrierten Materials vollziehen können. Anders ausgedrückt: Das Ich lebt in extremer Angst vor dem Über-Ich und traut sich nicht, seine Abwehr zu verringern.

Man sollte annehmen, daß eine so klar formulierte Theorie unmittelbare Wirkungen auf die Praxis der Therapie hätte haben müssen. Sie sind ausgeblieben. So wenig Freuds Erkenntnisse über das Über-Ich zu technischen Maßnahmen angeregt haben – sehen wir von den Arbeiten von Jones (1923), Alexander (1925), Radó (1924) und Strachey (1934), der bedeutendsten und heute noch grundlegenden, ab –, so wenig stimulierten die 23 Jahre später geschriebenen Sätze Anna Freuds die Praktiker der Psychoanalyse, sie in bezug auf die Technik zu bedenken. Hier ist jedoch eine Ausnahme hervorzuheben, nämlich die Beschäftigung mit der „negativen therapeutischen Reaktion", einem Spezialfall der Auswirkungen des Über-Ichs auf die Therapie – und zugleich ihrem Extremfall.

Freud hatte sie 1923 bei der Untersuchung der Ich-Über-Ich-Struktur entdeckt[6]. Er wandte den Begriff einmal zur Beschreibung eines besonderen Behandlungsphänomens an, nämlich die Verschlechterung des Zustandes des Patienten nach einer positiven Erfahrung (Symptombesserung, Fortschritt in der Lösung eines Problems etc.). Sie tritt stets dann auf, wenn man erwarten sollte, daß der Patient erleichtert sei. Zum anderen verwandte er ihn zur Erklärung des Phänomens im Sinne eines psychischen Mechanismus, also einer Reaktion in der Form, daß Verschlechterung statt Besserung eintritt. Diese dient dazu, die durch die Besserung hervorgerufenen Schuldgefühle zu vermindern. Bei Patienten, die diese Reaktion zeigen, repräsentiert offenbar die Besserung die Erfüllung eines verbotenen inneren Wunsches, der demzufolge als Gefahr erlebt wird (Sandler, Dare, Holder, 1973, S. 79/80; Sandler, Holder, Dare, 1970; Salzmann, 1960).

Die Arbeiten, in denen dieses Thema behandelt wird, haben nicht viel dazu beigetragen, daß wir technisch besser damit umgehen können. Was sie geleistet haben, ist einmal, daß sie eine Abgrenzung gegenüber schweren Formen von Widerstand sichtbar gemacht haben (Riviere,

---

6 Es ist bemerkenswert, daß er nicht wahrnahm, daß er dasselbe Phänomen bereits 1916 – wenngleich in anderem Kontext – beschrieben und, wie der folgende Satz zeigt, auf dem Theoriestand von 1923 verstanden hatte: „Die analytische Arbeit zeigt uns leicht, daß es *Gewissensmächte* sind, welche der Person verbieten, aus der glücklichen realen Veränderung den lange erhofften Gewinn zu ziehen" (1916a, S. 372).

1936; Horney, 1936), zum anderen, daß wir auf mangelhafte analytische Techniken aufmerksam geworden sind, die – wie W. Reich (1934) und Olinick (1964) meinen – die „negative therapeutische Reaktion" auslösen können.

Noch weniger als im Falle der negativen therapeutischen Reaktion hat sich die Prognose seit Freuds skeptischen Feststellungen für jene Fälle verbessert, bei denen sich das unbewußte Schuldgefühl mit einer unbewußten masochistischen Tendenz verbindet. Dies bringt einen zusätzlichen Gewinn aus dem krankheitsbedingten Leiden und einen verstärkten Widerstand gegen die Besserung mit sich. Freud sagt dazu:

„Das Leiden, das die Neurose mit sich bringt, ist gerade das Moment, durch das sie der masochistischen Tendenz wertvoll wird", und setzt hinzu, daß „gegen alle Theorie und Erwartung eine Neurose, die allen therapeutischen Bemühungen getrotzt hat, verschwinden kann, wenn die Person in das Elend einer unglücklichen Ehe geraten ist, ihr Vermögen verloren oder eine bedrohliche organische Erkrankung erworben hat. Eine Form des Leidens ist dann durch eine andere abgelöst worden ..." (1924 a, S. 379).

Dasselbe gilt – vielleicht weniger total – für depressive Patienten. Für sie – so meinen Joffe und Sandler (1965) – bedeutet Erfolg paradoxerweise, daß sie sich von einem „Ideal"-Zustand des Selbst entfernen oder seiner verlustig gehen, den sie mit gewissen strengen Gewissensforderungen verbinden.

3. Typische Merkmale des Über-Ich-Patienten

Die nachfolgend aufgeführten Merkmale sind weder vollzählig noch obligatorisch. Sie sind die häufigsten Charakteristika und in der Regel hilfreiche Hinweise.

Der Patient erscheint zur Erstbesprechung pünktlich und korrekt gekleidet. Er ist bemüht, es uns recht zu machen, und wird fragen, was er tun soll, was wir wissen möchten, etc. Dabei beobachtet er unser Gesicht, um abzulesen, ob er es richtig macht. Das Verhalten zeigt Ernst, Gewissenhaftigkeit und Anstrengung. Der Analytiker kommt leicht unter Leistungsdruck, fühlt sich gezwungen, besonders gut zu verstehen, und besonders dazu, ausgezeichnete Deutungen zu geben.

Einige typische Redewendungen sind: „Vielleicht ist alles, was ich sage, unwichtig, und es wäre besser, Sie würden fragen oder angeben, was ich berichten soll." Oder: „Vielleicht erwarten Sie etwas ganz anderes von mir und denken, wann kommt der endlich zur Sache." Manchmal sitzen diese Patienten uns auch ratlos gegenüber und sind wie gelähmt. Sie klammern sich an uns mit der hilflosen Bitte: „Sagen Sie mir doch, was ich sagen oder tun soll, womit ich anfangen soll, etc."

Häufig hören wir hier von Träumen, in denen sie ein Examen machen müssen, das sie nicht bestehen und aus denen sie mit Angst erwachen. Sie stellen dazu fest, daß sie alle bisherigen Examina – zwar mit Angst – aber mit guten oder sehr guten Noten bestanden hätten.

Die Patienten erzählen uns vor allem von Fehlern, Problemen und Versagungszuständen, mit dem Unterton von Selbstanklage und Unzufriedenheit (im Extremfall – der Melancholie – mit dem Tenor, daß der Selbstmord das Beste sei). Handelt es sich um erfolgreiche Menschen, beruht der Erfolg in der Regel weitgehend auf Fleiß, Arbeit, Ausdauer und vor allem auf Triebverzicht. Es fehlen alle Merkmale des Spielerischen, des Vergnügens, des Genusses. So haftet den Positionen, die sie innehaben, etwas Freudloses an. Im Vordergrund des Berichtes stehen die Opfer und Entsagungen, die sie dafür gebracht haben.

Andere bezeichnen sich als gescheitert. Selbstanklagen und Selbstbeschuldigungen machen aus dem Gespräch eine Gerichtsszene. Alles sei, so erscheint es ihnen, schiefgegangen, schon in der Schule, wo die Noten schlecht gewesen seien. Mit dem Beruf, den man ergriffen habe, habe es nicht geklappt, und die Ehefrau sei auch genau die falsche. Manche schreiben dieses Unglück nicht eigenem Versagen zu, sondern der Bosheit, Lieblosigkeit, Eigensucht etc. der anderen. Hier wird das Gespräch zu einer Kette von Anklagen. Hauptmerkmale der Biographie sind depressive Phasen und ein mehr oder weniger starker masochistischer Zug. So wird in ihren Berichten gern geschildert, was sie alles getan haben, um ihre Symptome zu mildern oder leistungsfähig zu bleiben: auf das Rauchen verzichtet, viel von sich gefordert, sich sexuell immer beherrscht: „Ich habe mir nichts durchgehen lassen, mich stets am Zügel gehalten." Sie berichten, daß sie sehr einsam und isoliert leben, ohne Freunde und näherstehende Bekannte. Der Grund dafür liegt in Schwierigkeiten, Menschen zu treffen, mit denen sie sich verstehen können – so sagen sie. An allen ist so viel auszusetzen, daß man sie ablehnen muß oder man würde von ihnen – ließe man sich mit ihnen ein – nach kurzer Zeit schrecklich enttäuscht. Das Besondere ist nun, daß diese Menschen nicht aufgegeben, sondern als böse Feinde in der Erinnerung festgehalten werden. So leben sie inmitten einer Sammlung höchst lebendiger Phantasieobjekte – den abgelegten Feinden früherer und jetziger Enttäuschungen.

Der Grund, warum sie uns aufsuchen, ist entweder der, daß sie mit ihren Leistungen nicht zufrieden sind (der Leistungstyp) – die Analyse soll sie von den Störungen befreien, damit sie noch mehr von sich verlangen können, noch mehr aus sich herausholen können –, oder ein überstarker Bestrafungswunsch: Der Analytiker soll ihnen sagen, was sie falsch gemacht haben, sie kritisieren, ihre Fehler verurteilen, ihnen „die Nase in den Dreck stecken".

Erfüllt der Analytiker diese Erwartungen nicht, sind sie enttäuscht – um so mehr, je freundlicher und verstehender er sich verhält. Versäumt der Analytiker, diese Situation zu beschreiben und die dahinterliegenden Momente anzusprechen, wird der Patient in der Regel nicht wiederkommen. Diejenigen unter ihnen, die nicht aufgeben, finden sich bei Analytikern wieder ein, von denen sie hoffen, eine Befriedigung ihrer masochistischen Wünsche zu erhalten. Häufiger aber landen sie bei Ärzten, die den Hintergrund nicht sehen und sie moralisch traktieren. Die Einweisung in die Anstalt und unangenehme Behandlungsmethoden lindern für gewisse Zeit ihre Qualen. Aber auch die Identifizierung mit neuen, vielleicht noch grausameren Autoritäten kann dieselbe Wirkung haben. (So sah ich Menschen an einer Depression erkranken, wenn ihnen eine derartige Identifizierung genommen worden war – z. B. einen Gefängnisaufseher nach der Entlassung, ehemalige Repräsentanten des Faschismus, die nach dem Zusammenbruch ihrer sadistischen Möglichkeiten in selbstzerstörerische Depression verfielen.)

Freud warnt vor einer anderen Methode, das Problem zu lösen, nämlich der, sich von dem Kranken an die Stelle seines Ich-Ideals (gemeint ist hier das Über-Ich) setzen zu lassen. Der Analytiker würde dann die Rolle des Propheten, Seelenretters und Heilands spielen, was der Befreiung des Kranken nicht dienen könne (1923, Fußnote S. 279 f.).

In der Vorgeschichte mancher dieser Patienten – und das ist ein Hinweis für das Vorliegen der „negativen therapeutischen Reaktion" – finden sich Ereignisse, wie sie Freud als „Scheitern am Erfolg" (1916a) bezeichnet hat. Auch berichten sie von Geschehnissen, die uns als Glück erscheinen, ihnen aber paradoxerweise als Unglück und Leiden.

4. Spezifische Schwierigkeiten für den Über-Ich-Patienten in der Analyse

a) Der Umgang mit der Grundregel und der freien Assoziation

Diese Patienten akzeptieren die Grundregel mit großer Genugtuung, weil sie ihnen zweierlei verspricht: einmal eine Aufgabe, die sie zu erfüllen, ein Ziel, das sie leistend zu erreichen haben. Sie verspricht ihnen die Wiederholung jener Glücks- und Unglücksschaukel, auf der sie sich ein Leben lang bewegt haben: „Erreiche ich das Ziel, darf ich mit mir zufrieden sein, erreiche ich es nicht, verdiene ich Entwertung und Verachtung." Zum anderen verspricht sie einen Bezugsrahmen, an dem sie sich orientieren können. Sie fühlen sich nicht der Gefahr einer offenen, undefinierten, spontanen Beziehung ausgesetzt, die sie weder übersehen noch kontrollieren können. Die Grundregel dient ihnen als Geländer, an dem sie sich festhalten können, als Regel, die zu befolgen ist und Schutz vor möglichen Impulsen bietet.

Sehr häufig bestimmt der Umgang mit ihr in der bezeichneten Weise den Beginn der Analyse. In schweren Fällen wird er von einem totalen Schweigen bestimmt. Wenn man Glück hat, errät man über Unruhe der Glieder, schwere Atmung oder Stöhnen etwas von dem inneren Zustand des Patienten: Die auftauchenden Gefühle, Erinnerungen, Tagesreste, Traumbilder müssen eines nach dem anderen eine Kontrolluntersuchung passieren, bei der sie daraufhin geprüft werden, ob sie wert sind, mitgeteilt zu werden, ob sie gewichtig und bedeutend genug sind oder vielleicht zu dumm, zu unbedeutend, zu banal, um mitteilenswert zu sein, um vor dem kritischen Ohr des Analytikers bestehen zu können. „Vielleicht lacht der Analytiker über so viel Naivität, Dummheit, Unbedeutendheit. Wie enttäuscht wird er darüber sein, daß ich, von dem er aufgrund meiner Vorbildung, meiner Beschäftigung mit Psychologie, meines Berufes (Arzt, Psychologe, Lehrer) so viel erwartet hatte, nicht mehr bringen kann" (Cremerius, 1969). Schwer fällt ihnen auch die Wahl unter dem, was auftaucht: Wäre es besser und richtiger, dem Analytiker genehmer, mit dem Traum, der Biographie oder einem Tagesrest zu beginnen, fragen sie sich (Cremerius, 1975 a). Eine meiner Patientinnen hat 2 Monate in diesem Schweigen zugebracht. Während dieser Zeit waren meine geduldige Gegenwart, mein Verbalisieren der Spannung, die ich beobachten konnte, und meine immer gleiche Deutung, daß etwas in ihr ihr nicht erlaube, mitzuteilen, was sie denke und fühle, weil sie Angst habe, es könne ihr und mir nicht genügen, meine einzigen Aktivitäten.

Bei anderen gelingt das Sprechen auf die Weise, daß die Stunden zu „Klassenarbeiten" werden. Die Patienten bereiten entweder die Stunden vor, oder sie bringen Material aus dem Bildungsbereich: Kollegen berichten von Fällen, psychologischen Problemen, äußern Gedanken über Gelesenes – andere philosophieren, entwickeln Ideen über Literatur, Musik oder Kunst, zitieren Textstellen. Das kann die Form von Vorträgen annehmen. Gelegentlich erinnert es an jene Schüler, die, vom Lehrer aufgerufen, ganz schnell ganz viel sprechen (Cremerius, 1975 b).

Diese Weise des Umgangs mit der Grundregel endet in der Regel mit Enttäuschung. Der Patient blickt am Ende auf die Stunde zurück, nimmt eine kritische Auswertung vor und stellt fest, daß das alles nichts bringe, für die Analyse nutzlos und im übrigen vertane Zeit sei. Unzufrieden mit sich und/oder dem Analytiker verläßt er das Sprechzimmer. Oder aber – und das ist derselbe Ablauf in projizierter Form – er beginnt gegen Ende der Stunde darüber zu sprechen, daß das ja für den Analytiker langweilig sein müsse; der werde denken, was soll das Gerede, das ist ja dumm, eitel, aufgeblasen, leer etc. Oder: Jetzt ist der Analytiker unzufrieden und schweigt, weil er denkt, es ist hoffnungslos. Sein Schweigen will mir das signalisieren, weil er es mir nicht direkt und unverblümt sagen will.

Häufig erst sehr spät wird der Mißbrauch der Stunden zur Beichte entdeckt – vor allem dann, wenn gebildete Patienten ihr ausreichend psychoanalytische Färbung verleihen. Die Gefahr liegt hier darin, daß die Analyse sich aus dem Raum der psychoanalytischen Realität entfernt. An deren Stelle tritt die Phantasie einer unendlich gütigen, freundlichen, alles verstehenden Analytikerfigur. Diese Projektion bricht in dem Moment zusammen, in dem der Analytiker durch Deutungen den Als-ob-Charakter der Kur verdeutlicht. Wieder fühlt sich der Patient von der Welt betrogen. Anstatt die beiden Ebenen der Kur mit dem Analytiker zu erarbeiten oder wiederherzustellen, beschuldigt er ihn des Verrats. Trauer oder Wut sind das Resultat – häufig der Abbruch der Behandlung. Aus diesem Grunde gebe ich diesen Patienten eine sehr abgeschwächte Grundregel in der Form, daß ich ihnen sage, die Erfahrung habe gezeigt, daß es günstig für den Verstehensprozeß sei, wenn sie mitteilen würden, was ihnen hier auf der Couch einfiele, woran sie dächten, was sie aus ihrem Leben beschäftige. Das sei im Anfang nicht einfach und falle allen Patienten nicht leicht. Aber es sei lernbar und brauche, wie alles auf der Welt, Geduld. (Die hier mitgeteilte Deklaration: Ich halte es für erlernbar, ich habe Verständnis für Schwierigkeiten und ich habe Geduld, ist ein erster Schritt auf dem Wege, dem Patienten ein mildes Hilfs-Über-Ich anzubieten, von dem ich später noch sprechen werde.) Man könnte fragen, ob man hier die Grundregel nicht ganz weglassen sollte. Ich denke, das würde den Über-Ich-Druck entweder erhöhen und einen maximalen Leistungsdruck erzeugen (die nicht definierte Aufgabe wächst zu einer Riesenforderung heran) oder aber Angst vor dem freien Raum der Stunde, die zur Lähmung führen könnte. Die milde Grundregel verhindert auch die totale Projektion. Sie bringt Realität in die Zweierbeziehung, die aufzeigbar, überschaubar, begreiflich und maßvoll ist.

b) Der Umgang mit der Aufforderung, Träume zu berichten und zu bearbeiten

Hier wiederholt sich dasselbe, was ich bereits ausgeführt habe. Ich will deshalb nur auf das Grundsätzliche dieses Sonderfalles hinweisen. Manche Patienten beginnen regelmäßig, Stunde für Stunde, mit dem Erzählen eines – oft mehrerer – Träume; das muß unsere Aufmerksamkeit wecken. Wird es nicht angesprochen, kann es für den Patienten zu einer tiefen Befriedigung werden: Er hat das Gefühl, er leiste das Optimum und erhalte ein Minimum. Das kann seinen Masochismus tief befriedigen. Dasselbe kann er mit der Traumerzählung machen: Gewissenhaft erzählt er den Text, gewissenhaft bringt er Einfälle – und oft endet die Stunde, ohne daß der Analytiker sich hat äußern können, mitten in diesem langatmigen, präzisen Tun. Die Ähnlichkeit dieses Verhaltens mit dem des anal strukturierten Patienten kann sehr groß sein: In beiden Fällen geht es um Triebbefriedigung (sado-anale Aktion gegen den Analytiker – sadistische Aktion gegen ein sich masochistisch gebärendes Ich) und um Abwehr (anale Abwehr einer anderen Triebqualität – das Über-Ich hält das Ich im Schach, so daß es keine Triebimpulse durchläßt). Eine Unterscheidung ist nur möglich, wenn man den gesamten Rahmen mitsieht. In der Regel ist bei der analen Umgangsform mit der Grundregel und dem Traum mehr offenes Triebglück spürbar. Der Über-Ich-Patient zieht wenig Genuß aus dem Umgang mit dem Analytiker. Ich glaube, das gelingt ihm nur, indem er sich via Projektion ausmalt, abgelehnt, verachtet und ungeliebt zu sein.

5. Einige prognostische Vorüberlegungen

Wie immer, gehen unsere prognostischen Vorüberlegungen in zwei Richtungen, in Richtung auf uns selbst und auf den Patienten. Betrachten wir unsere Möglichkeiten, so ist neben dem Allgemeinen, das wir stets vor Beginn einer Therapie berücksichtigen (wie weit, wie tief rührt der Patient eigene ungelöste Konflikte an, wie sehr gleichen seine infantilen Introjekte den unseren etc.), besonders zu beachten, wie unsere Über-Ich-Struktur aussieht. Ich meine, sie sollte nicht zu locker und nicht zu rigide sein – vor allem sollten wir viel von ihr wissen.

Sollten wir z. B. zu jenen Analytikern gehören, die unreflektiert Therapien übernehmen, bei denen der Patient dem Analytiker die in der autoritären Gesellschaft herrschende Über-Ich-Moral zuschiebt, so sollten wir das Wagnis einer solchen Therapie besser nicht unternehmen. Ich denke etwa an die Übernahme der Therapie eines Homosexuellen in einem Lande, in dem Homosexualität verboten ist und der Betreffende von ihr freikommen will, weil er dieselben Vorurteile ihr gegenüber hat wie die Gesellschaft. Ich denke ferner an Analytiker, die den Wunsch von Studenten akzeptieren, wegen ihrer Examensangst kurzfristig behandelt zu werden, um das Examen ablegen zu können, statt ihnen anzubieten, darüber zu sprechen, was ihre Angst bedeutet und daß in der Angst eine entstellte Form von Auflehnung gegen Unterdrückung – ich muß Examen machen, weil die Introjekte es so wollen – am Werke ist. Dasselbe gilt für die Therapie von Alkoholikern. Auch hier muß eindeutig festgestellt werden, daß wir die Rolle des Kontrolleurs und Wächters nicht übernehmen wollen.

Beim Patienten sollten wir uns ein Bild davon machen,

a) wie rigide sein Über-Ich ist; ob es z. B. im Ich noch unkontrollierte Zonen gibt, oder ob alles unter seiner Diktatur erstarrt ist;

b) inwieweit die Über-Ich-Kontrolle den Aufbau einer libidinösen Übertragung zuläßt, d. h. auch, ob solche Impulse überhaupt noch bis zu den kognitiven Apparaten des Ichs vordringen können, oder ob das Über-Ich bereits ihre Wahrnehmung verhindert;

c) welche Abwehrmechanismen vorherrschen. Dabei wäre die Projektion, vor allem auch die gleichzeitige Re-Introjektion der Projektion als besonders ungünstig anzusehen;

d) auf welcher Stufe der Trieb- und Ich-Entwicklung das Über-Ich entstanden ist. Je früher, so ist hier die Regel, desto ungünstiger die Prognose;

e) mit welcher Triebstruktur es sich zur Zeit der Entstehung liiert hat. Dabei ist die Verbindung mit dem Masochismus besonders ungünstig (Brenner, 1959);

f) wieweit das Ich noch über die Fähigkeit verfügt, im menschlichen Beziehungsfeld eine Realitätsprüfung vorzunehmen;

g) inwieweit das Ich des Patienten die Versuche des Analytikers, ihm ein tolerantes Hilfs-Über-Ich anzubieten, akzeptieren kann;

h) inwieweit noch neue Identifikationen mit dem Analytiker im Prozeß des Aufbaus besserer Introjekte möglich sind;

i) ob es zur, wenn auch nur partiellen, narzißtischen Besetzung des Ideal-Ichs gekommen ist[7].

---

7 Solche Patienten kommen nicht in unsere Sprechstunde. Ein Therapiewunsch ist wahrscheinlich nur möglich, wenn ein narzißtisch besetztes Ideal-Ich vorhanden ist. Solche Patienten sehen wir psychoanalytische Kliniker nur als Beratungs- und Begutachtungsfälle.

Wichtig ist es, jene beiden besonders malignen Formen der Über-Ich-Pathologie zu erkennen, die der analytischen Arbeit extreme Schwierigkeiten bereiten. Die eine sieht so aus, daß der Patient die kritisierenden Autoritäten als Über-Ich sehr wohl introjiziert hat, zugleich aber die als verboten erlebten Regungen nach außen projiziert.

„Er hat erlernt, was verurteilt werden soll, schützt sich aber mit Hilfe dieses Abwehrvorganges gegen die Unlust der Selbstkritik. Das Wüten gegen den Schuldigen in der Außenwelt dient ihm als Vorläufer und Ersatz des Schuldgefühls [...] Diese Zwischenphase der Über-Ich-Entwicklung entspricht einer Vorstufe der Moral" (A. Freud, 1936, S. 92 f.).

Diese Kranken ersparen sich solcher Art die Unlust, die Selbstkritik und Schuldgefühl erzeugen. Anna Freud stellt fest, daß sich ihr Über-Ich gegenüber der Außenwelt ähnlich schonungslos verhält wie das Über-Ich der Melancholie gegenüber dem eigenen Ich.

Die andere Form stellt den Übergang zu paranoiden Zuständen dar. Anstatt Triebimpulse zu verarbeiten – sie zu befriedigen, auf sie zu verzichten oder sie zu verwandeln –, werden sie einem anderen zugeschoben, und der andere wird dann wegen derselben angeklagt. Die Ersparnis, die das Ich sich damit einhandelt, besteht darin, daß es nicht sein eigener Ankläger sein muß: Es leidet an den introjizierten Vorwürfen dessen, den es beschuldigt, das getan zu haben, was es selber gerne tun möchte. Der Modellfall hierfür ist der Eifersuchtswahn.

Wahnhafte Zustände mit Übergängen zu psychotischen Bildern sehen wir aber auch noch auf einem anderen Wege entstehen: Nimmt die Strenge des Über-Ichs Formen an, die den Lebensraum des Ichs weitgehend einengen, so kann es geschehen, daß das Ich auf alte narzißtische Größenideen regrediert und dort eine Phantasiewelt aufbaut, die von der Außenwelt total abgetrennt ist, von der diese nichts merkt. Das Leben findet dann nur noch in diesem Reservat statt. Daneben gibt es das Erledigen der Aufgaben, das Funktionieren im Praktischen, das Erfüllen des Geforderten. Diese Patienten leben zwei Leben. Die Wand, die sie vom Realitätsverlust trennt, kann bei einer Erschütterung von innen oder außen leicht einbrechen.

Wenn ich die Aufmerksamkeit auf diese prognostisch ungünstigen Kriterien lenke, so nicht in der Absicht, daß man solche Patienten nicht in Therapie nehmen sollte. Es geht mir vielmehr darum, Kriterien aufzuzeigen, damit der, der eine solche Therapie übernimmt, weiß, worauf er sich einläßt. Der Reiter über dem Bodensee – sooft wir es auch sein mögen – ist kein erstrebenswertes Ideal.

6. Allgemeine Regeln für die Behandlungstechnik
   bei Über-Ich-Patienten

a) *Alle Unterdrückung geht hier vom Über-Ich aus*, dem das Ich angstvoll-hilflos-liebebedürftig ausgeliefert oder masochistisch ergeben ist. So heißt die oberste Regel: Keine Arbeit an den Defensivorganisationen des Ichs, keine Deutungen des Verdrängten, bevor nicht das Über-Ich ermäßigt und gemildert ist, d. h. sein unbewußter Terror bewußt gemacht worden ist. Wer diese Regel nicht beachtet, wird erleben, daß das Über-Ich jeden Fortschritt wieder zerstören muß – wenn uns in dieser Phase überhaupt so etwas gelingen sollte. Auch wird auf diesem Wege unnötig viel Zeit verloren. Weit schlimmer jedoch als der Zeitverlust ist, daß der Analytiker Niederlage auf Niederlage erlebt und das sadistische Über-Ich triumphiert. So kann sich ein sehr unseliges, sado-masochistisches Triebglück einstellen, das dann besonders gefährlich ist, wenn der Analytiker nicht erkennt, daß hier die Analyse nicht mehr in der Abstinenz geschieht.

b) Während wir gewohnt sind, durch Bewußtmachung der Abwehrmechanismen das Ich in den Stand zu setzen, abgewehrte Triebe zuzulassen, in der Übertragung wiederzuerleben und zu benennen, sind wir hier im Gegenteil lange Zeit bestrebt, *alles zu vermeiden, das dazu führt, Abgewehrtes hörbar zu machen*, weil das Über-Ich darauf mit so heftiger Scham reagieren kann, daß es zu malignen Schutzmaßnahmen – Projektion oder Selbstbestrafung – greifen muß. Folgerichtig werden wir warten, bis das Über-Ich so weit ermäßigt ist, daß es dem Ich die Schwächung der Abwehr und das Erinnern erlaubt. Ich meine, wir müssen den Patienten vor Beschämung schützen. So steht man z. B. stets in der Versuchung, die Schwierigkeiten des Patienten, von sich zu sprechen, mitzuteilen, was er denkt, was ihm einfällt, als abgewehrte Exhibitionslust zu deuten. Statt dessen beschränke man sich darauf, den

Patienten immer wieder erleben zu lassen, wie er mit sich selber umgeht.

c) Eine besondere Schwierigkeit für diese Patienten liegt im *Umgang mit Deutungen generell* – insbesondere dann, wenn sie umfangreich sind und Unbewußtes verstehbar machen wollen, das dem Patienten noch nicht zugänglich ist. Die Patienten wehren sich dann entweder dagegen, oder sie unterwerfen sich. Letzteres führt in der Regel dazu, daß das Über-Ich sich mit der Deutung wie mit einem Angreifer identifiziert und die Deutung gegen das Ich wendet. Wir erleben dann eine paradoxe Reaktion: statt Einsicht tritt vermehrte Selbstentwertung auf. So hatte ich einem Patienten seine Selbstentwertungstendenzen gezeigt, die darin bestanden, daß er in den Situationen, in denen er berufliche Erfolge hätte erzielen können, stets etwas anstellte, das das Eintreten des Erfolges verhinderte. Daraufhin trat eine depressive Verstimmung ein, deren Sinn es war, sich selber dafür zu bestrafen, daß er so blöde, unvernünftige Dinge tat. Erst bei eingehender Bearbeitung ließ sich diese autoplastische Verarbeitung der Aggression, diese Identifikation des Über-Ichs mit dem Aggressor (Spitz, 1958), als Wut gegen den Analytiker aufschließen. Er hatte die Deutung als entwertende Kritik empfunden und war von ihr tief beschämt. (Später entdeckten wir dann, daß in diesem Vorgang auch ein masochistisches Glück für den Patienten lag. Sein Ich hatte sozusagen das Kunststück fertiggebracht, die verborgenen Triebwünsche durch die Hintertür, unbemerkt vom Über-Ich, einzuschmuggeln und unter den Augen desselben aus Leiden Freuden zu machen [Reik, 1925].)

d) Es ist besondere Achtsamkeit notwendig, nichts zu tun, was dazu führen könnte, *vom Patienten als böses Objekt erlebt zu werden*. Während wir sonst an dieser Stelle nicht so ängstlich sind, weil solche Vorkommnisse (verspäteter Stundenbeginn, verfrühtes Stundenende, Vergessen, Verlegen, Absagen einer Stunde, Vergessen biographischer Details etc.) in der Regel – oft mit Gewinn – aufgearbeitet werden können, ist hier Vorsicht am Platze. Das grausame Über-Ich, das überall süchtig nach Bestätigung dafür sucht, daß der Mensch, zu dem es gehört, nicht liebenswert ist, sondern abgelehnt und verachtet werden muß, stürzt sich auf diese Dinge und nimmt sie als Bestätigung – das gilt insbesondere, wie Freud (1916b) gezeigt hat, für die Melancholie, besser gesagt für jene Patienten, die in dieser Weise mit sich umgehen. Denn die Melancholie ist nicht die Ursache, sondern nur die Folge: Das Objekt, dem der Zorn des Über-Ichs gilt, ist durch Identifizierung ins Ich aufgenommen worden, und alles wird akzeptiert, was diesen Zorn, diese Verachtung nähren kann.

Da wir hier in einem sehr bewußtseinsfernen Feld, dem Feld früher Introjektionen und Projektionen arbeiten, kann es passieren, daß der phantasierte Prozeß nicht mehr als solcher erkannt wird. Die Konsequenz aus dieser Besonderheit ist die, bei diesen Patienten mehr als sonst unsere Gegenübertragung zu kontrollieren. Wenn das die Szylla ist, die wir vermeiden müssen, so ist die Charybdis die, daß wir uns nicht aus lauter Vorsicht vom Über-Ich des Patienten zu dem Objekt machen lassen, das sich fürchtet, das unfrei und ängstlich ist. Wir würden damit an die Stelle des masochistischen Ichs treten, das diese Rolle bisher innehatte.

e) *Längeres Schweigen* – vor allem mit dem Patienten oder gegen ihn schweigen – bringt die Gefahr mit sich, als Ablehnung, Verurteilung, Unzufriedenheit verstanden zu werden. Dies kann im Dienst der projizierten Unzufriedenheit des Über-Ichs mit den introjizierten Objekten geschehen oder zur Befriedigung der masochistischen Triebtendenz. Gerade der letztere Vorgang kann sehr lange unbemerkt ablaufen, weil er sozusagen in idealer Weise das unbewußte Schuldgefühl, das Bestrafungsbedürfnis wie den Masochismus befriedigt und zugleich die „negative therapeutische Reaktion" garantiert.

f) *Von Versuchen, dem Patienten freundliche, tröstende und bestätigende Dinge zu sagen, ist in der Regel abzuraten.* Entweder führt es zu nichts, weil der Patient an dieser Stelle nur schwer erreichbar ist, oder es wird mißtrauisch ins Gegenteil verkehrt: „Das sagen Sie nur, weil Sie meinen, ich sei so schwer gestört, daß es bei mir mit der Psychoanalyse nicht geht. Ich wußte ja schon lange, daß Sie mich für ungeeignet, für unbehandelbar halten." Unternimmt der Analytiker diese freundlich stützenden Zuwendungen nicht im Sinne der Übernahme einer Funktion für den Patienten, sondern weil er selber es braucht, wird er dadurch enttäuscht werden, daß der Patient, von dem er glaubt, daß das für ihn hilfreich sein könne, zweifelnd zurückfragt, ob das denn ernstgemeint sei, nicht nur ein psychoanalytischer Trick. Es ist eben wichtig, daran zu denken, daß ein hochempfindliches Selbstwertsystem alles daraufhin abhört, ob es nicht doch einen negativen Aspekt enthalten könnte. „Gegen den Kranken die Rolle des Propheten, Seelenretters, Heilands zu spielen", davor hatte bereits Freud gewarnt, als er das dynamische Gefälle, das zwischen diesen Patienten und dem Analytiker entsteht, untersuchte (1923, S. 279 Fußnote).

g) *Mit Inhaltsdeutungen des Unbewußten sollte man zurückhaltend sein*, weil das Ich nicht in der Lage ist, mit uns an ihnen zu arbeiten. Wir bereiten ihm und uns eine Niederlage und riskieren eine erneute Bestrafungsaktion des Über-Ichs gegenüber dem Ich. Besonders leicht erleben solche Patienten Deutungen als Kränkungen. So sagte ich einem Patienten, der immer über seine voyeuristischen Impulse jammerte, einmal, daß er etwas, woran viele Menschen Freude hätten, als krankhaft und anklagenswert betrachte. Die Reaktion in den nächsten Stunden bestand in verletztem Rückzug, bis er endlich sagen konnte, daß ich ihm gesagt hätte, daß das, worüber er klage, eine gewöhnliche, ubiquitäre menschliche Eigenschaft sei. Nachfolgend machte er mir Vorwürfe wegen meiner „Philosophie", die er sich aus meiner Bemerkung zurechtgezimmert hatte.

Viele Patienten dieser Gruppe haben ständig das Gefühl, die Analyse sei ein Gerichtsverfahren. Deutungen verstärken leicht die projizierten Selbstbeschuldigungen und Strafbedürfnisse. Sie sehen darin nur Ablehnung und Verachtung.

h) *Deutungen müssen klar und deutlich sein*. Sie sollen sehr genau nur das auch dem Patienten in diesem Moment Hörbare, Sichtbare, Verstehbare benennen, d. h. sie sollen sich auf der phänomenologischen Ebene bewegen. Die strenge Regel, stets von der Oberfläche des Beobachtbaren auszugehen, erspart hier viel Verwirrung. Der Grund für diese Anweisung liegt darin, daß solche Patienten unsere Deutungen auf Kritik und Wertungen hin abklopfen. Allzu leicht geraten vage Deutungen in das Feld von Introjektion und Projektion.

i) *Wir müssen uns in kleinen Schritten bewegen*, d. h. die Deutungen sollen über große Zeiträume verteilt in Minimaldosen gegeben werden.

Andernfalls bedrohen wir das starre System zu heftig, und es kann zu vermehrter Abwehr kommen. Das gilt insbesondere für Deutungen der Übertragungsliebe. Hier können, wenn es ihnen gelingt, durch die Kontrollinstanzen zu dringen, Angst und/oder Wut so heftig einsetzen, daß der Patient die Analyse abbrechen muß, um seine Selbstwertkonstruktion zu erhalten.

j) Mit besonderer Sorgfalt müssen die Übertragungsdeutungen so gegeben werden, daß sie dem Patienten vermitteln, *daß seine Triebregungen nicht die reale Gestalt des Analytikers meinen, sondern ein Phantasieobjekt*, eine archaische Imago. (Hier ist aber auch große Behutsamkeit am Platze. Überhaupt steht der Analytiker hier wie bei allen Grenzfällen in der Gefahr, daß alles, was immer er macht, als falsch erklärt wird.) So hatte ein Kollege versucht, seiner Patientin den Übertragungscharakter ihrer plötzlichen Leidenschaft für ihn damit zu deuten, daß er ihr mit etwas unbeholfenen Worten gesagt hatte, daß sie nicht wirklich ihn meine. Daraufhin zog sie sich für längere Zeit gekränkt zurück und verstärkte ihre Über-Ich-Kontrolle aufs neue. (Übrigens erkennen wir an diesem Beispiel etwas Typisches: Es kann ganz plötzlich und unerwartet zu Triebdurchbrüchen kommen, die den Analytiker in Verlegenheit bringen können.)

k) *In der Behandlung zeigen sich mehr Widerstände gegen moralisches Versagen als gegen Triebdurchbrüche*, worauf H. u. Y. Lowenfeld 1970 erstmalig hingewiesen haben. Das erklärt das seltsame Phänomen, daß diese Patienten oft sehr früh in der Analyse z. B. über allerlei sexuelle Praktiken berichten können, nicht aber etwa darüber, daß sie uns belogen haben, als sie sagten, sie könnten wegen eines Examens nicht zu einer bestimmten Stunde kommen. Man wird also gut daran tun, das ungewöhnlich freie Sprechen über sonst in unserer Gesellschaft verpönte Themen aufzugreifen, um an dessen Schutzfunktion heranzukommen. Dabei entsteht die – in der Regel auch für den Patienten – kuriose Situation, daß er etwas als harmlos oder als üblich bezeichnet, was alle Welt ringsum tabuiert. So gelingt oft die Annäherung an die übertriebenen Moralvorstellungen des Patienten.

l) Die Patienten vollziehen in der Übertragung dasselbe, was sie auch außerhalb der Analyse machen: *Sie idealisieren den Analytiker, machen aus ihm ein Phantasiegebilde höchster moralischer Werte.* Zwar hat diese Projektion einen leichten Entlastungswert für das Über-Ich, aber die Gefahr, daß sich das Abbruchritual an dieser Stelle wiederholt, ist noch weit größer als dieser Effekt: Da der Patient nur schwer zwischen Realität und Phantasie unterscheiden kann, muß er sich im Falle einer Enttäuschung als betrogen erleben. Um dies zu vermeiden, wird man die Idealisierung früh ansprechen müssen.

m) So wie oft verkannt wird, daß die Arbeit an der Abwehr die ganze Analyse begleitet und nicht nach der Durcharbeitung eines Mechanismus der freundliche Friede des Arbeitsbündnisses beginnt, so wird auch oft geglaubt, daß die einmal gelungene Bewußtmachung des unbewußten Über-Ichs erlaube, das Thema ad acta zu legen. Vielmehr *wird es die Analyse bis zum Ende bestimmen,* und es wird auch dann in seiner pathologischen Form nicht völlig aufgehoben sein. Das Beste, was wir hier, wie immer, erwarten können, ist, daß das Ich so frei geworden ist, daß es das erkannte Problem in die „unendliche Analyse" einbringen und dort mit ihm umgehen kann.

7. Spezielle Regeln für die Behandlungstechnik bei Über-Ich-Patienten

Ich will jetzt versuchen, die Maßnahmen zu beschreiben, die notwendig sind, um das Über-Ich zu ermäßigen, seinen Sadismus zu mildern und das Ich ihm gegenüber unabhängiger und angstfreier zu machen, so daß es lebens- und genußfähiger wird. Aufgrund meiner langjährigen Beschäftigung mit solchen Patienten bin ich der Auffassung, daß dies nur im Rahmen einer konsequent durchgeführten Übertragungsanalyse möglich ist. Nur in der intensiven Wiederholung der infantilen Neurose, der Introjektions- und Projektionsmechanismen, des unbewußten Schuldgefühls und des Bestrafungszwanges, sehe ich eine Chance für diese Patienten, das Ich zum Herrn im Hause zu machen[8].

---

8 In der nachfolgenden Definition der psychoanalytischen Therapie finde ich mein eigenes Vorgehen präzis beschrieben:
„Psychoanalyse ist eine therapeutische Methode, *durch* die günstige Bedingungen für das Zustandekommen einer Übertragungsneurose geschaffen werden, in der die Ver-

a) Die Ermäßigung des Über-Ichs

Wie ich schon ausgeführt habe, bringt der Beginn der psychoanalytischen Behandlung den Patienten unmittelbar in eine kritische Situation. Das überstrenge Über-Ich verlangt eine optimale Leistung, macht aus der Therapie eine Klassenarbeit oder eine Szene im Gerichtssaal, in der sich ein Angeklagter vor dem Richter zu rechtfertigen hat. Je gebildeter der Patient ist, desto mehr wird er versuchen, die phantasierte Leistung dadurch zu erbringen, daß er sich vorbereitet: nachdenkt, sich Notizen macht, Nachforschungen zur Rekonstruktion der Biographie anstellt oder psychoanalytische Literatur studiert. Es wäre ein Kunstfehler, dies als Widerstand gegen die Therapie zu deuten, weil das Über-Ich darin nur die Kritik an der Leistung, die schlechte Benotung, eine negative Beurteilung seines Versuchs sehen würde, das zu tun, was ihm lebenslang selbstverständlich erschien. Loben wäre, wie ich schon sagte, ebenfalls falsch. Es führt zu nichts anderem als dazu, daß der Analytiker in das Leistungssystem, in dem es Lob und Tadel, aber kein Realitätsprinzip und keine Liebe gibt, agierend einsteigt. Loben wäre für das Über-Ich die Deklaration des Analytikers, daß hier alles nach dem gewohnten Schema weitergeht. In seltenen Fällen kann es dadurch zu einer initialen Besserung führen, die uns aber nichts bringt. Statt dessen lasse ich den Prozeß so ablaufen, wie der Patient ihn intendiert. Es dauert nicht lange, dann stellt sich beim Patienten Unzufriedenheit mit sich und/oder dem Analytiker ein. „Was soll das Ganze? Es führt zu nichts. Ich verstehe das nicht, ich kenne mich nicht aus, ich komme nicht weiter." Antwortet der Analytiker jetzt mit dem Hinweis auf den leistungsorientierten Ansatz und schlägt dem Patienten vor, lockerer und gelassener vorzugehen, oder zeigt ihm, daß er bereits nach wenigen Stunden zuviel erreichen will, daß es ihm an Geduld mangelt, trägt er damit nicht zur Realität bei, sondern vermittelt dem feinhörigen Über-Ich nur Vorwür-

    gangenheit in der Gegenwart wieder hergestellt wird, *damit* es über einen mit systematischen Deutungen arbeitenden Angriff auf die vorhandenen Widerstände zu einer Auflösung der Neurose (der Übertragungs- wie der infantilen Neurose) kommt *mit dem Ziel*, strukturelle Veränderungen im psychischen Apparat des Patienten hervorzubringen, die diesen zu einer optimalen Anpassung an seine Lebensumstände befähigen" (Rangell, 1968, S. 19).

fe. Darauf reagiert der Patient jetzt entweder mit vermehrter Anstrengung oder mit der depressiven Feststellung, er könne wohl die Analyse nicht leisten, sei dazu nicht begabt genug, zu ungeschickt, zu alt, etc. Kommt es zu einer masochistischen Unterwerfung unter die Deutung oder zu einer regressiven Auflehnung dagegen (wird der Analytiker zum feindseligen Objekt), so müssen wir die Zeichen dafür registrieren und uns darüber klar werden, was wir vor uns haben. Statt wie skizziert zu intervenieren, bleibe ich im Bereich der Phänomenologie: „Sie haben alles getan, was in Ihren Kräften steht, jetzt sind Sie unzufrieden mit sich." Über diese Aktion, die oft wochenlang wiederholt werden muß, führt der Weg zu der Frage nach den Standards, die den Patienten bei seinem Vorgehen leiten. Haben wir Glück, erkennt der Patient, wie wenig sie der Realität angepaßt sind. Das kann eine erste Senkung des Über-Ich Druckes zur Folge haben.

b) Das Hörenlehren und das Hörenlernen

Eine zweite initiale Operation nenne ich das Hörenlehren und das Hörenlernen. Sie versucht, dem Patienten zu helfen, wahrzunehmen, wie er mit der analytischen Aufgabe umgeht. Das gelingt am besten auf die Weise, daß man Schweigepausen miteinander untersucht. Ich bitte den Patienten zu berichten, was in ihm geschehen ist, und füge in der Regel hinzu, daß ich nicht wissen wolle, was er gedacht habe, sondern was in ihm geschehen sei. Das tue ich, um nicht als Eindringling und Aggressor zu erscheinen, nicht Schamgefühle zu provozieren. Beides könnte die Gefahr erhöhen, den Analytiker als böses Objekt zu erleben. Nach einigen Bemühungen erfahren wir in der Regel folgendes: „Es ist mir allerlei eingefallen, aber das war alles dummes Zeug, banal, langweilig, einfach lächerlich, kindisch etc." Jetzt ist es wichtig, nicht gleich nachzugreifen und wissen zu wollen, was so lächerlich oder kindisch war. Besser ist es, den Vorgang als Szene zwischen Ich und Über-Ich zu bezeichnen: „Da waren also allerlei Dinge in Ihnen, die sich bewegt haben, da hat sich etwas gebildet, wuchs etwas, formte sich, wurde für Sie fühlbar, hörbar – aber dann war da plötzlich einer, der das ganze Geschehen beendete, indem er erklärte, das sei alles dummes Zeug!" (Wie meine Wortwahl zeigt, versuche ich, diesen Vorgang in einer körpernahen Sprache auszudrücken, um an die zugrundeliegenden Erlebnisse in der analen oder phallischen Phase zu rühren, an leibnahe Impulse, die das Über-Ich zu erinnern verbietet.) Der Patient lernt auf diese Weise, etwas zu hören, was er bestimmt nicht hören durfte: die Wünsche des kleinen Knaben, die Stimmen aus einer Welt der Phantasie. Bisher hatte es nur eine Stimme in seiner Brust gegeben: du sollst, du mußt, du darfst nicht, laß das, denke an dieses oder jenes Gebot, etc. Die Kontrolle des Über-Ichs und die Angst des Ichs können beide so wirksam sein, daß es lange dauert, bis der Patient etwas von dieser Welt wahrzunehmen in der Lage ist. Er erlebt die Schweigepausen anfänglich wirklich als leer. In günstigen Fällen, in der Regel aber erst in einer späteren Phase der Analyse, erkennt der Patient die Stimme oder die ganze Szene wieder. So lernt der Patient das, was ihm bisher als moralisch, religiös, sittlich begründet erschien, als die übernommenen Standards früherer Beziehungspersonen erkennen. Die Ermäßigung des Über-Ichs erfolgt hier nicht so sehr dadurch, daß etwas, das bisher unbewußt war, bewußt wird, sondern dadurch, daß ein Stück Geschichtlichkeit in die starre Welt der Prinzipien einbricht, daß erinnert wird und daß kognitive Ich-Funktionen, die bisher gelähmt waren, in Aktion treten. Das Bewußtwerden ist die Voraussetzung dafür.

Der eingeschlagene Weg führt dahin, daß nicht nur die Interaktion zwischen den Wünschen und den Verboten erlebbar wird, sondern auch dahin, daß das Ich den Text des gespielten Stückes verstehen darf. Das hat zur Folge, daß auch die aufgegebenen Wünsche wieder nach Befriedigung verlangen, das Ich den Phantasien Sprache leiht. Jetzt kann es geschehen, daß wir bei der Bearbeitung von Schweigephasen und Einfallssperren endlich an den Punkt gelangen, wo der Patient sagen kann, was er nicht mitteilen konnte.

So schwieg einer meiner Patienten zu Beginn einer Stunde lange Zeit, bis er, wie üblich, aber lustloser als sonst, von Unannehmlichkeiten seines Lebens, von Enttäuschungen etc. berichtete. Als ich den lustlosen Ton aufgriff und fragte, was im Schweigen vor sich gegangen war, wehrte er ab: „Eigentlich nichts, lauter Belanglosigkeiten, nichts erwähnenswert." In Reaktion auf mein beharrendes Verweilen bei der Lustlosigkeit wird er gereizt und aggressiv: „Sie erwarten doch wohl nicht, daß ich jeden Blödsinn mitteile. Ich komme ja zu Ihnen, um meine Probleme zu lösen, nicht aber, um dummes Zeug zu reden." Nachdem es mir gelungen war, die Wut zu dämpfen, sagte er in einer Mischung aus Ärger und Beschämung, er könne mir doch nicht sagen, daß er sich heute müde fühle und sich im Schweigen habe etwas gehen lassen. Es sei ihm die Phantasie gekommen, hier ein bißchen zu dösen, ja, vielleicht einzuschlafen. Bevor ich etwas sagen konnte, folgte bereits die Entschuldigung und eine neue Beschuldigung: Seit Tagen habe er Ärger mit seiner Frau, mit dem er nicht fertigwerden könne. So sei er die letzten Abende lange aufgesessen, habe Musik gehört, etwas gelesen, viel geraucht und noch mehr getrunken. Jetzt sei er einfach todmüde und fertig. Aber das sei ein gutes Beispiel dafür, wie schlaff er sei. Anstatt unbekümmert bei seiner Arbeit zu bleiben und diesen Gefühlsquatsch abzuschieben, lasse er sich gehen. – In dieser Stunde konnte ich ihm wieder die Szene zwischen Impuls und Verbot zeigen, jetzt aber vertieft um die Dimension des Inhalts: ‚Ich möchte hier ausruhen, dösen, schlafen.' Wir sahen miteinander, wie er mit diesem Wunsch umging, daß er ihn gar nicht zulassen konnte. Es sei, sagte ich, wie zwischen einem Kind und seiner Mutter. Das Kind sagt, es sei müde, möchte gerne schlafen. Darauf sagt die Mutter, das sei ein unmögliches Verhalten. Es dürfe nicht so schlapp sein, den Wünschen nicht nachgeben, es solle sich schämen und sich zusammenreißen. In dieser Welt gäbe es nur Forderungen. Was fehle, sei die Berücksichtigung der Realität. Es gäbe doch gute Gründe für seine Müdigkeit. Und schlußendlich sei das eine Mutter, die wenig liebevoll sei. Hier begann der Patient zu weinen. Er weinte bis zum Ende der Stunde. Die nächste Stunde begann er damit – unter Ächzen und Stöhnen – von seiner Mutter zu erzählen. In der verbietenden, zurückweisenden, verurteilenden Stimme erkannte er sie jetzt wieder[9]. Vieles von dem, was bisher zwischen seinem Ich und dem Über-Ich abgelaufen war, wurde jetzt ein lebendiges Rollenspiel aus jenem alten Theaterstück vor der Zeit der Introjektion der Objekte. War es der Liebesverlust von seiten des Über-Ichs, den das Ich bisher gefürchtet hatte (Freud, 1926b, S. 170), so erkannte der Patient jetzt die wahre Quelle seiner Angst. Damit konnte wieder ein Stück mehr Ich dort werden, wo bisher Über-Ich war. Vor allem fiel es von nun an dem Patienten leichter, die Wiederholung dieses alten Stückes in der Übertragung zu bearbeiten. Die Gefahr, daß die Übertragung als Realität verkannt wurde und der Analytiker zum bösen Objekt wurde, verringerte sich so.

An dieser Stelle sei noch auf einen technischen Fehler hingewiesen, der hier folgenschwer sein kann. Wir sind gewohnt, Triebwünsche unserer Patienten in die Übertragung hineinzunehmen, und wenn ich einleitend sagte, daß die Therapie des Über-Ich-Patienten nur als Übertragungstherapie Aussicht auf Erfolg haben kann, so erwartet man jetzt eine konsequente Deutung des Materials in bezug auf die Übertragung. Hier ist aber eine gewisse Einschränkung angezeigt. Hätte ich im vorliegenden Falle das Schlafbedürfnis in seiner tieferen Bedeutung (passiv-

---

9 Es handelt sich hier, wie so oft bei den extremen Fällen eines überstrengen Über-Ichs, nicht um die Introjektion eines sadistischen Vaters, wie Freud exklusiv annahm, sondern einer sadistischen Mutter. Das erklärt die außerordentliche Lieblosigkeit, die diese Menschen gegen sich selber praktizieren. (Vgl. dazu Grunbergers Konzept des mütterlichen Ober-Ichs, 1974.)

feminine Bedürfnisse mir gegenüber) angesprochen – sei es auch nur in der Weise, daß ich unterstrichen hätte, er wolle hier in meiner Gegenwart schlafen –, hätte es leicht zu einer Verurteilung dieses Wunsches durch das Über-Ich kommen können. Die Angst des Ichs vor Liebesverlust wäre angestiegen, und die Wahrnehmung des Ichs wäre unterdrückt worden. Ich will damit sagen, daß alle Deutungen, die verdrängte Triebwünsche bewußt machen könnten, immer erst dann Aussicht auf Erfolg haben, wenn wir sicher sein können, daß die Toleranzgrenze des Über-Ichs hinreichend gesenkt ist.

c) Die Kehrseite der Medaille

Wir haben viel von der Selbstentwertung, den Selbstbeschuldigungen und dem Strafbedürfnis gesprochen. Dabei dürfen wir die Kehrseite der Medaille nicht vergessen: das starke Bedürfnis nach Liebe, Zuwendung, Bewunderung. Man darf annehmen, daß unsere Patienten vor der Ausbildung dieser präödipalen, grausamen Über-Ich-Kerne auch, und sei es nur partiell, von ihren Eltern oder einem Elternteil geliebt worden sind. Es kam also zur Entwicklung eines Ideal-Ichs. Darunter verstehe ich ein inneres Objekt, das sich aus der Introjektion „mütterlicher" Liebe bildet. Es ist etwa die Summe der narzißtischen Befriedigung, die die Mutter (oder der Vater) durch das Kind erfuhr und ihm zurückgab – sei es als Bewunderung für seine körperliche Schönheit, seinen Liebreiz, seine Kraft, seine Aktivität etc., sei es für die Möglichkeit, an das Kind narzißtische Phantasien zu hängen. (Nunberg versteht dieses Ideal-Ich als eine frühe Ich-Es-Organisation [1932, S. 151], Lagache dagegen als eine primäre Identifizierung mit einem mit Allmacht besetzten Wesen, d. h. mit der Mutter [1958, S. 43]; vgl. auch die Arbeiten von Schafer [1960] und Lampl-de Groot [1962].) Es ist also wichtig, bei der Arbeit am Über-Ich daran zu denken, daß seine Entwertung eine narzißtische Hochschätzung oder Überwertung verbirgt. Überwertung einmal deshalb, weil es auf infantiler Stufe unentwickelt liegengeblieben ist, zum anderen, weil es aus Mangel und Versagung kompensatorisch vergrößert, oder in der analen Phase, der Keimstätte besonders grausamer Formen des Über-Ichs, durch Allmachtsphantasien enorm gesteigert wurde. Dies sollte in der Weise geschehen, daß man die Beschreibung der lieblosen Selbstverachtung stets mit dem Nebensatz verbindet: „Aber vielleicht gibt es in Ihnen auch etwas, was sich für liebenswert und akzeptabel hält und sich freuen würde, wenn ich es möchte." Manche Patienten bringen diesen Aspekt bereits sehr früh in die Analyse – meist im Gefolge von Deutungsfehlern. (Deutungen, die als Verurteilung oder Entwertung mißverstanden werden.) Andere bringen ihn ein, um daran zu demonstrieren, welch alberne, dumme und unbegründete Dinge in einer solchen Analyse herauskämen. Die geheime Sehnsucht danach sollte man vorsichtig ansprechen. Warum so vorsichtig? Einmal, weil die Patienten sich allgemein vor der Wiederbelebung infantiler Impulse fürchten. Dies hat seinen Grund in der Disproportion derselben zur Welt der Erwachsenen. Zum anderen, und das ist weit schwieriger zu bearbeiten, weil – wie der Patient befürchtet – sich damit ein Stück Biographie in der Übertragung wiederholen könnte, das ihm große Angst macht: die plötzliche Zurückstoßung, der plötzliche Verlust des liebenden Objekts und seine Verwandlung in ein liebloses und forderndes. Eine technisch sehr wirksame Operation an der Kehrseite der Medaille, die in der Regel auf die Dauer auch Erfolg verspricht, ist die Feststellung der Tatsache, daß der Patient nur über Negatives, Unangenehmes, Beklagenswertes spricht und alles ausläßt, was ihm glückt, wo er Erfolg hat, etc. Natürlich darf man nach dieser Feststellung keine Beglückung erwarten. Wie üblich, muß das Positive abgewertet oder als unbedeutend hingestellt werden. Aber auf diese Weise kann der Patient erkennen, daß er sein eigener Feind ist und daß er im Grunde geliebt werden möchte. Manchmal erfolgt auf eine solche Deutung hin ein Dammbruch.

So hatte ich etwas Lobendes über einen meiner Patienten in der Zeitung gelesen und das angebracht. Der Patient weinte daraufhin die ganze Stunde und sagte, er habe immer geglaubt, es ginge hier um die Bearbeitung des Bösen und Kranken an ihm. In den nächsten Stunden verriet er mir das Geheimnis, daß er eine reiche phantasierte Innenwelt habe, von der niemand, auch seine Frau nicht, etwas wissen dürfe: Er säße z. B. am Abend oft lange im Dunkeln und hielte in seiner Phantasie große Vorträge, die vom Auditorium mit starkem Applaus aufgenommen würden; beim Tischtennis, das er mittelmäßig spiele, stelle er sich vor, er werde eines Tages ganz groß sein, entdeckt und einer der Ersten werden. Auf der ersten Deutungsebene – er könne sich nicht als groß und erfolgreich akzeptieren, müsse seine Phantasien wie etwas Böses verbergen – konterte er mit dem Hinweis auf Größenideen; auf der zweiten Deutungsebene – er möchte gerne bewundert werden, auch von mir, könne sich aber nicht vorstellen, daß ich mich an ihm freuen könne – trat offene Angst auf. Aber von nun an konnten wir die Kehrseite der Medaille konsequent in den Prozeß des Durcharbeitens einbringen. Das vom Über-Ich unterdrückte Ich mußte nun – mit meiner Hilfe – zu dem stehen, was einmal Sprache geworden war.

d) Genetische Aspekte des Über-Ichs für die Behandlung

Wir können die Gruppe der Über-Ich-Patienten auch nach der Phase der Triebentwicklung einteilen, in der sich das Über-Ich gebildet hat und von der es wesentliche Merkmale besitzt. Wie ich schon sagte, spielt das anale Moment in vielerlei Facetten – Sadomasochismus, Lust zu herrschen, zu entwerten, zu quälen, Selbstentwertung, Größenideen – eine bevorzugte Rolle. Aber auch in der phallischen Phase kann es zum Aufbau pathologischer Über-Ich-Formen kommen, die noch vorwiegend präödipale Züge zeigen. Hier treten Ehrgeiz, Rivalität, Konkurrieren, Unterlegenheits- und Überlegenheitsgefühle in den Vordergrund der Übertragung. Bei diesem Typus beobachten wir, daß er inhaltlich oder formal gute Deutungen zum Anlaß nimmt, phallische Reaktionen ins Spiel zu bringen, z. B. Entwertung, Rivalisieren. Der Patient antwortet hier also nicht auf den Inhalt der Deutung, sondern auf das Können des Analytikers. Dieser Typus ist weit leichter zu behandeln als jener andere, bei dem die Störung früher liegt. Die hohe phallische Lust – auch wenn sie uns als Identifikation mit der phallischen Entwertung durch den Vater entgegentritt – ist eine gute Basis für die Arbeit. Die Schuldgefühle, die von Triebimpulsen aus dieser Phase stammen, sind wegen der höheren Entwicklung des Ichs zu dieser Zeit dem Ich besser zugänglich und aufgrund der größeren Ich-Stärke auch besser vor dem Über-Ich als unrealistisch zu erweisen.

Wie ich schon ausführte, wird die analytische Arbeit um so schwieriger, je mehr die Entwicklung des Über-Ichs in frühe Phasen der Triebentwicklung fällt und sich früher Abwehrmechanismen, z. B. der Projektion, bedient, oder wenn es bereits am Anfang der Entwicklung zu pathologischen Formen kommt, wie z. B. der fehlenden Verinnerlichung der Selbstkritik und des Schuldgefühls.

e) Das Über-Ich als Reaktionsbildung

Freud hatte darauf hingewiesen, daß das Über-Ich nicht nur ein Residuum der ersten Objektwahlen, der frühen Identifizierungen mit aggressiven, lieblosen Objekten sei, sondern auch eine Reaktionsbildung gegen dieselben. Unvermittelt stehen bei diesen Patienten zwei unvereinbare Dinge nebeneinander: So wie der Vater will ich sein, so wie der Vater darf ich nicht sein (Freud, 1923, S. 262). Diese Reaktionsbildung wurde mir als technisches Problem bei Analysen von Kollegen besonders deutlich. Nach einer Anfangszeit mit identifikatorischen Tendenzen – die oft sehr geheimgehalten wurden – berichten sie von Krisen bei der psychoanalytischen Arbeit oder von Schwierigkeiten mit ihrer Ausbildung. Zuerst hatte ich solche Fälle, bei denen es zur Gefährdung der Ausbildung oder sogar zum Abbruch derselben kam, im Sinne von Freuds „Die am Erfolg scheitern" (1916a) interpretiert. Erst allmählich erkannte ich, daß dem Scheitern regelmäßig eine Identifizierung vorausgegangen war, eine Identifizierung mit einem omnipotenten, großartigen, aggressiven Analytiker. Da die Identifizierung das Ich in die Nähe der Verwirklichung der dem introjizierten Objekt anhaftenden Triebaspekte bringt, erhöht sich die Angst, und das Über-Ich bestraft das Ich mit Scheitern. Wenn man diese spezielle Reaktionsform kennt, wird man in Fällen, wo wir von Schwierigkeiten mit der psychoanalytischen Arbeit hören, eine Deutung versuchen, welche die Bestrafung der Identifizierungswünsche aufzeigt.

f) Der Umgang mit der negativen therapeutischen Reaktion

Wichtiger als alles andere ist hier, daß der Analytiker die Schwierigkeit klar sieht und nicht mit Omnipotenzphantasien ans Werk geht. In der Regel sind sie nämlich schon die unbewußte Antwort auf den unbewußten Prozeß im Patienten. Die Patienten lösen in ihrer Umgebung dadurch Unzufriedenheit aus, daß die Menschen sich mit ihrer moralischen Höhe, ihrem Pflichtbewußtsein und ihren Ansprüchen vergleichen. Freud hatte als einzige therapeutische Maßnahme empfohlen, die unbewußt verdrängten Begründungen des unbewußten Schuldgefühls aufzudecken,

„wobei es sich allmählich in bewußtes Schuldgefühl verwandelt. Eine besondere Chance der Beeinflussung gewinnt man, wenn dies *ubw* Schuldgefühl ein *entlehntes* ist, das heißt das Ergebnis der Identifizierung mit einer anderen Person, die einmal Objekt einer erotischen Besetzung war. Eine solche Übernahme des Schuldgefühls ist oft der einzige, schwer kenntliche Rest der aufgegebenen Liebesbeziehung. Die Ähnlichkeit mit dem Vorgang bei Melancholie ist dabei unverkennbar. Kann man diese einzige Objektbeziehung hinter dem *ubw* Schuldgefühl aufdecken, so ist die therapeutische Aufgabe oft glänzend gelöst ..." (1923, S. 279, Fußnote).

Freud hat selber den Erfolg dieses Vorgehens erheblich bezweifelt (ebenda). Was bleibt uns noch zu tun? Den Masochismus, der durch die „negative therapeutische Reaktion" Befriedigung findet, wird niemand ernsthaft angreifen wollen. Hier ist die Prognose extrem ungünstig. Ich glaube deshalb nicht, daß es hier nur eine einzige, auf das Problem gezielte Strategie gibt. Ich habe vielmehr die Erfahrung gemacht, daß alle die beschriebenen Maßnahmen zusammen – die Ermäßigung des Über-Ichs, die Bewußtmachung seines Sadismus, die Stärkung des Ichs gegen das Über-Ich etc. – in günstigen Fällen eine Situation schaffen können, die zu einer erfolgreichen Bearbeitung führt. Dabei kann die Einsicht in die folgende Phantasie des Patienten hilfreich sein: „Habe ich in der Therapie Erfolg, ziehe ich denselben Neid und dieselbe Wut auf mich, wie ich selbst sie angesichts von Erfolgen anderer gegenüber empfinde – habe ich bei dem ehrgeizigen Bemühen keinen Erfolg, werden alle über mich herfallen, so wie ich über sie herfallen würde" (Horney, 1936). Auch habe ich gelegentlich mit der Aufdeckung der Identifizierung mit analen oder phallischen Objekten Erfolg gehabt. Wenn der Patient für diese dominierenden, rivalisierenden, konkurrierenden Wünsche Worte finden kann, gelingt es manchmal, diesen Aspekt der „negativen therapeutischen Reaktion" zu bearbeiten. Hilfreich ist es auch immer, wie bei der Melancholie zu verfahren: die Autodestruktion konsequent als Fremdhaß zu deuten. Aber jeder, der das versucht, wird staunen, wie sehr das gehaßte, introjizierte Objekt vor dem Erkennen geschützt ist, d. h. wie eng Über-Ich und Es an dieser Stelle miteinander verbunden sind.

g) Die Korruption des Ichs beim Über-Ich-Patienten

Bei der Behandlung eines Alkoholikers, eines bereits weitgehend heruntergekommenen Lehrers von etwa 35 Jahren, lernte ich, daß das destruktive Trinken dieses Mannes – in dessen Gefolge es bei ihm zu Dienstversäumnissen, sexuellen Ausschweifungen, aggressiven Durchbrüchen, Vernachlässigung der Familie und anderem kam – als Kapitulation und Korruption eines Ichs zu verstehen war, das die Hoffnung, eines Tages die Anerkennung des Über-Ichs zu erringen, bereits vor Jahren aufgegeben hatte. Das Motto dieses Lebens, so meine initiale Hypothese, hieß: „Wenn du (das Über-Ich) mich nicht lieben kannst, hat mein Leben keinen Sinn mehr, dann mache ich alles, was ich will." Als Folge davon hörte das Ich auf, der Hüter des Realitätsprinzips zu sein, es regredierte auf die Stufe des Lust-Ichs, das alles Gute introjizierte und alles Böse projizierte. Auf diese Hypothese hatten mich gewisse biographische Fakten und vor allem sein Umgang mit mir gebracht. Er projizierte nämlich auf mich ein riesiges, grausames, unvernünftiges Über-Ich und erwartete, daß ich verurteilend und bestrafend mit seiner Trunksucht umginge. Ein Jahr lang lehnte ich seinen Wunsch, seine Alkoholsucht zu behandeln, in der Form ab, daß ich diesen Wunsch analysiere. Auch verweigerte ich ihm die Couch, zu der er mit aller Macht hinstrebte. Statt dessen saßen wir uns gegenüber – dreimal in der Woche –, und ich erklärte, warum ich sein Trinken nicht behandeln wolle, und bemühte mich, ihn die Projektion des Über-Ichs auf mich erleben zu lassen. Eines Tages kam er betrunken in die Stunde und berichtete mir, was er gestern abend wie alle Abende seit Jahren getan habe und was er sich so sehr schäme, mir zu berichten. Jeden Abend zöge er sich auf sein Zimmer zurück und sage seiner Frau, er müsse noch für die Schule arbeiten. Statt dessen schreibe er Gedichte, d. h. er versuche es. Er käme aber am Abend selten über 1–2 Zeilen hinaus, weil ihm nichts gut genug erscheine und er alles wieder in den Papierkorb werfen müsse. Wenn ihm einmal etwas gelungen sei, lege er den Zettel mit diesen 1–2 Zeilen in irgendein Buch seiner Bibliothek. Dort vergesse er ihn dann. Am nächsten Abend wiederhole sich dasselbe Spiel. Jetzt hielt ich den Zeitpunkt für gekommen, die Analyse zu beginnen, weil sie sich jetzt nicht mehr, wie der Patient es wollte, gegen das verzweifelte Ich wenden und weil sie weder der Bestrafung noch der Projektion des Über-Ichs dienen sollte, sondern weil der Patient jetzt verstand, daß wir miteinander versuchen würden, seine extrem strengen Forderungen zu mildern, vor denen er bisher kapituliert hatte. (Ich verweise in diesem Zusammenhang noch auf das Krankheitsbild des Integritäts-Kompromisses, bei dem das Über-Ich geopfert wird [Rangell, 1974, S. 933].)

8. Das Introjektions-Projektions-Dilemma

Aufgrund der Genese des Über-Ichs aus präödipalen und ödipalen Introjekten, die projiziert, reintrojiziert und wieder projiziert werden können, spielt dieser Vorgang in der Übertragung eine zentrale Rolle.

Der Analytiker, der mit einem solchen Patienten arbeitet, tut gut daran, sich einige Grundtatsachen zu vergegenwärtigen. Andernfalls verliert er in dem Hin und Her von Intro- und Projektion den Faden.

Die Interaktion kann derart stürmisch werden, daß man sie nicht gleichzeitig begleiten und theoretisch ordnen kann. Ich glaube, die Grundtatsache, von der wir ausgehen müssen, ist die Umkehrung eines uns vertrauten Prinzips: Während üblicherweise das Lust-Ich alles Gute introjiziert und alles Böse projiziert, kommt es hier zur Introjektion auch des bösen Objektes. Das ist, wie uns das Freudsche Melancholie-Modell, bei dem das gleiche geschieht, gelehrt hat, der Ursprung des Selbsthasses und letztlich der Selbstzerstörung: „Die Todesangst der Melancholie", sagt Freud, „läßt nur die eine Erklärung zu, daß das Ich sich aufgibt, weil es sich vom Über-Ich gehaßt und verfolgt anstatt geliebt fühlt" (1923, S. 288).

Die Folgen dieser Umkehr sind bedeutsam:

a) Das Ich wird ein schlechter Bundesgenosse für unsere Arbeit, weil es vor allem davon überzeugt ist, daß „Leben ... gleichbedeutend mit Geliebtwerden, vom Über-Ich geliebt werden" ist (ebda, S. 288). Das heißt, daß die „Philosophie" eines solchen Ichs der emanzipatorisch-liberalen Psychoanalyse diametral entgegengesetzt ist. Sein Glück heißt gehorchen oder, noch schlimmer, sich einkerkern und bestrafen lassen. Unfreiheit wird zum Ideal.

b) Das Ich ist ein schlechter Bundesgenosse für unsere Arbeit, weil es schwach ist. Unter der Herrschaft des Über-Ichs hat es gehorchen, aber nicht entscheiden gelernt. Entscheiden aber heißt, die ganze Fülle der apperzipierenden und kognitiven Ich-Instrumente übend zu entwickeln. Die Folgen der Icheinschränkung sind Immobilität und Unflexibilität[10, 11]. Diese Patienten leiden in der Analyse daran, daß wir nicht dirigistisch sind. Bleiben wir dabei, ihnen die Offenheit der Stunde anzubieten, wächst ihr Unglück bis zur Verzweiflung, und sie wünschen sich aufs heftigste, daß wir anordnen und befehlen möchten. Gelingt es uns, ihnen zu zeigen, daß sie auf diese Weise immer unfrei und abhängig

---

10 Lincke hat aufgezeigt, wie an diesen Momenten, die in Lernunfähigkeit enden, auch unsere christlich-abendländische Kultur als typische Über-Ich-Kultur zugrundezugehen droht (1970).

11 A. Reich hat gezeigt, wie es im Gefolge eines gestörten Über-Ichs zu einen Ich-Defekt kommen kann, und welche Variationen der Technik sie dabei erfolgreich anwandte (1959/60).

bleiben, das Verhältnis Kind-Eltern-Autorität verewigen, so wissen sie nicht weiter. Bieten wir ihnen als mildes Hilfs-Über-Ich an, diesen Weg einmal mit ihnen zusammen zu gehen, so erleben wir, wie unfähig ihr Ich dazu ist. Nehmen wir an, der Patient steht vor der Frage, ob er weiterhin präparierte und kontrollierte Einfälle bringen oder versuchen soll, auch um den Preis längerer Schweigepausen, einmal zu hören, was in ihm vorgeht. Zunächst einmal weiß er nicht, wie er damit umgehen soll. Helfen wir ihm, indem wir mit ihm die Realitätsprüfung anwenden, versichert er immer wieder, daß er das nicht könne. Die ersten Male endet dieser Weg als Holzweg. Häufig gerät der Patient auch in Panik. Hier hilft die immer wieder gleiche Deutung: „Sie können keine Freude an sich haben, weil da soviel in Ihnen ist, das Sie nicht kennen, nicht unter Kontrolle haben. Das ängstigt Sie. Die Welt der Mutter, die durch Freude und Staunen gekennzeichnet ist, die zunächst einmal immer hinsieht, wenn das Kind etwas bringt, etwas machen will, die darf in Ihnen nicht und zwischen uns nicht verwirklicht werden."

c) Das Ich ist ein schlechter Bundesgenosse, weil es gelernt hat, daß sein Modus des Zusammenlebens mit dem Über-Ich auch große Vorteile hat. Dieser ökonomische Aspekt tritt uns in zwei Verhaltensweisen entgegen: einmal in der, daß sich der Patient mit der Projektion des Über-Ichs auf Personen, auch auf den Analytiker, innere Erleichterung verschafft. Das ausgestoßene böse Objekt (oder ein Teilaspekt desselben) ist aus dem inneren Kampffeld heraus. Jetzt kann dort Frieden entstehen. Zum anderen in der Weise, daß nicht erlaubte Impulse und Affekte, die auf den Analytiker projiziert werden, dem Patienten die Auseinandersetzung mit ihnen ersparen. Ich will dies an einem kleinen Beispiel demonstrieren:

Die Patientin kommt gelegentlich zu spät, schweigt dann lange und sagt endlich: „Sie schweigen, weil Sie ärgerlich über mein Zuspätkommen sind. Sie denken, die ist unordentlich und schlampig. Wenn die so weitermacht, muß ich die Analyse mit ihr abbrechen." Ich zeige ihr zunächst – wie bereits unendliche Male vorher – den Mechanismus der Projektion: „Sie denken, ich denke, Sie seien böse und Sie müßten bestraft werden." Wenn die Patientin das akzeptiert, schlage ich vor, sie solle einmal versuchen, mitzuteilen, was in ihr vorgehe. Darauf antwortet sie, daß da nichts sei. Beharre ich, gerät sie in Spannung, schließlich in Angst. Jetzt ist es unmöglich, die Bestrafungsvorstellungen als Projektion einer inneren Stimme zu deuten. Aber im Laufe der Zeit gelingt das über die Ermäßigung des Über-Ichs. So wird allmählich das Hören möglich. Bei dieser Patientin konnten wir folgende Erziehungsmuster am Boden dieses Verhaltens finden: Die Mutter ordnete an, vor Tisch keine Süßigkeiten zu naschen, die in einer Schale erreichbar waren. Nehmen wir an, sie ging aus. Bei der Rückkehr kontrollierte sie die Einhaltung ihres Verbotes. Bei Übertretung wurde das Kind gestraft. Was lief hier ab? Es wurde, anstatt mit dem kindlichen Ich klärend, argumentierend, verstehend umzugehen, eine Bestrafung vorgenommen. Das Kind lernte auf diese Weise den Entscheidungsvorgang nie kennen. Da er ein Stück leidvoller Arbeit zwischen Triebwunsch und mütterlichem Gebot verlangt, ist es viel einfacher, sich auf die Seite des Es zu schlagen und dafür Strafe hinzunehmen. So entsteht eine Schaukel zwischen Trieb- und Bestrafungsglück. Das Ich dazwischen bleibt als prüfende Instanz unentwickelt. Gelingt es dann auch noch, die Schuldgefühle zu projizieren – jetzt mit der Mutter böse zu sein –, geht es dem Subjekt nicht mehr schlecht. Versucht man, das Ich in die Entscheidungssituation zurückzuführen, wird man erleben, wie unwillig und unfähig es ist, die bisher projektiv erlebte Spannung in sich selber aufkommen und ertragen zu lernen.

Das nächste Beispiel zeigt denselben Vorgang, aber mit einer Lösung, die in unserer Gesellschaft stillschweigend akzeptiert wird. Ich treffe meinen Patienten (einen wohlhabenden Großkaufmann) in der Garage, wo er mit dem Besitzer zusammensitzt und Bier direkt aus der Flasche trinkt. In der nächsten Stunde beschäftigt er sich damit zu formulieren, was in mir vorgeht: „Sie denken, der trinkt aus der Flasche wie ein Prolet. Was ist das für ein Mensch? Anstatt nach Hause zu gehen und mit seiner Frau oder Freunden seiner Gesellschaftsschicht etwas zu trinken, setzt er sich in die dreckige Garage, um mit einem solchen Mann zusammen zu trinken." Die Szene spiegelte genau wider, wie er Vater und Mutter erlebt hatte: Die Mutter als Künstlerin des Lebens, bei der alles erlaubt war und die über die Spießer lachte, den Vater, für den Ordnung das oberste Gebot war, und der die Mutter verachtete. Der Patient hatte das Kunststück fertiggebracht, eine Doppelidentifizierung nach dem Watergate-Modell fertigzubringen. Im geheimen lebte er wie die Mutter und lachte über den Vater, offiziell lebte er wie der Vater und verhöhnte die Mutter. Die Identifikation mit dem Vater hatte ihm Macht, Herrschaft und Erfolg versprochen, die mit der Mutter Triebbefriedigung, Zärtlichkeit und Wärme. Als der Vater die Mutter in eine Irrenanstalt brachte, wo sie 10 Jahre später starb (der Patient war zu dieser Zeit 13 Jahre alt), empfand der Patient das als Grausamkeit, zugleich aber auch als wohltuend, weil er nun vor seinen Triebwünschen gegenüber der sehr frei sich verhaltenden Mutter geschützt war und aus einer Rolle befreit wurde, die er nicht durchzuhalten in der Lage war: die Mutter wie den Vater zu lieben und zu hassen und mal auf der einen, mal auf der anderen Seite zu stehen. Das letztliche Überwiegen der Identifikation mit dem Vater war die Folge von Erfahrungen in seiner frühen Umwelt (ein Villenvorort), in dem der Vater anerkannt und respektiert, die Mutter abgelehnt und kompromittiert wurde. So kam es zu einer offen und einer heimlich gelebten Identifikation. Da es sich um frühe Identifikationen im Trieb-Abwehrkampf handelte, waren sie unbewußt, und der Patient hatte sie so total isoliert, daß er die Gespaltenheit seiner Person nicht wahrnahm, daß, wenn er mit dem einen Teil identifiziert war, er vom anderen Teil nichts wußte, und umgekehrt. So konnte er die widerspruchvollsten Dinge tun, ohne sie als solche zu empfinden, grausam und zerstörend mit Menschen umgehen, ohne daran zu leiden. Nach außen mußte das, wie im Falle Nixon, als Doppelmoral erscheinen. Die Übertragung in der Analyse sah nun so aus, daß ich die Vaterrolle übernehmen, ihn bestrafen und zurechtweisen sollte. Er würde dann gehorchen, aber heimlich weiter tun, was er nicht lassen wollte. Der Druck für die Analyse kam hier daher, daß keine der beiden Lösungen ihn zufriedenstellte: Würde er nicht mit dem Garagisten aus der Flasche trinken, würde die Stimme sagen, die halten dich jetzt für einen Schwächling, für einen blöden Spießer (das war das Schimpfwort, das die Mutter für den Vater gebrauchte), würde er es aber tun, so würde die Stimme sagen, die halten dich jetzt für einen Schwächling, weil du dich beeinflussen läßt, keine eigene Meinung hast, nicht tun kannst, was du willst, usw. Wir werden also diese Erleichterungen via Projektion bearbeiten müssen, weil sie den Patienten im ersten Falle in eine paranoide Isolation bringen, im zweiten Falle die Abhängigkeit vom Über-Ich verewigen.

Die Genese dieser Doppelmoral hat uns Imre Hermann verstehen gelehrt, der zeigen konnte, daß es in Familien von Zwangsneurotikern zur Ausgestaltung eines „Doppel-Über-Ichs" kommt. Das eine gebiete ein moralisches, das andere ein kriminelles Verhalten (1929). Ebenso wichtig wie die triebdynamische Betrachtungsweise erscheint mir die soziokulturelle. Das Über-Ich als gesellschaftliche Konstruktion ist den Kreisen, die die Herrschaft ausüben, stets doppelgesichtig und, weil es kulturimmanent ist, wird es als solches nicht bewußt erlebt. So kann man im Namen Gottes Andersgläubige töten, mit dem Gesetzbuch in der Hand Unrecht tun, unter den roten Fahnen der „Gleichheit, Freiheit und Brüderlichkeit" dem den Schädel einschlagen, der nicht Bruder sein will, etc. Und das alles „reinen Herzens". Weder Lenin noch Nixon waren Heuchler. Das Über-Ich schützt sich mit guten Argumenten gegen diesen Vorwurf. Die aus dieser Doppelmoral entstehende Spannung ist in den protestantischen Ländern größer als in den katholischen Ländern, weil hier die gesamt Moralwelt internalisiert ist, das Gewissen die einzige Instanz ist, vor der sich der Einzelne verantworten muß. Die Doppelmoral wird dadurch etwas Persönliches, das als das Böse geheimzuhalten ist. In den katholischen Ländern ist die Spannung viel geringer, weil durch die Beichte und die mit ihr verbundenen Bestrafungs- und Sühnemaßnahmen ein Teil des Gewissens außen bleibt, in der Regel nie internalisiert wird. Das verleiht der Doppelmoral eine gewisse Überindividualität, macht sie zu einer öffentlichen Einrichtung, von der niemand spricht, die aber alle kennen und praktizieren. Eine der realen Konsequenzen daraus ist, daß die Sexualität dort freier gelebt werden kann als hier. Das wiederum gibt dem Ich mehr Freiheit, eine flexible, tolerante Moral, die de facto stets eine Doppelmoral ist, zu akzeptieren.

d) Die Übertragung beginnt u. U. mit der Projektion der bösen Introjekte – zu einer Zeit, wo die Analyse noch nicht hat zeigen können, was sie zu leisten vermag und noch keine Vertrauensbasis zwischen Arzt und Patienten besteht. Deutungen sind hier unwirksam, ich würde sogar sagen, schädlich, weil sie als Rechtfertigung und Verteidigung mißverstanden werden können. In diesen Fällen setzt ein bösartiger Circulus vitiosus ein: Das projizierte böse Introjekt löst Angst aus wie ein echtes Außenobjekt. Um sich seiner Gefährlichkeit zu erwehren, muß das Subjekt es mit Wut und Ärger angreifen. Gelingen dem Analytiker überzeugende Äußerungen des Verstehens und der Teilnahme, kommt hier manchmal dennoch eine Therapie zustande.

Ich erinnere mich eines Patienten, der in der zweiten Stunde erklärte, ich benutzte die Couch nur, um ihn zu demütigen, woraufhin er sich in einen Sessel setzte. Hier gingen die Projektionen aber weiter. Jetzt war es meine zuhörende Haltung, die er als Entwertung empfand. Er bestand darauf, daß ich auch von mir spreche, andernfalls würden wir hier die Herrschaftsstruktur der Gesellschaft wiederholen, die er draußen bekämpfe. Als ich ihn fragte, was er denn wissen wolle, verlor er die Fassung und schwieg. Jetzt gab ich ihm die Deutung, daß er Angst vor mir habe, die er dadurch zu mildern versuche, daß er mich angreife. Ich könne mir Menschen vorstellen, die sich in einer Welt von Feinden sicherer und wohler fühlten als in jeder anderen, weil sie für sie besser gerüstet seien. Ich wolle versuchen, mit ihm zu arbeiten, solange ich könne. Vielleicht sei ich ihm aber nicht gewachsen. Wenn ich das fühlen würde, würde ich es ihm offen sagen. Diese Intervention hatte den Effekt, daß der Kampf gegen mich aufhörte. Dafür entstand jedoch die Situation der offenen Angst, in der ihm schreckliche Dinge von Verlassen- und Verratenwerden einfielen.

e) Die guten Introjekte können die Übertragung nur selten herstellen und aufrechterhalten. Das hat seinen Grund in zwei Faktoren: einmal darin, daß sie sich unter der Vorherrschaft und Kontrolle des Über-Ichs nicht hinreichend entfalten konnten und wegen mangelnder Übung auf infantilem Niveau blieben, zum anderen darin, daß sie mehr und mehr von den introjizierten bösen Projekten überlagert werden. Folgender Fall mag die Problematik der guten Introjekte, die in infantiler Form in die Übertragung eintreten, zeigen:

Eine seit Jahren vereinsamt und zurückgezogen lebende Frau entschließt sich zu einer Analyse. Die Stille der ersten Stunden, in denen ein Strom von Klagen aus ihr herausfließt, der Zufall, daß ihr der Stil meines Arbeitszimmers gefällt, alles das führt dazu, daß sie sich wohlfühlt und die Stunden zum Lebensinhalt werden. Dann setzt eine stürmische Leidenschaft für mich ein, die extrem infantil und völlig ungeschützt ist: Sie zieht sich auffallend an, verändert ihre Frisur, bringt mir Geschenke mit, ist eifersüchtig auf andere weibliche Patienten, bleibt an der Tür stehen und sieht mich strahlend an, setzt sich auf der Couch wieder auf und lächelt mich an, legt sich dann auf den Bauch, um mich dauernd anzuschauen. Auf meine Deutungen reagiert sie entweder mit lächelndem Überhören oder, wenn ich intensiver werde, mit der Drohung, wenn ich sie nicht möge, werde sie wegbleiben. Es ist mir nicht gelungen, diese infantile Übertragung zu deuten. Was geschah, war, daß die Patientin selbst nicht mehr damit fertig wurde, das Unverhältnismäßige daran spürte und über Nacht die Projektion zurücknahm. Zur nächsten Stunde erschien sie bleich, mit bösem Gesicht und in Schwarz. Die alte selbstzerstörerische Haltung war wieder da. Versuche, über das Gewesene zu sprechen, scheiterten an ihrer Verschämtheit. Als es mir dann einige Wochen später doch gelang, verstand sie etwas von dem, was geschehen war.

f) Die Identifikation mit den introjizierten bösen Objekten kann derart zur Charakterstruktur werden, daß Wahrnehmungen von Trieben oder von Teilaspekten guter Objekte – der Mutter, die Freude an der motorischen Entwicklung des Kindes hat, die ihm gerne etwas Gutes gekocht hat, etc. – nicht mehr mit dem bekannten „Nicht-wissen-Wollen", sondern mit dem folgenschweren „Nicht-sein-Wollen" abgewehrt werden. Hier ist die Therapie meist am Ende, bevor sie angefangen hat. Ich versuche in diesen Fällen, diesen Tatbestand klar zu formulieren, mit der Tendenz, das sei auch eine Lebensform und der Betreffende habe ja bereits viele Jahre erfolgreich mit ihr gelebt. Ich hoffe dabei darauf, daß das perfektionistische Über-Ich sagt, daß es aber so nicht leben wolle, und daß das Subjekt verlangt, von seinen körperlichen Beschwerden, die es in die Analyse gebracht haben, befreit zu werden.

g) Daß das Ich sich in der Übertragung so verhält, wie es sich dem Über-Ich gegenüber verhält – gefügig und liebessehnsüchtig –, bedeutet für die Technik, daß man mit der Deutung dieses Verhältnisses vorsichtig sein muß. Die klassische Widerstandsdeutung würde hier ein Wertsystem an der Wurzel treffen.

h) Eine der schlimmsten Folgen dieser Umkehr ist die, daß die Bearbeitung der bösen Projekte das Feld beherrscht, die guten Introjekte hingegen nicht in das Übertragungsfeld eintreten können. Das bedeutet, daß sie eine geringere Möglichkeit haben, in der Übertragung zur Sprache zu kommen und im Spannungsfeld zum Analytiker wiedererlebt zu werden.

Dies will ich an einem kleinen Ausschnitt aus einer Analyse mit einer Patientin, die bei einer hysterisch-phallischen Struktur ein extrem strenges Über-Ich besaß, verdeutlichen:

> Die Stunden mit der 40jährigen Frau eines bekannten Arztes verlaufen über Monate immer in der gleichen Weise: Sie berichtet etwas von zu Hause, von der Arbeit, von ihrem Mann, oder erzählt ein – meist sehr kleines – Traumstück. Dann schweigt sie entweder, oft bis zu 10 Minuten, oder beginnt in abgehackten Sätzen, oft nicht mehr verständlich, weil nur noch aus einzelnen Worten bestehend, zu sprechen, macht Pausen, fährt fort, fängt wieder von vorne an, schweigt. Das Ganze wird von dauerndem Ächzen und Stöhnen begleitet. Nach einiger Zeit fährt sie mich an: „Was soll ich Ihnen das alles erzählen, das wollen Sie ja doch nicht hören. Sie denken, warum erzählt die all diesen Quatsch, Unsinn, Blödsinn. Das muß Sie ja auch furchtbar langweilen, denn Sie kennen das ja alles bereits. Ich habe das ja schon so oft erzählt. Ach, das ist alles zu dumm, zu blöd, zu lächerlich." –
> „Jetzt stellen Sie ab, denken an etwas anderes, vielleicht an eine andere Patientin, die intelligenter und differenzierter ist als ich, die etwas von Psychoanalyse, von Traumdeutung versteht. Die liefert Ihnen dann Material und Einfälle, mit denen sie etwas machen können." –
> „Jetzt bewegen Sie sich in Ihrem Sessel, sehen Sie, Sie werden ungeduldig, langweilen sich, halten es mit mir nicht mehr aus." Eine andere Variation ist die folgende: „Sie haben mich bei der Begrüßung im Wartezimmer streng und abweisend angeschaut, ja, sagen Sie doch, daß Sie nicht mehr mit mir arbeiten wollen. Sie sind abgestoßen von mir, finden mich schrecklich."

Die Arbeit am Über-Ich, so hart sie sein mag, bringt für den Analytiker, der an gesellschaftlichen und politischen Fragen interessiert ist, wenn sie gelingt, auch etwas sehr Erfreuliches mit sich. Sein Patient wird nicht nur frei von pathologischen Schuldgefühlen, er wird auch erstmalig in seinem Leben frei für die Wahrnehmung echten Unrechts, und damit erfährt er erstmalig *echte* Schuldgefühle. So entdeckte einer meiner Patienten, ein Lehrer, am Ende der Therapie, daß das Schulsystem in Bayern Chancengleichheit unmöglich mache. Dieses Unrecht machte ihn echt leiden, und seine lange schweigende Duldung wie auch seine jetzige Ohnmacht, dem unmittelbar Abhilfe zu verschaffen, bereiteten ihm *echte* Schuldgefühle.

Hier erkennen wir eine sehr tiefe Verankerung der Herrschaftsstruktur in unseren Patienten, die sehr wirkungsvoll ist: Der Über-Ich-Mensch ist politisch lahmgelegt, weil er auf seinem Privattheater das Schuld-Bestrafungs-Spiel der frühen Kindheit weiterspielt. Aber er bleibt auch dann politisch ohne Wirkung, wenn er die Introjektion als

Projektion in die Welt wirft. Er wird dann ein Hasser, ein Zerstörer, ein Auflehner oder Rebell – aber nicht gegen die reale Welt, sondern gegen die bösen Introjekte aus der frühen Kindheit. Damit richtet er in der politischen Realität nichts aus. Im Gegenteil! Seine Abhängigkeit von den infantilen Objekten macht ihn in jeder Richtung manipulierbar.

Ganz ohne Zweifel hat sich im Verlaufe der letzten 50 Jahre aufgrund gesellschaftlicher Umschichtungsprozesse (vor allem unter dem Einfluß der beiden Weltkriege mit ihrer speziellen Konsequenz, daß zwei Generationen zeitweise und viele für immer ohne Vater aufwuchsen) die Über-Ich-Struktur entscheidend verändert (Lincke, 1970). Aber noch sind diese Veränderungen nicht untersucht, und demzufolge hat die therapeutische Technik noch keinen Nutzen davon.

Es ist nicht abzusehen, von welcher Seite die Hilfe gegen diese Volksseuche kommen kann. Werden Aufklärung und Erziehung dafür sorgen können, daß künftige Generationen ein milderes Über-Ich haben werden, oder müssen die gesellschaftlichen Bedingungen grundlegend geändert werden, damit es besser werden kann? Fest steht nur eines, daß die Betrachtung des Problems vom theoretischen und technischen Standpunkt der Psychoanalyse aus zwar der Psychoanalyse nutzt[12], aber nur wenig zur Bekämpfung der Seuche beiträgt. Für diese letztgenannte Aufgabe ist die Psychoanalyse aber auch schlecht ausgerüstet, weil sie selbst ein überstrenges Über-Ich vertritt, das ihr wenig bewußt ist. Wie die bürgerliche Mittelstandsgesellschaft, zu der sie gehört, schleppt sie es als unbewußte, kulturimmanente Ideologie mit sich. So sagt Freud über Dostojewski, daß er kein sittlicher Mensch war, denn: „Sittlich ist jener, der schon auf die innerlich verspürte Versuchung reagiert, ohne ihr nachzugeben. Wer abwechselnd sündigt und dann in seiner Reue

---

12 Hatte Ferenczi z. B. den Anfang eines neuen Fadens in der Hand, als er in seinem Aufsatz „Phantasien über ein biologisches Vorbild der Über-Ich-Bildung" notierte: „Das Aufgefressenwerden ist schließlich auch eine Form der Existenz" (1930, S. 229), oder war sein Denken zu dieser Zeit bereits den biologischen Erfahrungen der Destruktion im eigenen Körper zum Opfer gefallen, wie das seines Meisters und Freundes, der den Todestrieb entdeckte, als das Karzinom ihn befiel? (Ferenczi litt zum Zeitpunkt, als er dies schrieb, bereits an der beginnenden Zerstörung durch die Leukämie.)

hohe sittliche Forderungen aufstellt, der setzt sich dem Vorwurf aus, daß er sich's zu bequem gemacht hat. Er hat das Wesentliche an der Sittlichkeit, den Verzicht, nicht geleistet ..." (1928, S. 399 f.). Und so lebt denn der Analytiker – früher mehr als heute – im Brennpunkt des Über-Ich-Problems und verlangt von sich das fast Unmögliche: Tag für Tag vertritt er die Ansprüche der Liebe und der Aggression seiner Patienten – verpflichtet sich aber selbst zu einer totalen Abstinenz. Wenn das bewußt geschieht, wenn es eine Funktion in seiner Arbeitswelt ist, die er distanziert ausübt, ist es nichts als eine spezielle Berufsschwierigkeit. Aber dahinter steht eine Ideologie, die geneigt ist, diesen Lebensstil zu verherrlichen. Das erkennt man einmal daran, daß viele auch in ihrem Privatleben diese Haltung fortsetzen und zum anderen wenig Toleranz gegenüber Kollegen besteht, die neben ihrem Beruf ganz andere, z. B. triebfreundliche Dinge tun. Aus diesem Geist der strengen Disziplin entstand die Verurteilung aller Reaktionen des Analytikers auf seinen Patienten als Agieren. So konnte das Ideal des schweigenden Analytikers entstehen, der seinen Patienten nur als Spiegel dienen (welche Ungeheuerlichkeit des Über-Ichs!) und ausschließlich klären und deuten will. An keiner anderen Stelle wird so deutlich, daß der Analytiker aus der Analyse ein Gefängnis *für sich* macht. Denn der Spielraum für die Übernahme der therapeutischen Funktion ist sehr groß und erlaubt – natürlich kontrolliert und wissend, daß es sich um eine Funktion handelt – mehr eigenes Leben zu verwirklichen, als das psychoanalytische Über-Ich gestattet. Freud hat diese Selbstbegrenzung auf Schweigen und Deuten persönlich nicht lange mitgemacht (dadurch, daß er es uns nicht offiziell mitgeteilt hat, hat er zur Aufrichtung der ehernen psychoanalytischen Gesetzestafel beigetragen). Nur aus seinen Briefen erfahren wir davon. Eduardo Weiss gab er den Ratschlag, die Abwehr seiner Patientin, die ihre Übertragungsgefühle nicht zulassen konnte, durch Erhöhung des Triebdrucks anzugehen. Er solle die Stunde so legen, daß die Patientin anschließend an ihre Stunde einer anderen begegne – jung und charmant –, die Weiss sehr liebenswürdig begrüßen solle. Die dadurch entstehende Eifersucht werde dann ihre Wirkung nicht verfehlen (S. Freud u. E. Weiss, 1970). Als ich diese Geschichte im Kreise älterer Analytiker erzählte, genierten sie sich für ihren Lehrer.

Übertragung und Gegenübertragung bei Patienten mit schwerer Über-Ich-Störung

Die Bedeutung des Über-Ichs in der Ätiologie der Neurosen ist in ihrem vollen Ausmaß erst sehr spät von Freud (1923) entdeckt worden. Dann hat es noch lange gedauert – sehen wir von den Pionierarbeiten von Jones (1923), Alexander (1925), Radó (1924) und vor allem Strachey (1934) ab –, bis die ersten Versuche unternommen wurden, die Konsequenzen dieser Erkenntnis für die Theorie der Technik wie für die Praxis der Therapie zu ziehen. Diese außergewöhnlich lange Reaktionszeit gründet zum einen in Freuds Feststellung, daß er zur Theorie der psychoanalytischen Therapie nach der Entwicklung der Ich-Psychologie und der grundlegend neuen Ansichten über das Über-Ich nichts hinzuzufügen habe, was er nicht bereits vor 15 Jahren in den „Vorlesungen zur Einführung in die Psychoanalyse" (1916–1917) formuliert habe (1933, S. 163); zum anderen in seiner Skepsis bezüglich der Möglichkeit, die Über-Ich-Pathologie durch psychoanalytische Behandlung günstig zu beeinflussen (Cremerius, 1977). Anna Freud hat das Thema wieder in die Diskussion zu bringen versucht:

„Solange wir uns mit der Triebabwehr des erwachsenen Neurotikers allein befassen, ist unsere Meinung vom Über-Ich eine sehr hohe. Das Über-Ich erscheint hier als der Urheber aller Neurosen. Das Über-Ich ist der Störenfried, der kein freundliches Übereinkommen zwischen Ich und Trieb zustande kommen läßt. Es präsentiert die Idealforderungen, die die Sexualität verpönen und die Aggression für unsozial erklären. Es fordert Sexualentsagung und Aggressionseinschränkung in einem Maß, das mit psychischer Gesundheit nicht mehr verträglich ist. Es nimmt dem Ich alle Selbständigkeit, drückt es zu dem Vollstrecker seiner Wünsche herab und macht es dadurch triebfeindlich und genußunfähig. Das Studium der Abwehrsituation der Neurose des Erwachsenen drängt uns dazu, in der Therapie die analytische Zersetzungsarbeit am Über-Ich ganz besonders zu berücksichtigen. Eine Herabsetzung, Milderung oder – wie manche es extrem ausdrücken – eine Zertrümmerung des Über-Ichs muß das Ich entlasten und für den neurotischen Konflikt wenigstens von einer Seite her Erleichterung bringen" (1936, S. 63).

Diese ermutigend klingenden Feststellungen haben nicht das Echo gefunden, das sie verdient hätten. So ist es zu verstehen, daß Rangell 1974 die Analytiker erneut auffordert, das Über-Ich mit derselben Intensität in die Behandlung einzubeziehen, wie das bisher beim Ich und beim Es der Fall war (1974, S. 948).

Mittlerweile übersehen wir, warum dieser Zuruf Rangells notwendig war. Es zeigt sich nämlich, daß es nicht mangelndes Interesse ist, das die Analytiker von diesem Gebiet fernhält, sondern die außerordentliche Schwierigkeit, therapeutisch erfolgreich damit umzugehen. Immerhin sind wir doch mittlerweile so weit vorangekommen, daß wir in der Lage sind, die Faktoren benennen zu können, die dafür verantwortlich zu machen sind:
1. Die Herkunft des Über-Ichs aus genetisch frühen, d. i. prägenitalen Stadien der Trieb- und Ich-Entwicklung, die vor allem impliziert, daß der Haß der Liebe vorausgeht;
2. die in unserer Kultur häufige zeitliche Umkehr der Ich- und Über-Ich-Entwicklung;
3. die Beziehung des Über-Ichs zum Sado-Masochismus;
4. seine Verknüpfung mit dem Narzißmus;
5. seine Natur als Symptom- oder Kompromißbildung;
6. sein Eingebettetsein in unserer Kultur.

Zu Punkt 5 und 6 will ich einige Anmerkungen machen, zuerst zur Natur des Über-Ichs als Symptom- oder Kompromißbildung. Hier ist das verhängnisvolle Moment darin zu sehen, daß es gleichzeitig den *endgültigen* Verzicht auf die inzestuösen Liebesobjekte und das *lebenslängliche* Festhalten an ihnen (in introjizierter Form) verkörpert. Es strebt nach außen Unabhängigkeit durch Befreiung von den Bindungen an die Objekte der Kindheit an und fordert gleichzeitig innen das Gegenteil, nämlich Unterwerfung unter die Gebote dieser Objekte.

„Kompromisse von der Art von Symptombildungen pflegen", stellt Lincke fest, „da ichfremd, in Konflikt mit dem Ich zu geraten, ein Schicksal, dem auch das Überich unterworfen ist. Was dieses ‚Symptom' aber zu einem ganz besonders tückischen macht, ist der Umstand, daß sein Fehlen in unserer Kultur noch schlimmere Folgen hat als sein Besitz [...] Da das ‚Symptom' selbst unangreifbar ist," [weil kulturimmanent] „kann sich die Abwehr nur gegen dessen Folgen richten" (Lincke, 1970, S. 381 f.).

Nun zu den kulturellen Momenten, die erklären helfen, warum das Über-Ich in unserer Gesellschaft „als Urheber aller Neurosen" (A. Freud, a. a. O.) erscheint und so schwer behandelbar ist:
1. Die intensive und lange affektive Beziehung des Kindes zu zwei Objekten, auf die alle Libido verteilt wird und die dann introjiziert

werden. Diese Introjekte sind der einzige Garant für die Abwendung des Ichs von den ödipalen Strebungen. Als Matrix des Über-Ichs vermitteln sie diesem die Ambivalenz von Liebe und Haß;
2. Die Vater-Identifizierung findet eine starke Stütze in der Religion. In der Kommunion identifiziert sich der Christ immer wieder mit dem gekreuzigten Gott. Hier wird die präödipal und ödipal erworbene Koppelung zwischen Über-Ich und Masochismus wiederholt und verewigt. Solcher Art wird eine Ermäßigung des Über-Ichs durch die Lebenserfahrung erschwert[1].

Es ist auch Kritik an Freuds Skepsis laut geworden, daß schwere Formen der Über-Ich-Pathologie, wie z. B. die „negative therapeutische Reaktion", nur schwer psychoanalytisch behandelbar seien (Reich, 1934; Olinick, 1964). Beide Autoren sind der Ansicht, daß ein Ereignis wie die „negative therapeutische Reaktion" oft erst durch mangelhafte analytische Technik zustandekomme – also vermeidbar sei.

Diese Vorbemerkungen machen verständlich, daß das Thema, das ich hier behandeln will, bisher kaum bearbeitet worden ist – weder unter dem Gesichtspunkt der Übertragung, noch unter dem der Gegenübertragung. Letzteres erstaunt weniger, weil die Beschreibung von Übertragungsreaktionen in der Regel solange leichtfällt, wie sie uns nicht selbst betreffen. Mit dieser Scheu des Analytikers, sich selbst als Person zum Gegenstand zu machen, nach außen hin sichtbar zu werden, bin ich bereits mitten im Thema, und zwar dem Teil desselben, der den Analytiker betrifft.

Wegen ihrer Verwobenheit mit der bestehenden Kultur hat die Psychoanalyse als Wissenschaft wie als Institution die Über-Ich-Pathologie erst sehr spät erkannt. Erst in einem zweiten Anlauf, rund 30 Jahre nachdem sie ihre aufklärerische Forderung, das Verdrängte bewußt zu machen, erhoben hatte, wurde deutlich, daß diese Forderung auch auf das Über-Ich auszudehnen sei, wenn der aufklärerische Gedanke der

---

1 Anna Freud greift hier einen Gedanken Sigmund Freuds auf: „Die gemeinsame Ätiologie für den Ausbruch einer Psychoneurose oder Psychose bleibt immer die Versagung ... Diese Versagung ist im letzten Grunde immer eine äußere; im einzelnen Fall kann sie von jener inneren Instanz (im Über-Ich) ausgehen, welche die Vertretung der Realitätsforderung übernommen hat" (S. Freud, 1924, S. 390).

Psychoanalyse nicht auf halbem Wege stehenbleiben sollte. Vergleicht man den Erfolg der beiden Unternehmungen miteinander, so ist leicht zu sehen, daß die Bewußtmachung des Über-Ichs nicht jene Tiefe erreichte wie die des Verdrängten. Dafür gibt es viele Gründe. Einer liegt ohne Zweifel in der Person Freuds, der mit einem strengen Über-Ich lebte, das ihm z. T. nicht bewußt war. Ohne diese Über-Ich-Struktur ihres Begründers hätte die Gefahr bestanden, daß aus der Psychoanalyse ein Klub für sexuelle Libertinage geworden wäre. So hat Freud wohl nicht gesehen, daß das psychoanalytische Credo, „wo Es war, soll Ich werden", wo das Lustprinzip herrschte, soll das Realitätsprinzip reagieren, nicht nur im Dienste des Ichs, sondern auch des Über-Ichs steht. Es war erst Wilhelm Reich, der das klar erkannte und feststellte, daß innerhalb des Realitätsprinzips mehr Triebglück möglich sei, als die psychoanalytische Theorie anerkannte.

Was Freud vor allem bei der Beschäftigung mit den Neurosen interessierte, ja, eigentlich faszinierte, war das Es. Und zwar im Grunde in einem streng genommen philosophischen Sinne. Es war der Gedanke, „daß das, was wir unser Ich heißen, sich im Leben wesentlich passiv verhält, daß wir ‚gelebt' werden von unbekannten, unbeherrschbaren Mächten"[2], denen er den Namen „Es" gab. Daß dasselbe vom Über-Ich zu sagen sei, daß mit demselben Recht auch von ihm behauptet werden kann, daß wir von ihm „gelebt" werden, hat Freud zwar begrifflich verstanden, aber es ist ihm nie so lebendig geworden, er hat dafür nie so engagierte Worte gefunden wie für das Es.

Forderungen wie die, täglich viele Stunden über Jahrzehnte für die Patienten eine Spiegelfunktion zu übernehmen, schweigend zuzuhören und „wie ein Chirurg mit Gefühlskälte" zu arbeiten (Freud, 1912, S. 381), übersteigen bei weitem die Leistungsfähigkeit des Ichs – sie entstammen der Welt des Über-Ichs. Dasselbe gilt für die Therapieziele der Psychoanalyse. Auch sie stellen hohe Ideale dar, die de facto kaum

---

2 Freud bezieht sich hier auf einen Satz Groddecks, von dem er den Ausdruck „Es" übernahm: „Ich bin der Ansicht, daß der Mensch vom Unbekannten gelebt wird. In ihm ist ein Es, irgendein wunderbares, das alles, was er tut und was mit ihm geschieht, regelt. Der Satz ‚ich lebe' ist nur bedingt richtig, er drückt ein kleines Teilphänomen von der Grundwahrheit aus: ‚Der Mensch wird vom Es gelebt'" (1923, S. 18).

erreichbar sind: der Genitalprimat und der Verzicht der Frau auf die phallischen Phantasien. Sind nicht auch Entwicklungen der analen oder der phallischen Form menschlichen Lebens denkbar – der Finanzmann, der Sammler, der Entdecker, Abenteurer, Flieger –, die nicht geringer zu bewerten sind als die Entwicklungsformen der Genitalität? Muß diese ganze reiche Welt des Erlebens notwendigerweise in den engen Bereich der Vorlust verbannt werden? Oder die Stellung der Frau! Ist nur jener Verzicht die Voraussetzung echter weiblicher Existenz? Gibt es nicht viele andere mögliche Lebensformen der Frau in einer sich verändernden Gesellschaft? Auch die „Ratschläge für den Arzt bei der psychoanalytischen Behandlung", die Freud 1912 erteilt, sind Über-Ich-Forderungen. Wird da nicht Unmögliches verlangt? Der Arzt solle während der Behandlung eine „gleichschwebende Aufmerksamkeit" (S. 377) und die Fähigkeit, sich seines Unbewußten als eines Analyse-Instruments bedienen (S. 382), mit der „Gefühlskälte des Chirurgen" verbinden, der alle Affekte und selbst sein menschliches Mitleid beiseite dränge, um die Operation so kunstgerecht als möglich zu vollziehen (S. 380 f.). Bei R. Fliess (1942), wie bei vielen anderen Analytikern nach Freud, wird diese Forderung noch gesteigert: Der Analytiker müsse bei der Arbeit eine „Ausnahmeperson" werden, insofern, als er ein „Arbeits-Ich" mit spezieller Struktur annehmen müsse, das den schwersten Einschränkungen unterworfen sei. Man fragt sich verwundert, wie ein solches Ich unter dem Zwang des Über-Ichs noch kreativ sein, noch mitschwingen, mitfühlen kann.

Klauber (1975) hat in einer sehr humanen, das analytische Dilemma jenseits von Orthodoxie und Schönfärberei darstellenden Reflexion, die vom Über-Ich bestimmte Position des Analytikers während der Behandlungssituation beschrieben. Hier zeigt er, was alles vom Analytiker an Leistungen verlangt wird, die weit über das hinausgehen, was das Ich zu leisten imstande ist:

Es wird von ihm verlangt, daß er zunehmend vertrauter mit einem Menschen wird – vertrauter, als es in irgendeiner beruflich bestimmten menschlichen Beziehung sonstwo gefordert wird –, zu dem keine wirkliche, befriedigende Objektbeziehung erlaubt ist; er soll die höchst mögliche Nähe zu seinem Patienten suchen, sich empathisch in ihn einfühlen, ja, sich mit ihm zeitweise identifizieren, und zugleich eine maximale Distanz zu ihm wahren, eine Distanz, aus der heraus er forscht, experimentiert und seine Funde und Befunde systematisch in einer Begriffssprache ordnet; ihm ist auferlegt, die gegensätzlichen Tugenden, welche die psychoanalytische Moralität implizit enthält, in sich zu vereinen und dennoch eine eindeutige Identität zu bewahren. Er soll die Ansprüche von Liebe und Aggression seiner Patienten verstehen und sie gegen ihre neurotischen Ängste, Abwehrmechanismen und Über-Ich-Kontrollen vertreten – sich selbst aber in einer totalen Abstinenz verpflichtet fühlen.

Daß es sich hier um eine Über-Ich-Thematik handelt, erkennen wir daran, daß, wie Klauber feststellt, diese Probleme in der psychoanalytischen Literatur kaum behandelt werden. Sie werden verleugnet. Warum aber? Weil das Über-Ich nicht zuläßt, daß wir die Schwierigkeiten und Unsicherheiten offen zugeben und als solche miteinander diskutieren. Vom Ich her gesehen ist eigentlich kein plausibler Grund vorhanden, sich zu schämen. Denn genau besehen handelt es sich um nichts anderes als berufsspezifische Probleme. Vor dem Über-Ich findet diese Argumentation jedoch kein Gehör. Es mißt den Analytiker an Idealen. Und die hat noch keiner von uns erfüllen können.

Wenn wir verstehen wollen, was und wie ein Patient überträgt, gehen wir in der Regel so vor, daß wir uns zunächst die Besonderheiten seiner Struktur klarmachen, seiner Trieb-, Ich- und Über-Ich-Struktur. Von dorther ergeben sich bestimmte regelhafte, überindividuelle Tendenzen und Muster. Ich will versuchen, sie für den Patienten mit einer pathologischen Über-Ich-Struktur aus derselben heraus zu entwickeln. Dabei beschränke ich mich auf den von Freud gegebenen und von Ferenczi, Anna Freud, Edward Glover und René Spitz weiterentwickelten Ansatz, lasse also die Über-Ich-Theorie von Melanie Klein unberücksichtigt. (Ihre Position ist – verkürzt –: Das Über-Ich ist von Anfang an in rudimentärer, archaischer Form vorhanden. Anstatt die Entwicklung des Ichs sozusagen zu verlängern, indem es sich von diesem differenziert, eine Substruktur desselben bildet – so Freuds Theorie –, gehe es ihm voraus. Diese Theorie impliziert, wie schon allein aus der Genese des Über-Ichs in einer präverbalen Phase verständlich wird, ganz andere Übertragungs- und Gegenübertragungskonzepte.) Bei der Darstellung der einzelnen Aspekte des Über-Ichs im Übertragungs- und Gegenübertragungsfeld lasse ich den ödipalen Aspekt aus, weil er allgemein bekannt ist und in der Regel nicht zu jenen schweren Formen von Über-Ich-Pathologie führt, auf die ich hier speziell eingehen will.

Während es nicht schwierig sein dürfte, eine Systematik der spezifischen Übertragungsformen von Patienten mit überstrengem Über-Ich zu geben, stellen sich derselben Aufgabe für die Gegenübertragung große Hindernisse entgegen, weil die Gegenübertragung des Analytikers je nach der Person des Analytikers variiert. Hier stößt ein Systematisierungsversuch auf die Tatsache, daß einer bestimmten Übertragungsform so viele Gegenübertragungsformen entsprechen, wie es Trieb-, Ich- und Über-Ich-Strukturen gibt. Ein Analytiker, der z. B. selber ein strenges Über-Ich hat, wird eine andere Gegenübertragung entwickeln als ein Analytiker mit einem sehr milden, freundlichen Über-Ich, und ein Analytiker mit einer oralen Struktur wird anders reagieren als ein Analytiker mit einer analen Struktur. Die Mannigfaltigkeit und Buntheit der Gegenübertragung ist aus diesem Grunde nie vollständig darstellbar.

Ich beginne mit der Darstellung von Übertragungsformen bei Patienten, deren Über-Ich sich vor allem in der analen Phase entwickelt hat. Das ist der Zeitpunkt in der Sozialisation, in dem in unserem Kulturbereich starke Über-Ich-Kerne gebildet werden. Diese Phase erscheint vielen psychoanalytischen Forschern für die Über-Ich-Bildung bedeutsamer als die ödipale, in der Freud sie vorwiegend lokalisierte, z. B. Carl Müller-Braunschweig (1921). Der Entdecker dieses Phänomens war Ferenczi. Er gab ihm auch eine überzeugende Bezeichnung. Er sprach von „Sphinktermoral". In der Übertragung machen sich in diesem Zusammenhang Tendenzen, zu kontrollieren und zu beherrschen geltend – im Wechsel mit dem Wunsch, beherrscht und kontrolliert zu werden. Die Gegenübertragung nimmt hier in der Regel die Form der Abwehr dieser Tendenzen an. Oft, wenn der Kontrollzwang sehr stark ist und ihm sich quälerische, streitsuchende Tendenzen der analen Struktur zugesellen, kann die Bedrängnis des Analytikers so groß werden, daß es zur Rollenumkehr kommt. Es ist leicht zu verstehen, daß sich der Analytiker damit genau dahin hat manipulieren lassen, wohin er sollte, nämlich in die Position der bedrängenden, fordernden und beherrschenden Mutter. Dieses Übertragungs-/Gegenübertragungsgeschehen wiederholt genau die ursprüngliche Szene zwischen Mutter und Kind. Mir hat in den Bedrängnissen solcher Stunden eine Entdeckung Carl Müller-Braunschweigs sehr geholfen. 1921 bemerkte er, daß die Stärke des Über-Ichs in der ödipalen Phase geringer sei als während der Reinlichkeitserziehung, weil das Kind in der Ödipusphase auf etwas verzichten müsse, was es real nie besessen habe – das inzestuöse Objekt –; am Ende der analen Phase müsse es jedoch auf ein Glück verzichten, welches es einmal real und restlos ausleben durfte.

Anders sieht die Übertragung analer Über-Ich-Kerne aus, wenn sie vor allem durch Leistungsdruck und Schuldgefühle bestimmt wird. Die Patienten machen dann aus den Therapiestunden eine Art Klassenarbeit. Sie tun alles, um die Grundregel, aus der sie ein phantastisches Monstrum machen, zu erfüllen. Um ja nicht zu versagen, müssen sie sich zu Hause vorbereiten, nachdenken, Protokolle über die Stunden machen, psychoanalytische Literatur lesen etc. Die hier provozierte Gegenübertragung ist die der Unzufriedenheit. Die Wiederholung der immer gleichen präfabrizierten, kontrollierten Einfälle, die das verhindern sollen, was der Analytiker gerne täte, nämlich am Konfliktmaterial arbeiten, breitet allmählich einen Schleier grauer Langeweile über die Stunden. Auch hier steht die Gegenübertragung (wie im vorhergehenden Fall) genau an der Stelle, wo das Unbewußte des Patienten sie haben will. Geben wir aus ihr heraus die theoretisch gesehen richtigen Deutungen, nämlich, daß es sich um einen Widerstand gegen die Analyse, den freien Einfall handelt – und zwar aus Angst vor der eigenen Spontaneität –, so befriedigen wir nur die Wünsche des Patienten, der Analytiker möge mit ihm unzufrieden sein und ihn schelten. Er unterwirft sich unserer Deutung, bereitet sich nicht mehr vor, kommt nicht mehr mit präpariertem Material. Dafür beginnt jetzt eine andere Kette, an deren Ende auch wieder beide, Patient und Analytiker, unzufrieden sind: Der Patient klagt Stunde für Stunde darüber, daß ihm nichts einfalle, daß die Einfälle an der Oberfläche blieben, keine Kindheitserinnerungen auftauchen, kein tiefes unbewußtes Material kommt, daß er nur selten träumt und dann meist Teile der Träume vergißt etc. Von unserer Widerstandsdeutung hört der Patient nur eines und antwortet dementsprechend: daß es ihm leid täte, seine Sache so schlecht gemacht zu haben etc. Aber er sei eben so unfähig und wahrscheinlich für eine analytische Behandlung nicht geeignet. Was ist hier passiert? Dem Patienten ist es gelungen, seine intrapsychische Spannung nach außen in die Übertragung zu verlagern. Ich meine die Spannung zwischen seinem Ich und seinem Über-Ich, die aus der permanenten Unzufriedenheit des Über-Ichs mit dem Ich resultiert. Der tiefere Grund derselben ist, wie wir wissen, die Angst des Über-Ichs, das Ich könnte seine Funktion als Anwalt von Triebwünschen wieder wahrnehmen. Mit diesem projektiven Mechanismus befreit sich der Patient vom inneren Konfliktdruck und schafft sich ein äußeres Spannungsfeld. Der Feind ist jetzt ein Außenobjekt.

Diese entlastende Projektion macht zum Beispiel das Triebglück der Alkoholiker aus, charakterisiert das Übertragungs-/Gegenübertragungsspiel mit seinem Lebensgefährten. Sie heiraten sozusagen das projizierte Über-Ich und können auf diese Weise mit einer gewissen „belle indifference" ihrem Trieb oder ihrer Abwehr, was immer ihre Sucht bedeuten mag, frönen. Sie dürfen sicher sein, daß der Partner sie wieder aufnimmt, sie zunächst pfleglich behandelt, um dann auf ihn einzureden, ihm Vorwürfe zu machen. Darauf empfindet er sich als schlecht und minderwertig, gelobt, alles zu tun, was verlangt wird. Eine Weile tut er dies auch, bis alles wieder von vorne beginnt. So gesehen verstehen wir, daß die Therapie des Alkoholikers ohne die seines Partners prinzipiell scheitern muß. Wir verstehen auch den Effekt der Anonymen Alkoholiker-Vereinigung. Ich erlebte das einmal sehr eindrucksvoll, als die Therapie eines trinkenden Mannes daran scheiterte, daß die Ehefrau ihr phallisches Vergnügen an den Rettungsphantasien nicht aufgeben konnte. Als ihr dies eines Tages durch eine eigene Therapie und in einer beginnenden Beziehung zu einem anderen Manne gelang, ereignete sich folgendes: Hatte sie bisher stets versucht, den Mann vom Trinken abzuhalten, Flaschen zu verstecken, ihm Vorhaltungen zu machen, sagte sie ihm jetzt, sie wolle diese Funktion nicht mehr übernehmen, er sei erwachsen und müsse selbst darüber entscheiden, was er wolle. Der Mann veränderte sich schlagartig, nahm die abgebrochene Therapie wieder auf und hörte auf zu trinken ...

Der Gewinn dieser projektiven Übertragung für den Patienten liegt darin, daß der Konflikt nicht mehr auf der inneren Ebene erlebt werden muß. Für die psychoanalytische Arbeit liegt er darin, daß wir ihn als interpersonale Aktion miterleben und sie dem Patienten zeigen können. Der bedeutendste Gewinn ist aber darin zu sehen, daß wir in eine Gegenübertragung versetzt werden, deren indikatorischer Wert unschätzbar ist – vorausgesetzt, daß wir nicht mit Resten unserer individuellen Neurose reagieren. Unsere Gegenübertragung zeigt uns die unbewußten Wünsche des Patienten an und setzt uns so in den Stand, die andere Hälfte der infantilen Szene, die hier an und mit uns wiederholt werden soll, zu erkennen. Das ist einmal – wie bereits gesagt – die Unzufriedenheit mit dem Patienten und zum anderen ein Gefühl von Mitleid. Würde uns die Unzufriedenheit veranlassen, Widerstandsdeutungen zu geben, so würde uns das Mitleid bewegen, Deutungen zu geben, die den Patienten ermutigen sollen und ihm zeigen wollen, daß er doch ein begabter, differenzierter Mensch sei, daß er z. B. in seinem Beruf Erfolg habe etc. Beide Reaktionen müssen wir als Ausdruck einer Gegenübertragung verstehen, die das Unbewußte des Patienten in uns auslöst. Mit Hilfe der Gegenübertragung können wir erkennen, daß der Patient zwei entgegengesetzte Wünsche hat, einmal den nach Bestrafung und Entwertung, zum anderen den nach liebevoller Bestätigung seines Werts. Diese Erkenntnis hilft uns verstehen, daß beide Deutungswege falsch sind, daß wir damit nur den projektiven Umgang des Patienten mit sich selbst fördern würden. Statt dessen müssen wir ihm den projektiven Mechanismus zeigen, ihm verstehen helfen, daß das, was zwischen uns abläuft, der inneren Entlastung dienen soll, daß etwas in ihm dauernd unzufrieden ist und sich zugleich nach Liebe und Anerkennung sehnt. Wir bringen also das in Übertragung und Gegenübertragung geteilte Geschehen in ein einheitliches zurück, deuten es als Dialog auf der inneren Bühne und begleiten den Patienten bei seinen Versuchen, ihn wieder dort hören zu lernen. So rekonstruiert sich im Übertragungsfeld ein Stück jener Kindheitsgeschichte, in deren Verlauf der Patient die überstrengen oder verfrühten Gebote und Verbote über das Ohr in sich aufgenommen hat, wo sie als „innere Stimme", wie Freud sagt, fortwirken. Dabei entdeckt der Patient auch, daß daneben ganz andere Dinge in ihm vorgehen. Ich meine die Welt der Wünsche, Impulse und Triebregungen, die er vor lauter „Du darfst nicht" und „Du sollst" wahrzunehmen verlernt hat. Er entdeckt dabei vor allem, daß er sie nicht wahrhaben will, sie nicht schätzen kann, daß er immer nur möchte, daß andere ihm Anweisungen und Liebe geben sollen. Dieser Leistungsdruck, verbunden mit der Angst vor Triebregungen, kann so groß werden, daß die Patienten schon an den Forderungen der ersten Stunden scheitern. Sie verharren im Schweigen und bringen Stunde für

Stunde nichts heraus. Sie liegen wie erstarrt, oder sie wälzen sich und stöhnen und vermitteln uns so etwas von ihrer inneren Spannung und Qual. Die Aufarbeitung dieser Übertragung gelingt, wenn wir uns wieder das schwache Ich unter dem Terror des Über-Ichs vorstellen. Wir müssen geduldig zuwarten und nur immer wieder feststellen, daß wir sehen, daß der Patient sich sehr schwer tue, sich sehr anstrenge, daß er nicht sprechen könne, weil er sich vorstelle, daß alles, was er sagen könne, den Spott, die Verachtung, das mitleidige Lächeln des Analytikers über soviel Dummheit, Naivität, Banalität und Unbedeutendheit hervorlocken müsse.

Ein anderer Aspekt des unter Leistungsdruck stehenden Patienten ist folgender: Der Patient kann die Deutungen und Konstruktionen des Analytikers nicht annehmen, weil sie ihm beweisen, daß es da etwas gibt, das er nicht weiß, nicht selbst gefunden hat. Das löst so große Beschämung aus, daß die Lernfähigkeit des Ichs eingeengt wird. Die Gegenübertragung kann hier so aussehen, daß der Analytiker ebenfalls unfähig wird zu ertragen, daß er etwas nicht versteht. Er verhärtet sich und reagiert mit Ablehnung und Beschuldigung des Patienten. Eine sehr typische Feststellung in dieser Gegenübertragungsposition ist die, daß der Patient nicht analysierbar sei. So erspart sich das Über-Ich des Analytikers die Beschämung vor etwas, das es als Niederlage erlebt.

So schwieg einer meiner Patienten zu Beginn einer Stunde lange Zeit, bis er, wie üblich, allerdings lustloser als sonst, von Unannehmlichkeiten seines Lebens, von Enttäuschungen etc. berichtete. Als ich den lustlosen Ton aufgriff und fragte, was im Schweigen vor sich gegangen sei, wehrte er ab: „Eigentlich nichts, lauter Belanglosigkeiten, nicht Erwähnenswertes." Auf mein beharrendes Verweilen bei der Lustlosigkeit wird er gereizt und aggressiv: „Sie erwarten doch wohl nicht, daß ich jeden Blödsinn mitteile. Ich komme ja zu Ihnen, um meine Probleme zu lösen, nicht aber, um dummes Zeug zu reden." Nachdem es mir gelungen war, im Gespräch zu bleiben, sagte er in einer Mischung zwischen Ärger und Beschämung, er könne mir doch nicht sagen, daß er sich heute müde fühle und sich im Schweigen etwas habe gehen lassen wollen. Es sei ihm die Phantasie gekommen, hier ein bißchen zu dösen, ja, vielleicht zu schlafen. Bevor ich etwas sagen konnte, folgten bereits Entschuldigung und Beschuldigung: Seit Tagen habe er Ärger mit seiner Frau, mit dem er nicht fertigwerden könne. So sei er die letzten Abende lange aufgesessen, habe Musik gehört, etwas gelesen, viel geraucht und noch mehr getrunken. Jetzt sei er einfach todmüde und fertig. Aber das sei ein gutes Beispiel dafür, wie schlaff er sei. Anstatt energisch bei seiner Arbeit zu bleiben und diesen Gefühlsquatsch abzuschieben, lasse er sich gehen. – In dieser Stunde konnte ich ihm wieder die Szene zwischen

Impuls und Verbot zeigen. Wir sahen miteinander, wie er mit seinen Wünschen umging, wie er sie nicht zulassen konnte. Es sei, sagte ich, wie zwischen einem Kind und seiner Mutter. Das Kind sagt, es sei müde, möchte gerne schlafen. Darauf sagte die Mutter, das sei ein unmögliches Verhalten. Es dürfe nicht so schlapp sein, den Wünschen nicht nachgeben, es solle sich schämen und sich zusammenreißen. In dieser Welt gäbe es nur Forderungen. Was fehle, sei die Berücksichtigung der Realität. Es gäbe doch gute Gründe für seine Müdigkeit. Und schlußendlich sei das eine Mutter, die wenig liebevoll sei. Hier begann der Patient zu weinen.

Ich muß auf einen möglichen Deutungsfehler hinweisen: Hätte ich im vorliegenden Fall das Schlafbedürfnis in seiner tieferen Bedeutung (passiv-feminine Bedürfnisse mir gegenüber) angesprochen – sei es auch nur in der Weise, daß ich unterstrichen hätte, er wolle hier in *meiner* Gegenwart schlafen –, hätte es leicht zu einer Verurteilung dieses Wunsches durch das Über-Ich kommen können. Die Angst des Ichs vor Liebesverlust wäre angestiegen, und die Wahrnehmung des Ichs wäre unterdrückt worden. Ich will damit sagen, daß alle Deutungen, die verdrängte Triebwünsche bewußt machen könnten, immer erst dann Aussicht auf Erfolg haben, wenn wir sicher sein können, daß die Toleranzgrenze des Über-Ichs hinreichend erhöht ist.

Daß bei solchen Patienten Schweigen, schweigendes Warten, nicht im Dienste der psychoanalytischen Technik, sondern in dem der agierten Gegenübertragung steht, ist offenkundig. Ein solcher Patient wird in der Regel nicht mehr in der Lage sein, diese Haltung des Analytikers als wohlwollende Geduld zu verstehen, sich mit ihr zu identifizieren, sie gar zu introjizieren – er wird sie nur als Strafe und Liebesentzug interpretieren.

Eine Besonderheit der Gegenübertragung muß ich noch erwähnen, die bei Patienten, die es mit ihrem hohen Über-Ich-Druck im Leben zu etwas gebracht haben, zu beobachten ist. Analytiker, die selbst unter hohem Über-Ich-Druck stehen, nehmen die Spannung auf und lassen sich zu tollen psychoanalytischen Glanzleistungen verführen. Nach einiger Zeit merken sie, daß sie damit erfolglos bleiben. Jetzt verspüren sie Enttäuschung und Ohnmacht. Dem Über-Ich des Patienten ist es gelungen, ein Außenobjekt für seine ehrgeizigen Tendenzen zu finden und es in die Rolle zu bringen, die sonst das Ich einnimmt, die Rolle eines ehrgeizigen, stets bemühten und schließlich ohnmächtig aufgebenden

Ichs. Eine andere Weise dieser Patienten, den Analytiker zu Über-Ich-haften Leistungen zu stimulieren, ist die, ihn dahin zu bringen, sich an die Stelle seines Ich-Ideals setzen zu lassen. Freud, der diese Übertragungsform 1923 erstmalig beschrieb, warnt davor, sie als Gegenübertragungsrolle anzunehmen, weil die von dem Patienten dem Analytiker zugeschriebenen Rollen des Propheten, des Seelenretters und Heilands nicht der Befreiung des Patienten dienen können (1923, S. 279 f.).

Wenden wir uns jetzt einem anderen präödipalen Aspekt des Über-Ichs zu, seiner Beziehung zum Sado-Masochismus. Freud leitet ihn aus der väterlichen Grausamkeit ab, der sich das Ich passiv-masochistisch unterwerfe. Hier kommt es zu folgenden Übertragungs-/Gegenübertragungsreaktionen: Wie ich schon sagte, bringen diese Patienten vor allem Negatives, Abträgliches über sich in die Analyse, funktionieren sie also um zu einer entlarvenden Beichte. Auf dieses Übertragungsangebot reagiert die analytische Routine mit der Überlegung, daß es sich hier um eine Widerstandsform handelt, deren Sinn es ist, anderes aus der Beziehung fernzuhalten. Dieses andere kann z. B. etwas sein, das mit narzißtischen Selbstwertideen zu tun hat, z. B. mit narzißtisch-exhibitionistischen Wünschen. Würde der Analytiker die klassische Deutungsbewegung machen und sagen: „Sie sprechen nur negativ über sich, weil Sie Angst davor haben, Ihren Wünschen, sich zu zeigen, nachzugeben", so würde das Ich des Patienten sich ertappt fühlen und mit Scham reagieren. Unter dem Einfluß des Über-Ichs kann es diese Deutung nicht akzeptieren. Es würde neue Abwehrmechanismen ins Feld führen müssen. Zugleich aber, und das wird oft übersehen, verschafft der Analytiker mit solchen Deutungen dem Patienten eine masochistische Befriedigung. Der Patient hat es fertiggebracht, im Analytiker eine leichte sadistische Gegenübertragung auszulösen, die ihn daran hinderte, das verführerische Triebgefälle zu erkennen. Ich meine damit das masochistische Bedürfnis, sich schlecht zu machen, sich zu entwerten. Die diesen Aspekt berücksichtigende Deutung müßte sich zunächst im Bereich der Beschreibung, der bloßen Benennung bewegen. Etwa so: „Da ist etwas in Ihnen, das muß sich mir gegenüber stets ins schlechte Licht stellen, weil Sie sich nur so wohlfühlen. Von der anderen Seite Ihres Lebens, den Erfolgen, Ihren guten Stunden, darf ich nichts erfahren, weil Sie sie nicht lieben können. Und so fürchten Sie, daß auch ich sie nicht lieben könnte – im Gegenteil, sie kritisieren und aburteilen würde." Erst der letzte Teil der Intervention enthält den Kern der beabsichtigten Deutung. Ich muß noch betonen, daß das, was hier in einem Satz zusammengezogen ist, u. U. in vielen kleinen Stücken, vielleicht über Stunden verteilt, mitgeteilt wird.

Bei der Analyse des Rattenmannes, der an der sado-masochistischen Phantasie litt, Ratten könnten sich in den After seiner Geliebten und seines Vaters, d. h. auch in seinen After einfressen, ist Freud in dieses Gegenübertragungsfeld hineinmanipuliert worden. Wir erinnern uns, daß der Patient Mühe hatte, Teile der Kindheit zu erinnern. Freud zwang ihn dann, seine Lebensgeschichte dreimal zu wiederholen. Endlich erinnerte sich der Patient. Dynamisch trat Freud hier an die Stelle des sadistischen Aggressors, und der Patient konnte die andere Seite seines Triebglücks, nämlich die homosexuell-masochistische, anal penetriert zu werden, in der Übertragung ungestört genießen.

Eine Variante dieser Interaktion ist, daß das Über-Ich sich mit den Deutungen wie mit einem Angreifer identifiziert und sie gegen das Ich wendet. Das gelingt vor allem dann optimal, wenn es ihm in einer präparatorischen Phase gelungen ist, die Analyse auf eine moralisierende Ebene zu heben.

So berichtete mir ein katholischer Priester immer wieder von sexuellen Aktivitäten mit jungen Mädchen aus seiner Gemeinde. Meine Gegenübertragung wurde immer negativer. Erst als ich das kleine Fegefeuer der Schuldgefühle erkannte, in dem er schmorte, und den Genuß wahrnahm, den meine Deutungen ihm bereiteten, indem er sie bereitwillig annahm, verstand ich, welches Vergnügen ich ihm im Kampf gegen das Ich bereitet hatte. Zudem hatte ich jene Funktion übernommen, die für ihn die Sittengesetze der Kirche erfüllten, nämlich die, ihm die Auseinandersetzung mit seiner inneren Welt zu ersparen. Er überließ sich gern den Strafen der Kirche, fühlte sich gern schuldig und suchte Sühnemaßnahmen. Was er damit gewann, war die Befreiung des Ichs von der Verpflichtung zu Einsicht und Entscheidung. In dem Spannungsfeld zwischen Schuld und Sühne ermöglichte ihm dieser Ablauf, Priester zu bleiben und gleichzeitig seine Triebe zu befriedigen. Erst als ich meine Gegenübertragung verstand, fand ich eine Technik, diesen Teufelskreis zu durchbrechen und eine Situation herzustellen, die ihn auf der inneren Ebene unglücklich machte, d. h. es gelang mir, etwas von seinem neurotischen Elend in menschliches Unglück zu verwandeln: die Triebbefriedigung wurde abgestellt, die Strafbedürfnisse frustriert und dann die Identifikation mit dem Angreifer gedeutet.

Hierhin gehört auch die folgende analytische Interaktionsform: Der Patient berichtet von sexuellen „Abartigkeiten", die er als sehr quälend und belastend schildert. Das kann soweit gehen, daß der Analytiker an das Vorliegen einer Perversion denkt. Bemerkt er nicht, daß hier das Ich unter dem Druck des Über-Ichs einem Bekenntniszwang unterworfen wird, so kann es geschehen, daß er sich zur Bearbeitung dieser Triebäußerungen als abartiger Sexualität entschließt. Damit geht er genau in jene Falle, die das Über-Ich aufgestellt hat. Jetzt wird über die angebotenen Probleme so gesprochen, wie das Über-Ich es will: nämlich als Abweichungen von der Norm, als Fixierungen, als Manifestationen des Lustprinzips oder als Abwehr. Damit es dazu kommt, bedarf es nicht einmal einer negativen Gegenübertragung. Die Arbeit des Analytikers ist durch die Theorie der Technik hinreichend gerechtfertigt. Hier ist nur eine Deutung situationsgerecht, nämlich die, die dieser Tendenz des Über-Ichs entgegenwirkt, dem Über-Ich die gewünschte Befriedigung versagt und dem Ich dabei hilft, mit Hilfe der Realitätsprüfung die Lage richtig zu erkennen und zu beurteilen. Ich will dies an einem Beispiel verdeutlichen:

> Ein 30jähriger Ingenieur klagt darüber, daß er stets nach den Busen der Frauen schauen müßte, daß er sich Zeitschriften kaufen müsse, in denen er erwarten könne, Abbildungen von Busen zu finden und daß er dadurch zur Masturbation stimuliert werde. Meine Versuche, diese Erlebnisse besser zu verstehen, scheiterten daran, daß der Patient jeder nüchternen, realistischen Betrachtung Widerstand entgegensetzte. Daran wurde mir klar, daß hier Kräfte am Werk waren, die alles so schlimm als möglich erscheinen lassen wollten. Er bemühte sich, mir zu versichern, wie abartig das sei und sich so recht ins schlechte Licht zu stellen. Nach langer Arbeit erfuhr ich, daß er sich in seiner Ehe nicht traute, das zu verwirklichen, was er gerne wollte, nämlich den Busen seiner Frau mit besonderer Aufmerksamkeit zu behandeln. Die Folge dieser selbst auferlegten Versagung war die zwanghafte Ausdehnung seiner Phantasien auf alle Frauen. An diese natürliche Schwierigkeit konnten wir nicht herankommen, weil er die Scham über seine Triebwünsche, die das Über-Ich für unzüchtig erklärte, auf einen Vorgang verschoben hatte, der wie eine Perversion aussah. Der wahre Sachverhalt durfte nicht gesehen werden, weil damit ich-gerechte Lösungen möglich geworden wären, weil damit der Dialog zwischen dem, der Böses tut, und dem, der es verurteilt – zwischen Sünder und Richter –, beendet gewesen wäre.

Wer diese Deutungsarbeit einmal geleistet hat, versteht die resignative Feststellung Freuds, daß man direkt gegen das beim Über-Ich zu beobachtende unbewußte Schuldgefühl nichts machen könne (1923, S. 278 f., u. 1933, S. 117 f.), und daß der Über-Ich-Widerstand sich „jedem Erfolg und demnach auch der Genesung durch die Analyse" widersetze (1926, S. 192 f.). Wer versuchen würde, die geschilderten „Abnormitäten" zu bagatellisieren, sie direkt als das zu deklarieren, was sie sind, auf ihre Normalität hinzuweisen, würde keinen Gewinn erzielen. Der Widerstand des Über-Ichs würde sich erhöhen, der Druck auf das Ich zunehmen. Das, was das Über-Ich den Triebwünschen des Ichs entgegenhält, würde es jetzt dem Analytiker entgegenhalten. Sehr oft, vielleicht regelmäßig, ist das die Stelle, wo die Beziehung zwischen Über-Ich und Narzißmus sichtbar wird. Die Patienten wehren sich gegen die Realitätsprüfung mit der Feststellung: Und wenn viele Menschen solche Dinge machen, ohne sie als krank und böse zu empfinden, auch wenn Goethe Fetischist und Michelangelo homosexuell gewesen sein sollten, so kann ich das für mich nicht anerkennen. So wie die will ich nicht sein. Ich werde weiter kämpfen und leiden, um einmal im Einklang mit meinen Prinzipien zu leben.

Freud hat in den Jahren 1920 bis 1923, in denen er das Riesenwerk seiner Ich-Über-Ich-Psychologie hinstellte, auch diese Verbindung gesehen und erklären können: Das Ich-Ideal, dem er die Funktion der Selbstbeobachtung, des moralischen Gewissens, der Traumzensur und einen Haupteinfluß bei der Verdrängung zuschreibt, sei

„der Erbe des ursprünglichen Narzißmus, in dem das kindliche Ich sich selbst genüge. Allmählich nehme sie [diese Instanz] aus den Einflüssen der Umgebung die Anforderung auf, die diese an das Ich stelle, denen das Ich nicht immer nachkommen könne, so daß der Mensch, wo er mit seinem Ich selbst nicht zufrieden sein kann, doch seine Befriedigung in dem aus dem Ich differenzierten Ichideal finden dürfe" (1921, S. 121).

Aufgrund der Genese des Über-Ichs aus präödipalen und ödipalen Introjekten, die projiziert, reintrojiziert und wieder projiziert werden können, entsteht in der Übertragung oft ein kompliziertes Introjektions-Projektions-Dilemma. Um dabei nicht den Boden unter den Füßen zu verlieren, ist es notwendig, nicht aus dem Auge zu verlieren, daß hier die introjizierten bösen Objekte die Herrschaft an sich gerissen haben. Das führt dazu, daß uns diese Patienten oft klinisch als Depressive erscheinen. Das Ich gibt sich in den schweren Fällen auf, weil es sich vom Über-Ich gehaßt und verfolgt fühlt, wie Freud sagt (1923, S. 288). Eine der schlimmsten Folgen dieser Umkehr ist, daß die Bearbeitung der projizierten bösen Objekte das Feld beherrscht, hingegen die guten Introjekte nicht in das Übertragungsfeld eintreten können. Das bedeutet, daß sie weniger Möglichkeiten haben, in der Übertragung auf den

Analytiker Sprache und im Spannungsfeld zu ihm wiedererlebt zu werden. Das wiederum führt dazu, daß die Stunden von den bösen Introjekten, die auf den Analytiker projiziert werden, beherrscht sind. Nachfolgender kleiner Abschnitt aus einer Analyse mag dies verdeutlichen:

> Die Stunden mit der 40jährigen Frau eines Juristen verlaufen über Monate immer in der gleichen Weise: Sie berichtet etwas von zu Hause, von der Arbeit, von ihrem Mann oder erzählt ein – meist sehr kleines – Traumstück. Dann schweigt sie entweder, oft bis zu 10 Minuten, oder sie beginnt, in abgehackten Sätzen, die oft nicht mehr verständlich sind, weil sie nur noch aus einzelnen Worten bestehen, zu sprechen, macht Pausen, fährt fort, fängt wieder von vorne an, schweigt. Das Ganze wird von dauerndem Ächzen und Stöhnen begleitet. Nach einiger Zeit fährt sie mich an: „Was soll ich Ihnen das alles erzählen, das wollen Sie ja doch nicht hören. Sie denken, warum erzähle sie all diesen Quatsch, Unsinn, Blödsinn. Das muß Sie ja auch furchtbar langweilen, denn Sie kennen das ja alles bereits. Ich habe das ja schon so oft erzählt. Ach, das ist alles zu dumm, zu blöd, zu lächerlich." – Nach einer Pause:
> „Jetzt stellen Sie ab, denken an etwas anderes, vielleicht an eine andere Patientin, die intelligenter und differenzierter ist als ich, die etwas von Psychoanalyse, von Traumdeutung versteht. Die liefert Ihnen dann Material und Einfälle, mit denen Sie etwas machen können." – Nach einer weiteren Pause: „Jetzt bewegen Sie sich in Ihrem Sessel, sehen Sie, Sie werden ungeduldig, langweilen sich, halten es mit mir nicht mehr aus." – Eine Variation ist: „Sie haben mich bei der Begrüßung im Wartezimmer streng und abweisend angeschaut, ja, sagen Sie doch, daß Sie nicht mehr mit mir arbeiten wollen. Sie sind abgestoßen von mir, finden mich schrecklich."

Die Gegenübertragung gestaltet sich hier in klassischer Weise in zwei Formen: Aggression und Liebe. Beide entsprechen den institutionalisierten Therapieangeboten der Kliniken, der Schocktherapie bzw. der medikamentösen Fesselung oder der verwöhnenden Zuwendung. Beides erweist sich als die ersehnte, Triebbefriedigung gewährende Gegenübertragung. Die aggressive Gegenübertragung bestätigt den Kranken in seinem Haß gegen das Ich, verschafft ihm die süße Lust des masochistischen Leidens – die liebevolle Gegenübertragung überzeugt den Kranken von der Verlogenheit der Welt, davon, daß auch der Analytiker ein böses Objekt ist. Und es gelingt den Kranken in der Regel sehr bald, diese Liebesangebote ad absurdum zu führen.

> So hatte eine 30jährige Patientin, die bereits 4mal für Monate wegen einer sog. endogenen Depression hospitalisiert worden war, ihren Therapeuten durch Selbstmorddrohungen dazu verführt, ihr zu erlauben, ihn an den Wochenenden zu Hause anrufen zu dürfen, wenn es nicht mehr ginge. Allmählich nahm sie Besitz von seinen Wochenenden. Er traute sich nicht mehr wegzugehen. Die endlosen Telefonate störten jede Erholung und

Entspannung. Bald wurde er gereizt und ärgerlich, was die Patientin triumphierend bemerkte. Es war ihr gelungen, die bösen Introjekte in der Übertragung–Gegenübertragung in die Außenwelt zu projizieren.

Zum Schluß komme ich noch zu einem Aspekt der Übertragung, den ich den kryptischen nennen will. Hier gelingt es dem Über-Ich, das psychoanalytische Setting selber zur Wiederholung seiner unbewußt-infantilen Tendenzen zu benutzen, sich darin jene Repetition zu verschaffen, die das Charakteristikum der Übertragung ist. Das gilt zuerst einmal für den Umgang dieser Patienten mit der Grundregel. Leicht übersieht hier der Analytiker, daß deren gewissenhafte, sorgfältige Einhaltung Teil einer Über-Ich-Übertragung ist. Ein Aspekt derselben ist, daß das Über-Ich hofft, auf diese Weise Liebe und Zuwendung zu erhalten. Der andere ist ein Abwehraspekt: Je strenger der Patient die Grundregel befolgt, desto sicherer darf das Über-Ich sein, daß Spontaneität, unmittelbare Gefühle und Triebimpulse nicht in das Beziehungsfeld einströmen. Hier werden zwei Fliegen mit einer Klappe geschlagen. Genauer wäre es, von drei Fliegen zu sprechen. Denn gleichzeitig zieht auch das Ich aus der Unterwerfung unter die Grundregel Übertragungsgenuß: Es darf klein, unfrei und passiv bleiben, muß sich nicht der offenen, unmittelbaren Beziehung aussetzen, von der es glaubt, daß sie voller Gefahr sei. Die Grundregel dient ihm also als Geländer, an dem es sich festhalten kann, als Regel, deren Befolgung Schutz vor unbekannten Impulsen gewährt. – Leicht läßt sich die Grundregel noch zur Übertragung des Beicht- und Bekenntniszwanges des Über-Ichs mißbrauchen. Die Forderung, alles zu sagen, woran man denkt, was man fühlt etc., damit das Ich davon Kenntnis nehmen und es sich durch Sprache aneignen kann, wird umfunktioniert zur Befriedigung des Bedürfnisses, sich als böse anzuklagen. Der Gewinn, den diese Übertragung einbringt, ist der, daß das Über-Ich sich agierend entlastet und das Ich frohlockt, weil ihm die Durcharbeitung seiner Situation, das Erkennen und Entscheiden, die Übernahme von Autonomie erspart bleibt.

Wir verstehen, daß hier etwas geschieht, das wir in der Regel entschieden zu vermeiden bemüht sind, daß nämlich die Therapie der Triebbefriedigung dient. Daß dies in einem solchen Fall kaum zu erkennen ist, liegt sowohl an der schwer durchschaubaren Maskierung der

Triebbefriedigung im formalen Aspekt des Settings wie daran, daß der Patient in dieser Situation mit einer positiven Gegenübertragung von seiten des Analytikers rechnen kann. Der Patient gefällt uns wegen seiner Pünktlichkeit, der moralischen Redlichkeit und Ernsthaftigkeit, mit der er das sog. Arbeitsbündnis einhält. Das Erkennen dieser Gegenübertragung hieße, daß der Analytiker die Therapie in die Abstinenz und damit in einen Zustand erhöhter Spannung und unangenehmer Schwierigkeiten zurückführte. Aus dem guten Patienten würde, wenn wir mit unseren Maßnahmen Erfolg hätten, ein schwieriger Patient, der alles das, wogegen sein Über-Ich wie eine Reaktionsbildung errichtet wurde, nun in der Analyse, an und mit uns, wiederholen müßte.

Zu diesem kryptischen Aspekt der Über-Ich-Übertragung in das Setting gehört noch die masochistische Triebbefriedigung aus demselben. Das Ich, von dem wir sagten, daß es mit dem Über-Ich ein sadomasochistisches Triebglück genießt, kann dies leicht auch im Setting erleben. Zu liegen, alles sagen müssen, auch wenn es unangenehm ist, pünktlich zu sein, für die Therapie zu bezahlen und die Frustration der Wünsche nach Wechselseitigkeit hinzunehmen, kann leicht der masochistischen Lust dienen: man akzeptiert alles, nicht *trotz* der Unannehmlichkeiten, sondern *wegen* derselben. Aber auch anderes, z. B. das Schweigen des Analytikers, seine persönliche Verborgenheit, die Formalisierung der Beziehung, die Abstinenzregel u. a. m. kann durch entsprechende Phantasien masochistisch uminterpretiert werden und so zusätzliches Triebglück bescheren. Hier ist natürlich ein Analytiker mit Resten unbewußter sadistischer Impulse ganz besonders gefährdet, den Übertragungscharakter nicht zu erkennen, weil die Erkenntnis sein eigenes Triebglück beenden müßte – ein Triebglück, das fast ohne Schuldgefühle zustandekommt, weil es durch die saubere und konsequente Handhabung der psychoanalytischen Methode weitgehend getarnt bleibt.

Einige Überlegungen über die kritische Funktion des Durcharbeitens in der Geschichte der psychoanalytischen Technik

Die hier vorgetragenen kritischen Gedanken bedurften, um entwickelt werden zu können, eines kritischen Klimas. Dazu, daß dies in der deutschen Psychoanalyse entstehen konnte, hat Alexander Mitscherlich entscheidend beigetragen – vielleicht hat er es erst geschaffen.

I.

1914 klärt Freud entmutigte Kollegen, die geglaubt hatten, das Benennen des Widerstandes genüge, ihn zum Verschwinden zu bringen, dahingehend auf, daß dies ein Irrtum sei. Das Benennen des Widerstandes habe nicht das unmittelbare Aufhören desselben zur Folge. Man müsse dem Kranken Zeit lassen, sich in den ihm unbekannten Widerstand zu vertiefen, ihn durchzuarbeiten, ihn zu überwinden, indem er ihm zum Trotze die Arbeit nach der analytischen Grundregel fortsetzte. Erst auf der Höhe desselben finde man dann in gemeinsamer Arbeit mit dem Analysierten die verdrängten Triebregungen auf, welche den Widerstand speisen und von deren Existenz und Mächtigkeit sich der Patient durch solches Erleben überzeugen könne. Freud erklärt, dies sei das Stück der analytischen Arbeit, welches die größte verändernde Einwirkung auf den Patienten habe (1914, S. 135). Hier wird also Durcharbeiten als eine Methode verstanden, die Einsicht in die Ursachen des Widerstandes ermöglicht, also ein Verfahren, das Deuten vorbereitet. Wir würden das in unserer heutigen Denkweise als Operationalisierung des Deutungsvorganges bezeichnen: Erkennen des Widerstandes, ihn benennen, sich in ihn vertiefen, gegen ihn ankämpfen, bis die ihn unterhaltenden Triebkräfte gedeutet werden können. Zu dieser Zeit, 1914, war das Durcharbeiten für Freud noch kein besonderes Problem. In der bedeutsamen Arbeit über psychoanalytische Technik „Erinnern, Wiederholen und Durcharbeiten" in der er das Thema abhandelt, widmet er ihm nur knapp eine Seite.

Ein gutes Jahrzehnt später erhält der Terminus Durcharbeiten eine neue Bedeutung. Freud hatte mittlerweile festgestellt, daß das Durcharbeiten von Widerständen, wie er es 1914 zu ihrer Überwindung und zur Herbeiführung von Änderungen empfohlen hatte, nicht immer den gewünschten Erfolg hatte. Daß es nicht genüge, daß das Ich den Vorsatz fasse, seine Widerstände aufzugeben und die Verdrängung rückgängig zu machen. Er führt das darauf zurück, daß nach Aufhebung des Ich-Widerstandes noch die Macht des Wiederholungszwanges, die Anziehung der unbewußten Vorbilder auf den verdrängten Triebvorgang zu überwinden sei, und es sei nichts dagegen zu sagen, wenn man dieses Moment als den Widerstand des Unbewußten bezeichnen wolle (1926, S. 192). Durcharbeiten ist also jetzt die psychoanalytische Arbeit, die sich gegen den „Wiederholungszwang", den „Widerstand des Es" wendet, um ihn aufzuheben, damit die gewünschte Veränderung, also die Heilung, einsetzen kann. Durcharbeiten heißt psychoanalytische Arbeit, die zu der des Bewußtmachens des Unbewußten, der des Aufdeckens von Widerständen vor allem, hinzu kommt, *nach* diesen Aktionen erst einsetzt. Einsicht des Ichs, so ist jetzt Freuds skeptischer Standpunkt, reicht allein nicht aus, in diesen Fällen Änderung herbeizuführen, weil die frühen Funktionsweisen sich unverändert durchsetzen wollen. Bei den Ich-Widerständen glaubte er, sei das Durcharbeiten nicht im gleichen Maße erforderlich, weil diese durch Einsicht allein behebbar seien. Das einsichtige Ich habe die Freiheit, Änderung selbsttätig einzuleiten. Freud betont also zu diesem Zeitpunkt, in dem er die Macht des Wiederholungszwanges erkennt, die Kräfte des Ichs stärker als 1914.

Später stellt Freud dann noch den Über-Ich-Widerstand dem Es als gleichwertig zur Seite, indem er auch ihm eine denkbar schlechte Prognose stellt: „Es ist offenbar der Beitrag zum Widerstand, den ein besonders hart und grausam gewordenes Über-Ich leistet. Das Individuum soll nicht gesund werden, sondern krank bleiben, denn es verdient nichts Besseres. Dieser Widerstand stört eigentlich unsere intellektuelle Arbeit nicht, aber er macht sie unwirksam" (1940, S. 106).

II.

Die Gründe für Freuds Skepsis liegen nahe, wenn wir uns klarmachen, was die Entdeckung des Wiederholungszwanges für die psychoanalytische Therapie bedeutet hat. Ich will mit einem knappen Exkurs in die Theorie des Wiederholungszwanges versuchen, die kritische Situation, die dadurch um 1920 entstanden war, zu umreißen. Wir betreten damit eines der schwierigsten und unklarsten Gebiete der psychoanalytischen Theorie. Der Wiederholungszwang wird phänomenologisch definiert als ein nicht bezwingbarer Prozeß unbewußter Herkunft, wodurch das Subjekt sich aktiv in unangenehme Situationen bringt und so alte Erfahrungen wiederholt, ohne sich des Vorbildes zu erinnern, im Gegenteil, den sehr lebhaften Eindruck hat, daß es sich um etwas ausschließlich durch das Gegenwärtige Motiviertes handle. In seinen theoretischen Abhandlungen betrachtet Freud den Wiederholungszwang als einen autonomen, letztlich nicht auf konflikthafte Dynamik reduzierbaren Faktor. Er wird ausschließlich der allgemeinen Eigenschaft der Triebe zugeschrieben, ihrem konservierenden Charakter (Laplanche/Pontalis 1972, S. 627 f.). Gemeint ist hier ein konstitutionelles Moment, wie Freud es auch den psychischen Instanzen zuschrieb. Von ihm nahm er an, daß es für die Erschwerung oder Verhinderung des Heilungsvorganges verantwortlich sei. 1915 war ihm erstmalig aufgefallen, daß es neben den Ich-Widerständen auch noch das Widerstreben der Triebe gegen ihre Ablösung von ihren frühen Objekten und Abfuhrwegen zu beachten galt (1915a; 1915b). Diese Kraft nannte er später „Klebrigkeit" (1916–1917), „Trägheit" (1918) oder „Schwerbeweglichkeit" (1940) der Libido. Hatte er noch 1926 gemeint, daß nur der „Widerstand des Es" erblicher Natur sei, schreibt er 1937 auch dem Ich erbliche Momente zu: „Die Eigenheiten des Ichs, die wir als Widerstände zu spüren bekommen", heißt es da, „[sind] ebenso wohl hereditär bedingt wie in Abwehrkämpfen erworben" (1937, S. 86).

In „Jenseits des Lustprinzips" beschreibt Freud an zwei klinischen Krankheitsbildern, der „Schicksalsneurose" und der „traumatischen Neurose", die Macht des Wiederholungszwanges. Bei der ersteren entdeckt er die Wiederkehr identischer Verkettungen von meist unglücklichen Ereignissen. Bei diesen Menschen komme es immer wieder zu gleichen Konstellationen: Sie fühlen sich als der betrogene Wohltäter, als der verratene Freund, als die vom Pech Verfolgte, die immer an verheiratete Männer gerät etc. Bei der „traumatischen Neurose" wiederhole sich das traumatische Erlebnis zwanghaft über lange Zeit und quäle den Patienten. Die Frage, die sich Freud stellt, ist, ob seine Grundvorstellung, daß alles psychische Leben nach dem Lust-Unlust-Prinzip organisiert sei, noch zu halten sei (1920). Die Tatsache, daß es zwanghafte Wiederholung des Unlustvollen und des Schmerzvollen gibt, ist klinisch unbestreitbar. Die analytische Erfahrung bestätigt sie bei jedem Patienten. Wer aber, d. h. welche psychische Instanz, zieht daraus Befriedigung, welcher verdrängte Wunsch, selbst in Form einer Kompromißbildung, sucht hier nach Erfüllung?

Wie schon bei den oben beschriebenen Versuchen, den Wiederholungszwang aus einem konstitutionellen Moment (Trägheit der Libido) zu erklären, so verknüpft Freud ihn hier mit einem anderen biologischen Faktor, dem Todestrieb. Von ihm sagt er, er sei der Trieb par excellence. Er strebe die Rückkehr zu einem früheren Zustand an, dem des Todes. Er sei vom Lustprinzip unabhängig, ja, könne sich ihm widersetzen. Wir könnten ihn klinisch in vielerlei Gestalt beobachten, so z. B. als Sadismus, Masochismus, Destruktionssucht. Am reinsten sei er bei der Melancholie zu erkennen, wenn es zur Entmischung von Lebenstrieben und Todestrieben komme. Das Über-Ich stelle dann den Todestrieb in Reinkultur dar (1923, S. 283). Oft bliebe er aber auch völlig verborgen, z. B. dann, wenn er als nach innen gewendeter Destruktionstrieb aufträte, der nicht mehr erotisch gefärbt sei (1930, S. 479). Besonders wichtig für diese Untersuchung ist Freuds letzte Feststellung von 1938 über die Beziehung zwischen den beiden Grundtypen (Lebens- und Todestrieb) zu den drei Instanzen des psychischen Apparates. „Es kann keine Rede davon sein", heißt es dort, „den einen oder anderen Grundtrieb auf eine der seelischen Provinzen einzuschränken. Sie müssen überall anzutreffen sein" (1940, S. 71–72). Die Wichtigkeit dieses Satzes sehe ich darin, daß hier im Gegensatz zu der Feststellung von 1926, wo der Wiederholungszwang als Ursache des Versagens der psychoanalytischen Therapie exklusiv dem Es zugeordnet wird, er hier (als

Aspekt des Todestriebes) auch dem Ich und dem Über-Ich zugeschrieben wird.

III.

Die Konsequenzen aus diesen Gedanken für die Therapie werden nur dann ganz überschaubar, wenn man auch den Hintergrund mitberücksichtigt, vor dem sich diese Ideen entwickeln. Mit Hintergrund meine ich jene enttäuschte Stimmung innerhalb der Psychoanalyse, die seit 1913 deutlich ausgesprochen bestand. In diesem Jahr hatte Freud die Beobachtung mitgeteilt, daß die ursprüngliche Theorie der Psychoanalyse, Heilung trete stets dann ein, wenn der Kranke Wissen über sein traumatisches Erlebnis erlangt habe, nicht mehr haltbar sei (1913, S. 475). Die nächste Hoffnung setzte Freud auf die Bearbeitung der Widerstände, welche das Nichtwissen seiner Zeit verursacht hatten und jetzt noch bereit waren, es zu verteidigen (a. a. O., S. 476). Bereits 1 Jahr später mußte er darüber hinaus erkennen, daß auch das Benennen des Widerstandes noch nicht genüge, man müsse ihn vielmehr – der Patient und der Arzt – gründlich durcharbeiten, ehe er aufgegeben werden könne (1914, S. 135). Und 10 Jahre später spricht er aus, daß auch das Durcharbeiten der Widerstände, d. h. die Einsicht des Patienten in dieselben, nicht immer zum Ende der Neurose und der Behandlung führe, weil Einsicht nicht notwendig Änderungen im Gefolge haben müsse (1926). Es zieht sich also von Anfang an durch die Geschichte der Psychoanalyse wie ein roter Faden die Erkenntnis, daß sich ihre beiden Grundannahmen, „Bewußtmachung des Unbewußten" und „Gewinnung von Einsicht" seien die die Heilung bewirkenden Faktoren, nicht mit der klinischen Erfahrung decken. Diese Erkenntnis mußte für eine als Einsichtspsychologie entworfene Psychologie mit therapeutischem Anspruch schwere Erschütterungen im Gefolge haben. Mit dieser Einsicht läuft, teilweise mit ihr identisch und deshalb oft von ihr verdeckt, eine andere einher, nämlich die, daß zur Überführung von Einsicht in Änderung das rein psychoanalytische Instrumentarium alleine nicht ausreicht. Das gilt auch heute noch: Deuten, Widerstandanalyse, Herstellung des Behandlungsbündnisses, Bearbeitung des Ichs, des Über-Ichs und der äußeren Realität genügen häufig nicht, diese Transformation zu bewirken. So gestehen fast alle Analytiker, viele verschämt und sozusagen im Nebensatz, daß sie noch keine Analyse allein mit diesem Instrumentarium durchgeführt und noch keinen Patienten ausschließlich damit geheilt hätten. Warum sie dabei so verschämt sind[1], ist eigentlich nicht zu verstehen. Sie, die sich mit Überzeugung auf Freud stützen und sich als Bewahrer der „klassischen Technik" verstehen, übersehen weitgehend, daß Freud über dieses Basis-Repertoire hinaus eine ganze Reihe anderer Maßnahmen empfohlen hatte:

a) *therapeutische Aktivität* bei der Bearbeitung der Widerstände. („Kampf gegen den Widerstand", „dem Patienten Stück für Stück die Waffen entwinden", mit denen er sich gegen die Fortsetzung der Behandlung wehrt, dem Widerstand „logische Argumente entgegensetzen" und „dem Ich Nutzen und Prämien versprechen", wenn es bereit sei, auf ihn zu verzichten (1926 [1925], S. 191).

b) *Erhöhung der Spannung* innerhalb des Übertragungsfeldes durch zwei entgegengesetzte Maßnahmen: Zu Beginn der Kur solle der Analytiker die Übertragung fördern, den Patienten „erobern", so eine spätere Formulierung in einem Brief an E. Weiss (Freud; Weiss 1973) und später, wenn die Übertragungsbeziehung intensiv geworden sei, die Triebwünsche frustrieren. Auch die Unterbringung von Ersatzbefriedigung außerhalb der Kur müsse unterbunden werden.

c) *Verbesserungen der Trägersubstanz* für die Deutung, sozusagen ein manipulierender Umgang mit ihr, um die Deutungsarbeit wirksamer zu machen. (Terminsetzung (1918, S. 33), Forderung an den Phobiker, sich der gefährlichen Situation auszusetzen (1919, S. 191), der Zwangsneurose die Kur als Zwang entgegenzusetzen (a.a.O., S. 192).

d) *Erweiterung des technischen Instrumentariums* um nicht-psychoanalytische Verfahren, wie Erziehen, Beraten, Unterstützen u. a. (a.a.O., S. 190).

---

1 Vgl. das Panel über „Variationen der klassischen psychoanalytischen Technik" auf dem 20. Kongreß der Internationalen psychoanalytischen Vereinigung in Paris 1957 – Loewenstein z. B. erklärt dort gegen Eisslers Purismus, er zweifle, daß jemals eine Analyse erfolgreich durchgeführt wurde, ohne daß nicht auch andere Mittel, außer Deuten, angewandt wurden (1958).

e) *Benützung der kathartischen Methode.* „Theoretisch", sagt Freud 1914, „kann man es [das Durcharbeiten] dem ‚Abreagieren' der durch die Verdrängung eingeklemmten Affektbeträge gleichstellen, ohne welches die hypnotische Behandlung einflußlos bliebe" (1914, S. 136).

Greenson spricht im gleichen Sinn davon, daß in der klassischen Psychoanalyse auch andere therapeutische Verfahren und Prozesse verwertet werden, die dazu dienen, Einsicht vorzubereiten oder sie wirksam zu machen. Als die wichtigsten und von Freud selber angewendeten zählt er auf: Abreaktion, Suggestion, Manipulation. (Zur Manipulation würde aufgrund seiner Beschreibung noch die Provokation gehören [1973, S. 61–64]).

IV.

Ist Freud in diesen Textstellen, wo er großzügig nichtanalytische Methoden zur Erreichung des Behandlungszieles empfiehlt, voller therapeutischer Aktivität und eher optimistisch in Hinsicht auf die psychoanalytische Methode als Therapie – an Pfister schreibt er am 18.1.1928, daß sich die analytischen Erfolge nicht vor denen der internen Medizin zu verstecken brauchten und daß die Analyse alles leiste, was man heute von einer Therapie fordern könne (Freud; Pfister 1963, S. 129) –, gibt es andere Textstellen voller Resignation. Vor allem nach 1929, d.i. das Jahr, in dem Ferenczi seine Freud sehr beunruhigenden Experimente machte, zeigt sich bei ihm eine deutliche Rückzugstendenz aus der Therapiediskussion. Freud schreibt am 13.12.1931 an Ferenczi, daß er beunruhigt darüber sei, daß Ferenczi seine Patienten küsse und sich von ihnen küssen lasse. Er weist darauf hin, daß der Analytiker alles, was er technisch tue, auch öffentlich vertreten können müsse – und er fürchtet schlimme Folgen, wenn diese „Technik" bekannt würde. Er befürchtet, daß andere auf diesem Wege weitergehen und daß dann schließlich die psychoanalytische Kur zu einer „Petting-Party" entarte (Jones 1960, S. 197–198). Das meiste von dem, was sein Schüler und Freund S. Ferenczi unternommen hatte, um die Wirksamkeit der psychoanalytischen Therapie zu verbessern, erklärt er nun als vergeblich – darunter auch zwei Maßnahmen, die er selber empfohlen hatte: die Steigerung der Übertragung durch aktive Manipulation und die Kombination der analytischen Arbeit mit anderen Arten der Beeinflussung (1933, S. 165). Wie wir heute aus seiner Korrespondenz wie aus den Erinnerungen seiner Analysanden wissen, handelt es sich hier um eine reine ad hoc-Erklärung. Er selber blieb in seinen Therapien lebendig, spontan, unmittelbar, sehr persönlich und frei von kleinlichen Skrupeln. Wenn nötig, ließ er sich allerlei einfallen, um eine Situation, die anders nicht lösbar erschien, doch noch zum Besten des Patienten zu klären[2]: Provokation, Manipulation, symbolische Wunscherfüllung, symbolische Reparationsleistung, Tröstung etc. – vor allem aber etwas, was in seinen offiziellen technischen Schriften gänzlich fehlt, nämlich die Umkehrung des Heilungsvorganges. Anstatt den Weg über Deutung, Einsicht, Durcharbeiten, Veränderung zu nehmen, nimmt er gelegentlich den über Veränderung, Durcharbeiten, Deuten, Einsicht. Die Gründe für diese Spaltung in eine offizielle Verlautbarung über Technik und einen privaten Gebrauch derselben liegen in seinen Zweifeln begründet, ob die Analytiker in diesem freien, durch wissenschaftliche Kriterien noch schlecht abgesicherten Feld bestehen können. Wo kommen die hin, fragt er, die ein „uferloses Experimentieren" (1933, S. 165) betreiben? Und, so fragt er weiter, haben sie denn jenes Maß an psychischer Normalität erreicht, zu dem sie ihre Patienten erziehen wollen (1937, S. 93)? Er war da sehr skeptisch: Leider, schreibt er an Lou Andreas-Salomé, seien viele von den Kollegen „von der Analyse wenig veränderter Menschenstoff" (Freud; Andreas-Salomé 1966, S. 222).

Parallel dazu lief eine Entwicklung, die Freud den konstitutionellen Faktor in der therapeutischen Praxis als immer bedeutsamer erscheinen ließ: „... denn die Neurosen sind schwere konstitutionell fixierte Affektionen" (1933, S. 165). Wie skeptisch er in bezug auf die psychoanalytische Therapie zu dieser Zeit denkt, verdeutlicht auch ein Satz aus dem Jahre 1927: „Ob es nicht ökonomischer ist", fragt er, „das Defekte von außen zu stützen als von innen zu reformieren? Ich kann es nicht

---

2 Ich habe diese Texte gesammelt und versucht, Freuds de facto-Technik daran darzustellen (1981).

sagen" (1927, S. 293). – Enttäuscht von der Schwierigkeit, durch psychoanalytische Arbeit Einsichten in Änderung zu verwandeln, sucht er die Ursachen der begrenzten Wirkung der Behandlung in Faktoren außerhalb des psychischen Feldes.

Neben die schon erwähnten konstitutionellen Faktoren wie die „Klebrigkeit der Libido", den „Wiederholungszwang", den „Todestrieb", die „negative therapeutische Reaktion", das überstrenge Über-Ich, stellt er in der letzten Arbeit seines Lebens, die sich mit Grundfragen der psychoanalytischen Behandlung beschäftigt, in „Die unendliche und die endliche Analyse" noch den Penisneid des Weibes und die passiv feminine Einstellung des Mannes als letzte biologisch bedingte Grenzen der psychoanalytischen Therapie. Bei diesen beiden Störungen stoße der Psychoanalytiker durch alle psychologische Schichtung hindurch zum „gewachsenen Fels", sagt er, und komme so an das Ende seiner Tätigkeit (1937, S. 99). Im selben Text findet sich die Theorie, daß nicht nur das Es erbliche Komponenten enthalte („archaische Erbschaft"), sondern auch das Ich. „ – – Es bedeutet", stellt er fest, „noch keine mystische Überschätzung der Erblichkeit, wenn wir für glaubwürdig halten, daß dem noch nicht existierenden Ich bereits festgelegt ist, welche Entwicklungsrichtungen, Tendenzen und Reaktionen es später zum Vorschein bringen wird. Die psychologischen Besonderheiten von Familien, Rassen und Nationen, auch in ihrem Verhalten gegen die Analyse, lassen keine andere Erklärung zu. Ja noch mehr, die analytische Erfahrung hat uns die Überzeugung aufgedrängt, daß selbst bestimmte psychische Inhalte, wie die Symbolik, keine anderen Quellen haben als die erbliche Übertragung, und in verschiedenen völkerpsychologischen Untersuchungen wird uns nahegelegt, noch andere, ebenso spezialisierte Niederschläge frühmenschlicher Entwicklung in der archaischen Erbschaft vorauszusetzen" (1937, S. 86). Was hier gesagt wird, wiederholt er skeptisch bei der Diskussion der Erfolgschancen bei der Bearbeitung des „Widerstandes des Es": „Aber bei den Fällen, die hier gemeint sind, erweisen sich alle Abläufe, Beziehungen und Kräfteverteilungen als unabänderlich fixiert und erstarrt" (a.a.O., S. 87).

Es hat mich stets persönlich bewegt, diese Entwicklung zu sehen. Zu sehen, wie Freud unter vierlerlei inneren und äußeren Einflüssen zu jenen vorgegebenen Faktoren gelangt, zu derselben biologischen Mythologie, die er einst ausgezogen war zu bekämpfen, als er die organische Ätiologie der Neurosen bestritt und ihre psychosoziale Herkunft nachwies, womit Reversibilität zu einer grundsätzlichen therapeutischen Möglichkeit wurde.

V.

Die Arbeit des Analytikers besteht aus zwei großen Aktivitäten: derjenigen, welche die Deutung vorbereitet (Klarifikation/Konfrontation) und derjenigen, welche die Deutung wirksam macht, d. i. zu Einsicht und Änderung führt (Durcharbeiten). Die erste der beiden Bewegungen ist in der Technikdiskussion so wenig in Erscheinung getreten, daß sie sich für viele Analytiker kaum als eigene Operation differenziert. Die zweite Bewegung ist durch Freuds Arbeit von 1914 über das Durcharbeiten bereits früh begrifflich gefaßt worden und damit als technische Operation jedem Analytiker vertraut. Wir verstehen die stärkere Bekanntheit und Akzentuierung der zweiten Bewegung gegenüber der ersten gut. Ihr haftet die Enttäuschung an, daß Deuten allein nicht zum Ziele führt und daß zusätzliche Mittel eingesetzt werden müssen. Die erste Bewegung ist in diesem Sinne nie so bedeutsam geworden, weil die die Deutung vorbereitenden Schritte in der Regel ihr Ziel erreichen. Dabei findet, das dürfen wir nicht gering einschätzen, zunächst einmal vor allem nur eine Veränderung im Analytiker statt, eine Veränderung *seines* Denkens: er wird in die Lage versetzt, etwas so genau zu erfassen, daß er es deuten kann. In vielen technischen Schriften gewinnt man den Eindruck, er mache das ganz allein. Der Patient spiele dabei nur die Rolle des Lieferanten von Assoziationen. Ja, oft erscheint es so, als spule er dabei nur eine Reihe immer gleicher, in der Theorie der Psychoanalyse entwickelter Deutungen ab: Kastrationsangst, Ödipuskonflikt, Penisneid, oraler Neid, inzestuöse Mutterbindung etc. Solche Verzerrungen der psychoanalytischen Technik als einer Deutungskunst sind gut zu verstehen. Denn es ist ja gerade das Deuten, das „Übersetzen" von etwas „Unbewußtem" in etwas „Bewußtes", was die Psychoanalyse als solche charakterisiert, was sie als Wissenschaft erst konstituiert hat. Es ist deshalb nicht verwunderlich, daß man in vielen Schriften über die Theorie der Technik den Eindruck bekommen kann, daß der Analytiker schweigt, bis er die Deutung geben kann, und daß der psychoanalytische Prozeß aus der Summe der Deutungen besteht, aus denen sich am Ende, wie von allein die heilsame Veränderung ergibt. Die Deutungen des schweigenden Analytikers fallen wie der Regen in der Wüste. Eisslers Panel-Beitrag 1957 in Paris ist hier beispielhaft: Das Deuten ist „das Alpha und Omega der Psychoanalyse" (1958, S. 610).

Ganz anders ist natürlich die zweite Bewegung, das Durcharbeiten des Gedeuteten zur Erreichung von Einsicht und Änderung, strukturiert. Sie findet nicht so sehr im Analytiker statt, sondern will etwas am Patienten bewirken. Sie gleicht als Aktion der Arbeit am Widerstand. Beides sind interaktionelle Prozeduren, bei denen der Analytiker zwar auch wieder Einsicht gewinnt, die er in Deutungen umformuliert, bei denen er aber vor allem tun und bewirken will.

Eine derart extrem verkürzte Darstellung des psychoanalytischen Arbeitsvorganges kann leicht ein falsches Bild entstehen lassen. Ich muß es aber hier so stehen lassen und kann nur hoffen, daß die Tendenz, die diese Darstellung verfolgt, deutlich wird: daß das Durcharbeiten sich deshalb so stark profiliert, weil es der Punkt ist, an dem der praktizierende Analytiker die Wirksamkeit seiner psychoanalytischen Arbeit erproben kann.

Die kritische Funktion des Durcharbeitens, von der hier die Rede ist, liegt also darin, daß es uns zwingt, Aussagen über die Wirksamkeit der psychoanalytischen Technik zu machen. Hier entscheidet sich, ob man Psychoanalyse als Kunst versteht, Unbewußtes zu deuten und das Verstandene einem Menschen mitzuteilen, oder ob man mit Hilfe von Deutungen einem Kranken helfen will, gesund zu werden. Wir alle kennen jene Witze, die dieses Problem behandeln: Zwei Freunde treffen sich: „Hast du deine Analyse beendet?" „Ja, seit einem Jahr." „Und hat es genutzt, ist das Bettnässen weg?" „Nein, das nicht, aber ich weiß jetzt, wo es herkommt."

Ich will hier diesem Gedanken nicht weiter nachgehen, sondern einen anderen Aspekt der kritischen Funktion des Durcharbeitens verfolgen, nämlich den, daß das Durcharbeiten – wie die die Deutung vorbereitenden Operationen – keine Begründung in der psychoanalytischen Theorie besitzt. Was der Analytiker hier tut, ist ganz und gar in sein Ermessen, sein Belieben gestellt. Freud setzt Erziehung, Suggestion, Nacherziehung, d. i. Lehren und Lernen, ein. Ein anderer könnte hier ebensogut andere Mittel einsetzen. – Wir verstehen, daß hier nicht mehr theoriebegründete Technik am Werk ist, sondern reine Pragmatik. Das ist zunächst einmal für eine Therapie, die sich als wissenschaftlich begründet verstehen will, eine schwierige Lage. Sehen wir aber von der Kränkung für das Selbstverständnis der Psychoanalyse ab, so bemerken wir schnell, daß mit diesem pragmatischen Tun des Analytikers ein Element in den psychoanalytischen Prozeß hineinkommt, welches seiner Natur diametral entgegengerichtet ist: neben das Deuten von infantilen Trieben, Phantasien, Wünschen etc. im Felde von Widerstand und Übertragung tritt jetzt etwas ganz anderes, etwas, das die Änderung nicht durch Einsicht in das Unbewußte erzielen will, sondern durch aktive Maßnahmen am bewußten Ich. (Erziehung z. B. geht ja von der prinzipiellen Annahme aus, daß ein Ich vorhanden ist, das lernwillig und lernfähig ist.) Im Felde des Durcharbeitens geschieht vieles. Jeder Analytiker hat hier seine eigenen Praktiken. Wir wissen, daß das die Stelle ist, wo die gewagtesten Experimente gemacht werden, um das gesteckte Ziel, Einsicht in Veränderung zu verwandeln, zu erreichen. Ferenczi und Reich haben offen darüber berichtet (s. auch Freuds pragmatische, weder theorie- noch regelbezogenen technischen Experimente, Cremerius, 1981). Die Frage, die sich jetzt stellt, ist eine solche nach dem Standpunkt: soll hier alles erlaubt sein, was hilft, oder soll das Erlaubte und Nichterlaubte festgeschrieben werden? Diese Frage wurde zum Schibboleth der psychoanalytischen Technik. Es gibt Gruppen, die hier frisch und forsch handeln – einzig kontrolliert von Freuds Grundsatz: „Das Moralische versteht sich von selbst", und andere, die die Tätigkeit des Analytikers auf das Deuten, d. i. die Anwendung der psychoanalytischen Theorie auf das Material des Patienten, beschränken wollen.

Die einen müssen die Grenzen des Pragmatismus definieren, Kriterien festlegen, welche bestimmen, was noch, was nicht mehr erlaubt ist. Sie gelangen so zu einem Katalogsystem. (Freud hat hier mit den technischen Schriften den Anfang gemacht, eine auf dem Weg der Verschulung fortschreitende Psychoanalyse folgt ihm und macht die Kataloge immer obligatorischer, Greenson schreibt ein „Lehrbuch der psychoanalytischen Technik und Praxis", wo z. B. gewisse Manipulationen als erlaubt, andere als unerlaubt erklärt werden.) – Die anderen müssen definieren, welche Maßnahmen zusätzlich erlaubt sind und warum – sie müssen Ausnahmen von der idealisierten Norm formulieren. Hier entsteht der Begriff des Parameters (Eissler 1953). (Da wird z. B. festgelegt, warum außer dem einzig erlaubten Deuten noch Fragen an den Patienten gestellt werden dürfen.)

Wie unsinnig diese Kontroverse ist, wie wenig sie aus dem Geist der Psychoanalyse stammt, will ich an zwei Details paradigmatisch aufzeigen: Das erste soll die Parametertheorie in Frage stellen, das zweite das Katalogsystem:

In seiner berühmten Parameterarbeit stellt Eissler fest, daß neben dem Deuten einige andere Aktivitäten als ungefährliche Maßnahmen erlaubt seien. Eine davon sei das Stellen von Fragen an den Patienten. Am Beispiel gerade dieses Fragenstellens kann ich zeigen, wie tief eine solche, anscheinend neutrale Aktion in das dynamische Feld von Triebwünschen und Abwehrformationen hineinführen kann. Wir erinnern uns, daß Freud seinen berühmt gewordenen Patienten, den „Rattenmann", dazu auffordert, seine Biographie dreimal zu erzählen. Dabei kommt es zu einem Streit zwischen beiden – wir können ihn triebpsychologisch als einen analen Trotz-Machtkampf bezeichnen. Der Ausgang scheint Freud in seiner Technik zu bestätigen: Der Patient fügt sich den Regeln der Kur und arbeitet von nun an erfolgreich mit. In Wirklichkeit gibt der Patient den analen Widerstand auf und wiederholt jetzt das passiv-homosexuelle Triebglück, von einem Mann gezwungen und bezwungen zu werden (1909).

Ich komme nun zum Katalogsystem: Greenson bemerkt, ausgehend von der Feststellung, daß die Manipulation Teil der analytischen Therapie sei, die benutzt werde, um verschiedene Prozesse zu fördern, die während einer klassischen therapeutischen Analyse entstehen (1967, S. 63), daß es legitime und antianalytische Manipulationen gäbe. Als Beispiel einer erlaubten Manipulation führt er das Schweigen an, mit dessen

Hilfe der Analytiker eine Übertragung intensivieren könne. Könnte man diese Manipulation nicht genauso gut unter den antianalytischen Manipulationen im Katalog aufführen, ist meine Frage? Nehmen wir z. B. den Fall eines Patienten, der in der Kindheit Eltern erlebt hat, die auf Gefühlszuwendungen des Kindes mit Schweigen reagiert haben und der eine Haltung angenommen hat, mit der er die Wiederholung der Enttäuschung vermeiden will. Ihn könnte das Schweigen des Analytikers genau dahin manipulieren, daß er resigniert und die Analyse zu einem Zeitpunkt abbricht, an dem das zugrundeliegende Übertragungsgeschehen noch nicht analysierbar ist, weil es z. B. als Charakterhaltung völlig ich-synton ist.

Aus diesem Dilemma – Katalogsystem versus Parametersystem – gibt es einen natürlichen Ausweg. Ich sage natürlich, weil er sich ganz selbstverständlich aus der psychoanalytischen Theorie ergibt. Ich meine das dynamische Prinzip der Interaktion, das szenische Spiel von Übertragung und Gegenübertragung. Nehmen wir das Phänomen, daß sich mit dem Beginn einer Analyse eine Übertragungsneurose einstellt, ernst, so haben wir alles unter diesem Aspekt zu sehen. Das schließt nicht aus, daß daneben noch eine reale Beziehung zwischen Analytiker und Patient besteht, daß das Ich des Patienten die notwendige Spaltung in ein teilnehmend-miterlebendes und ein betrachtend-sprechendes vollziehen muß, daß es konfliktfreie Zonen gibt etc. Man darf diese Faktoren nur nicht voraussetzen. Voraussetzen *müssen* wir, daß da, wo Übertragung beginnt, die infantile Szene vorherrscht und Irrationalität das Feld bestimmt. Die Schlußfolgerung daraus *muß* sein, alles von nun an unter dynamischen Gesichtspunkten zu sehen. Das bedeutet für das Tun des Analytikers, daß er sich stets im klaren ist, daß alles, was er sagt und macht, seinen Sinn in diesem Feld erfährt. Ferner, daß es nichts gibt, was grundsätzlich falsch oder richtig, erlaubt oder nicht erlaubt ist. Alles, was er tut, Klarifikation, Konfrontation, Widerstandsanalyse, Durcharbeiten, Erziehen, Manipulieren etc. – *auch das Deuten* –, findet im Feld von Übertragung und Widerstand statt. Es kann also nur von dort her seine Kriterien beziehen. Das heißt, der Analytiker muß bei allem, was er sagt und tut, nicht sagt und nicht tut etc., reflektieren, was es in diesem Moment für diesen Patienten, d. h. für seine Trieb-Abwehr-Struktur an diesem Punkt ihrer Entfaltung im Feld von Widerstand und Übertragung zu bedeuten hat.

Ich will dies an zwei Beispielen verdeutlichen. Bei dem einen handelt es sich um einen Rat Freuds an Eduardo Weiss, bei dem anderen um ein technisches Problem neurosenspezifischer Natur. Freud empfiehlt Eduardo Weiss bei einer Patientin, die ihre Übertragungsgefühle nicht zulassen kann, den Triebdruck dadurch zu erhöhen, daß er die Stunden so lege, daß die Patientin im Anschluß an ihre Stunde einer anderen Patientin, wenn möglich solle diese jung und charmant sein, begegne. Letztere solle Weiss vor den Augen seiner Patientin sehr liebenswürdig begrüßen. Die dadurch entstehende Eifersucht würde dann ihre Wirkung nicht verfehlen (Freud; Weiss 1973).

Bei männlichen Patienten mit einer passiv femininen Einstellung zum Mann ereignet sich – ich glaube regelhaft –, daß die Patienten freundlich kooperativ alle unsere Deutungen annehmen, auch die ihre passiv-feminine Haltung betreffenden. Wir können das Thema eingehend mit ihnen bearbeiten, sie bringen Einfälle dazu, frühkindliches Material etc. Trotz dieser optimalen, tiefgreifenden Arbeit stellen wir fest, daß sich nichts verändert. Wir registrieren bedeutende Einsichten, ein Ich, das überall da zu sein scheint, wo Es war – aber die Grundstruktur bleibt von allem unberührt. Die Ursache liegt, so ist leicht zu erkennen, darin, daß die psychoanalytische Kur selbst den Trieb optimal befriedigt: Liegen, regredieren dürfen, assoziativ (das ist unkontrolliert, unverantwortlich) sprechen dürfen, Deutungen von einem aktiven Mann erhalten etc. Die Kur findet also nicht – wie Freud gefordert hatte – in der Triebfrustration statt. Verändern wir das Setting in der Weise, daß die Triebbefriedigung verringert wird, setzen wir also die Abstinenzregel in Kraft, so verändert sich schlagartig das Interaktionsfeld. Dies ist z. B. möglich, indem wir die Couch-Sessel-Position durch ein Sichgegenübersitzen ersetzen, die Stundenzahl verringern, eine Unterbrechung anbieten etc. Jetzt erst spürt der Patient seine Angst vor der Trennung, fühlt er, daß er seine passiv-feminine Einstellung unter allen Umständen festhalten muß[3].

3 Siehe dazu meine Arbeiten zur psychoanalytischen Technik (1969, 1974, 1975, 1977a, 1977b, 1978).
Die hier von mir angewandten Parameter erfüllen, so will mir scheinen, die von Eissler

Ich hoffe, daß es mir gelungen ist, eine kritische Entwicklung in der psychoanalytischen Therapeutik darzustellen, die ihren Ausgang vom Durcharbeiten genommen hat. Ihr verdanken wir die Herstellung eines geschlossenen psychoanalytischen Behandlungskonzeptes anstelle eines zweigeteilten und die Beibehaltung des Prinzips Veränderung neben dem der Einsicht. – Das „Durcharbeiten" zwang uns, Stellung zu nehmen zu der Frage, was es für die psychoanalytische Technik bedeutet, wenn sich eine ihrer wichtigsten Maßnahmen, von der Freud sagte, daß sie die größte verändernde Wirkung auf den Patienten habe (1914), in dem Maße als unzureichend erweist, daß sie mit anderen, nicht analytischen Methoden kombiniert werden muß. Schließlich hat das Durcharbeiten die Psychoanalytiker auf die Tatsache aufmerksam gemacht, daß es zwei verschiedene Arten von technischen Aktivitäten gibt: solche, wie das Deuten, die sich auf die psychoanalytische Theorie stützen können und Übersetzungen derselben in das therapeutische Feld sind, und solche, die das weit weniger oder gar nicht können, wie die Klarifikation, die Konfrontation und vor allem das Durcharbeiten. Damit ist das Schisma, von dem ich sprach, die Teilung in einen analytischen und in einen nichtanalytischen Arbeitsgang, überwunden. Es gibt jetzt nicht mehr das, was psychoanalytisch an der Psychoanalyse ist, und das, was nicht psychoanalytisch an ihr ist. Es gibt bestenfalls spezifischere und weniger spezifische Operationen zur Bewußtmachung des Unbewußten. Alles, was geschieht, alles, was gegeben ist, alles, was sich verändert, alle Maßnahmen, auch das Deuten selbst, und alles, was der Patient tut oder nicht tut, ist Gegenstand in einem dynamischen Feld, das es zu verstehen gilt. In ihm hat alles, was geschieht, eine Bedeutung und eine Funktion. Damit sind auch für den Arbeitsgang, das Erziehen, den Freud noch ethisch absichern mußte, wissenschaftliche Kriterien gefunden, die ihre Begründung in der psychoanalytischen Theorie selbst haben. Damit sind auch das Durcharbeiten und die vielen operationalen

an einen solchen gestellten Forderungen: 1.) ein Parameter soll nur dann eingesetzt werden, wenn es sich erweist, daß die klassische Technik nicht zum Ziele führt; 2.) ein Parameter soll nie das unvermeidliche Minimum überschreiten; 3.) ein Parameter darf nur angewandt werden, wenn er zu seiner Selbstaufhebung führt, d. h. die Schlußphase der Therapie muß stets mit einem Null-Parameter enden (1953, S. 111).

Methoden, die erforderlich sind, um aus Einsicht Veränderung entstehen zu lassen, ein ebenbürtiger Partner des Deutens geworden. Wir müssen uns jetzt nicht mehr entschuldigen, wenn wir z. B. beim Durcharbeiten erzieherische Methoden anwenden, wenn wir manipulieren und provozieren. Denn wir treten damit nicht aus der psychoanalytischen Situation heraus, werden weder Pädagogen, noch Nicht-Analytiker. Vielmehr dient dies dem einen und einzigen Prozeß, das dynamische Feld so zu beeinflussen, daß Einsicht *und* Veränderung möglich werden.

Wie mühsam dieser Schritt war, und das wollte ich mit dieser kleinen Studie in unsere Erinnerung zurückrufen, zeigt der Panelbeitrag von Loewenstein in Paris 1957. So sehr seine dort erhobene Forderung immanent psychoanalytisch ist, so große Schwierigkeiten hat er doch damit im Konkreten und Praktischen. Ich will dies an seiner Kontroverse mit Eissler über das Problem des Fragens in der Analyse beispielhaft demonstrieren. Gegen Eisslers Auffassung, der Analytiker solle – wenn möglich – nicht fragen, sondern stets Fragen in Deutungen umformulieren, argumentiert er *statisch* statt *dynamisch*. Er verteidigt Freuds wiederholte Aufforderung an den „Rattenmann", seine Biographie mehrmals zu erzählen, damit, daß er sagt, er fände, wie Freud, nichts Unrechtes daran, den Patienten etwas zu fragen (1959/60, S. 638). Diese Stelle zeigt, daß er noch in den Vorstellungen von falsch und richtig als *vorgegebenen* Kriterien verhaftet ist, daß er die Begründung für die Wahl einer Maßnahme noch nicht aus dem dynamischen Prozeß bezieht; hier also z. B. aus der Dynamik einer sado-masochistischen Übertragung, in der die unbewußten Wünsche des Patienten Freud dahin manipulieren, sie durch bohrendes Fragen zu befriedigen – anstatt, wie es Freuds These ist, die Analyse in der Entsagung durchzuführen.

Rückblickend kann man nicht ohne ein Gefühl von schmerzlicher Resignation feststellen, daß dieser Gedanke bereits nach 1928 von Wilhelm Reich formuliert worden ist, als er dazu aufforderte, „die erzieherischen Maßnahmen durch analytische Deutungen zu ersetzen" (1933, S. 58).

Ich fühle mich mit diesen Gedanken in Übereinstimmung mit der Gesinnung Sigmund Freuds, aus der heraus er seine Patienten behandelte. Zwar hat er das Konzept, daß die Aufgabe des Analytikers von funktionalen Kriterien bestimmt sein müsse, nicht explizit formuliert – aber aus dem Brief an L. Binswanger vom 20. Februar 1913 geht hervor, daß er in diesem Sinne dachte: „Es [das Problem der Gegenübertragung] gehört zu den technisch schwierigsten der Psychoanalyse. Theoretisch halte ich es für leichter lösbar. Was man dem Patienten gibt, soll eben niemals unmittelbarer Affekt, sondern stets bewußt zugeteilter sein, und dann je nach Notwendigkeit mehr oder weniger. Unter Umständen sehr viel, aber niemals aus dem eigenen Ubw. Dies hielte ich für die Formel. Man muß also seine Gegenübertragung jedesmal erkennen, u. überwinden, dann erst ist man selbst frei. Jemandem zu wenig zu geben, weil man ihn zu sehr liebt, ist ein Unrecht an dem Kranken und ein technischer Fehler. Leicht ist das alles nicht und vielleicht muß man dazu auch älter sein." (Binswanger 1956, S. 65)

Die Verwirrungen des Zöglings T.
Psychoanalytische Lehrjahre neben der Couch

> „Er hatte die Erinnerung an einen fürchterlichen Sturm in seinem Inneren, zu dessen Erklärung die Gründe, die er jetzt noch in sich vorfand, bei weitem nicht ausreichten. Also mußte es wohl etwas viel Notwendigeres und Tiefliegenderes gewesen sein ... als was sich mit Vernunft und Begriffen beurteilen läßt."
>
> „... er schämte sich dieser Verwirrung: aber die Erinnerung, daß es anders sein kann, daß es feine, leicht verlöschbare Grenzen rings um den Menschen gibt, daß fiebernde Träume um die Seele schleichen, die festen Mauern zernagen und unheimliche Gassen aufreißen –, auch diese Erinnerung hatte sich tief in ihn gesenkt."
>
> R. Musil, „Die Verwirrungen des Zöglings Törless"

Ich will über die Schwierigkeiten schreiben, die sich beim Erlernen der psychoanalytischen Technik für den angehenden Analytiker ergeben. Da gibt es zwei Arten von Schwierigkeiten: die *unveränderbaren* und die *veränderbaren*.

Ich wende mich zunächst einmal den unveränderbaren zu: Am Ausbildungsort gibt es in der Regel verschiedene Techniken, Stile, die von den verschiedenen Lehranalytikern und Kontrollanalytikern repräsentiert werden. Das ist nichts Besonderes, das gilt für alle Berufe, die nicht genormt sind – vor allem für die künstlerischen. So hat z. B. der junge Maler, der an einer Akademie studiert, Lehrer verschiedener Stile. Die einen malen Landschaften, auf denen man etwas erkennt, andere schlagen rostige Nägel in ein Brett und fixieren darauf etwas Butter.

Anders ist es mit den veränderbaren Gründen dieses Dilemmas: Sie liegen in den verschiedenen Texten über die Technik, die der angehende Analytiker studiert. Hier läßt sich durch eine kritische Untersuchung die eigene Situation wesentlich verbessern. Ich will dies versuchen.

Natürlich wendet er sich zunächst Freuds technischen Schriften zu. Das Ende dieses Studiums ist, daß er tiefe Einsichten in das Wesen der psychoanalytischen Therapie gewonnen, die einzelnen Elemente begriffen und in ihrer Bedeutung verstanden hat. So die Bedeutung der Übertragung, was Deuten heißt, warum Durcharbeiten notwendig ist, warum Einsicht allein die inneren Widerstände nicht behebt und häufig nicht zur Änderung führt etc. Aber es sind nur Teile – er sieht nicht, wie sie miteinander verbunden funktionieren. Es ist, als ob man einen Automotor in Teilen vor sich hätte und daraus einen funktionierenden Motor bauen sollte. Darüber hinaus stammen die Teile, die er vorfindet, von Motorentypen verschiedener Baujahre. So gelingt oft nicht einmal die Zusammensetzung – der Analytiker kommt nicht dazu, den Motor zum Laufen zu bringen. Statt dessen bastelt er an Fragen herum, wie etwa der, wie er die verlangte gleichschwebende Aufmerksamkeit (Baujahr 1912) und die geforderte Aktivität bei der Bekämpfung der Widerstände zusammenbringen kann, wie er von dort zu kognitiven Leistungen wie Deutung und Konstruktion gelangen kann. Oder wie der nach dem Umgang mit dem Material: soll er die Inhalte deuten (Baujahr vor 1914) oder sie alle liegenlassen zugunsten der Übertragungsdeutung (Baujahr 1914)? Soll er die Übertragung, wie Freud rät, suggestiv benutzen – „Soweit seine [des Patienten] Übertragung von positivem Vorzeichen ist, bekleidet sie den Arzt mit Autorität, setzt sie sich in Glauben an seine Mitteilungen und Auffassungen um. Ohne solche Übertragung, oder wenn sie negativ ist, würde er den Arzt und dessen Argumente nicht einmal zu Gehör kommen lassen" (Baujahr 1916–17), soll er überhaupt Suggestion und Erziehung anwenden (Baujahr 1919, 1938) –, oder wird er damit zu sehr zum Lehrer und Vorbild und verhindert den Prozeß der strukturellen Ich-Veränderung? Und wie soll er die Übertragung behandeln? Soll er dem Patienten sagen, daß das, was er da vom Vater erzähle, auch hier zwischen ihnen beiden so sei (Baujahr vor 1914) – oder soll er etwas tun, damit sich die infantile Neurose an ihm, dem Analytiker, wiederhole mit dem Ziel, daß die Deutung jetzt so aussieht, daß sie etwas, was unmittelbar in der Übertragung, hier und jetzt geschieht, anspricht, und daß der Patient jetzt sagen kann, ja, so war es auch mit meinem Vater? „... denn was der Patient in den Formen der Übertragung erlebt hat, das vergißt er nicht wieder, das hat für ihn stärkere Überzeugungskraft als alles auf andere Art Erworbene" (Baujahr 1938, 1940 [1938]).

Solche Teile aus verschiedenen Baujahren gibt es sehr viele. Schließlich probiert er mit irgendeinem Modell, das er sich gebastelt hat. Er trägt es im Psychoanalytischen Institut A. vor; da sagt man ihm, das sei keine Psychoanalyse, sondern Psychotherapie. Er trägt es im Psychoanalytischen Institut B. vor; da sagt man ihm, das wäre orthodoxe Psychoanalyse, und das mache man heute nicht mehr so.

Jetzt ist unser angehender Analytiker ganz verzweifelt. Er liest erneut Freuds technische Schriften, weil er glaubt, nicht tief genug darin eingedrungen zu sein. Aber seine Verwirrung wird dadurch noch größer. Schließlich liest er die Erinnerungen der früheren Analysanden von Freud in der Hoffnung, einen direkten Blick in die Werkstatt des Meisters tun zu können. Darunter findet er so große Namen wie Helene Deutsch, Lampl-de Groot, Frau Strachey, Roy Grinker, Joan Riviere, Kardiner, de Saussure, Boss etc.

Was er da erfährt, erfüllt ihn zwar mit Bewunderung für einen sehr künstlerischen, sehr erfinderischen Freud als Techniker, macht ihn staunen, wie frei und offen Freud in der Therapie er selber war – aber die Verwirrung ist nun eigentlich noch größer.

Da hört er z. B., daß Freud einer Patientin, die in der Stunde verzweifelt ist, einen Blütenzweig überreicht; daß er dem Wolfsmann erzählt, sein Sohn habe sich gerade beim Skilaufen ein Bein gebrochen; Frau Deutsch bringt zu jeder Analysenstunde einen Liter Milch für die Frau Professor mit, die erkrankt ist. Nachdem er mit Frau Strachey einen Traum bearbeitet hat, steht er auf und sagt: „So ein Stück Arbeit muß mit einer guten Zigarre gefeiert werden." Das sei genug für heute, sagt er dann, und beendet die Stunde.

Jetzt müßte einer kommen und dem jungen Analytiker erklären, daß Freud keine geschlossene Technik hinterlassen hat, daß es Freud, trotz mehrerer Ansätze, nicht gelungen sei, das, was in der psychoanalytischen Situation geschieht und was er dort tat, systematisch zu beschreiben. Und daß er im übrigen weniger an der Behandlung an sich als an der psychoanalytischen Forschung interessiert war.

Es gibt verschiedene Ausgänge dieser Lehrjahre neben der Couch: Hat ein Ausbildungsinstitut eine geschlossene Struktur, hat es oft auch eine Standardtechnik. Ist es sehr offen und gibt es da Vertreter verschiedener Richtungen, so gibt es verschiedene Techniken.

Ein Ausgang ist der, daß sich der junge Analytiker einer Gruppe anschließt und Parteigänger wird. Handelt es sich dabei um eine Identifikation im Dienste des kognitiven Ichs, um ein Stadium auf dem Wege zu eigenen Technik, so ist das kein schlechter Ausgang. Endet er aber in Gläubigkeit und Orthodoxie, so wird dieser Analytiker seinen Patienten nichts von der emanzipatorischen Qualität der Analyse vermitteln können.

Der andere Ausgang ist der, daß er sich auf den langen Marsch durch die vorhandenen Techniken macht. Leicht ist dieser Weg nicht. Der Angebote sind viele und sehr verschiedene. Und viele Lehrjahre hindurch fragt der Suchende irrtümlich nach der *richtigen* Technik im objektiven Sinn – anstatt nach *seiner* Technik zu fragen und zu verstehen, daß es hier um Stilbildung, nicht um falsch oder richtig geht.

Nun macht sich der angehende Analytiker an das Studium der großen technischen Schriften. Da zieht den Kollegen natürlich die Klarheit und Durchsichtigkeit der Studie von Eissler über die Bedeutung der Ich-Struktur für die psychoanalytische Technik aus dem Jahre 1953 stark an. Hier liegt alles ganz einfach vor ihm. Vor allem versteht er, was er bisher falsch gemacht hat, daß er nämlich bereits bei der Indikationsstellung fehlerhaft verfahren ist. So prägt er sich die richtigen Kriterien fest ein: Den Patienten, der für das Verfahren geeignet ist, definiert Eissler als einen Menschen, der die phallische Stufe der Triebentwicklung erreicht hat und dessen Ich alle Möglichkeiten besitzt, sich zu einer Organisation zu entwickeln, die eine adäquate Beziehung zur Realität unterhalten kann. Die Aufgabe der Therapie sei es, den Patienten jene Unterstützung zu geben, die notwendig sei, die genitale Stufe zu erreichen, und das Ich in den Stand zu setzen, alles das voll zu entwickeln, was – vor allem infolge früher Traumen – bisher nicht zur Entwicklung kam. Ein solcher Patient werde über die Grundregeln informiert und angehalten, sie zu befolgen. Er verhalte sich entsprechend, nach besten Kräften. Das genüge, um Besserung durch die Kur zu erlangen. Das Instrument, womit der Analytiker diese Aufgabe leiste, sei einzig und allein die „Deutung", deren Ziel „Einsicht" sei. Einsicht werde die Barrieren beseitigen, die das Ich bisher hinderten, sich voll zu entwickeln. Im Idealfall sei die Tätigkeit des Analytikers auf die Deutung beschränkt. Kein anderes Mittel sei notwendig (1953, S. 108). Aber ach, schon bald fällt in diese Blütenträume der erste Schnee. Der Kollege findet einfach den von Eissler geforderten Patienten nicht. Die Patienten, die seine

Praxis aufsuchen, sind fast alle Mitglieder einer Krankenkasse. Schon das Erstinterview bietet große Schwierigkeiten: Der Patient tritt zunächst in das institutionalisierte Rollenspiel zwischen Arzt und Patient ein und hat Schwierigkeiten, das neue Rollenverhältnis zu verstehen. Vor allem vermißt er die unmittelbare Behandlung seiner Krankheit durch den Arzt und wundert sich enttäuscht, daß er eine aktive Rolle einnehmen soll. Er stellt eine Reihe von Fragen, ist irritiert und verängstigt. Schon das ganze Milieu stimmt nicht mit seiner Vorstellung von einer Arztpraxis überein: Das Zimmer gleicht mehr einem Wohnzimmer oder dem Arbeitszimmer eines Gelehrten, der Arzt trägt keinen weißen Kittel etc. Die Folge für den Analytiker ist, daß er vieles erklären muß, daß er bereits in den ersten Stunden etwas tun muß, um die Irritation und Angst seines Patienten zu mildern.

Diagnostisch erkennt er, daß keiner seiner Patienten so weit entwickelt ist, wie Eissler es fordert, daß keiner über ein Ich verfügt, das allein durch Deutungen in den Stand gesetzt werden kann, „alles das voll zu entwickeln, was bisher von der Entwicklung ferngehalten worden war" (1953, S. 108). Vor allem beobachtet er, daß, wenn er sich auf Deutungen beschränkt – d. h. nur dann von sich aus etwas sagt, wenn er etwas, das er verstanden hat, in Form einer Deutung weitergeben kann –, der analytische Prozeß nicht in Gang kommt. Der Patient fühlt sich alleingelassen, frustriert und unglücklich.

Nachdem er sich eine Zeitlang streng an die von Eissler entwickelte Standardmethode gehalten hat, stellt er betrübt fest, daß viele Patienten vor Erreichung der 70. Stunde die Behandlung abbrechen.

In dieser Stimmung findet er Trost bei Freud, der unter Hinweis auf die Hexenprobe eines Schottenkönigs die der Behandlung vorausgehende Indikationsstellung anzweifelt:

„Unsere Diagnosen erfolgen sehr häufig erst nachträglich ... Wir können den Patienten, der zur Behandlung ... kommt, nicht beurteilen, ehe wir ihn durch einige Wochen oder Monate [d. h. bei 6 Wochenstunden, die Freud machte, für 3 Monate z. B. 72 Stunden] analytisch studiert haben. Wir kaufen tatsächlich die Katze im Sack" (1933, S. 167).

Also, denkt er, wenn die Indikationsstellung in der Psychoanalyse nicht in der Lage ist, die Spreu vom Weizen zu trennen, stellt sich immer wieder der Fall ein, daß ein Patient mit diesem Verfahren nicht behandelt werden kann. Und er fragt sich, ob darüber, wie viele der Patienten, die sich anmelden, später als ungeeignet ausscheiden, nicht vor allem die primäre Zusammensetzung des „Materials" entscheidet? So beobachtet er, daß etwa Studenten, Lehrer und andere Personen mit einer akademischen Ausbildung viel leichter in der Lage sind, mit dem analytischen Verfahren zurechtzukommen und Gewinn daraus zu ziehen als z. B. Personen, die nur Volksschulbildung haben. Auch fällt ihm auf, daß Patienten, die aus gebildeten Elternhäusern stammen, eine bessere Prognose haben als solche, in deren Elternhaus nicht gelesen wurde, eine differenzierte Sprache für psychische Prozesse fehlte und zwischenmenschliche Probleme agierend statt sprechend ausgetragen wurden.

Nach diesen Überlegungen gewinnt er ein Stück Selbstsicherheit zurück., Ihm wird klar, daß unter den Patienten von Eissler, die, weil es dort keine durch Krankenkassen finanzierte Psychotherapie gibt, wohlhabenden Schichten (und das ist in der Regel mit längerem Schulbesuch gekoppelt) angehören müssen, um über viele Jahre ca. 1000 Dollar im Monat für die Psychotherapie zahlen zu können; daß unter ihnen mehr Personen sind, die eine psychoanalytische Arbeit allein mit Deutungen leisten können als unter seinen Angehörigen der unteren Mittelschicht, von denen viele nur 8–9 Jahre die Volksschule besucht haben.

Hier fällt ihm der alte Witz aus New York ein, daß die Patienten, die eine klassische Psychoanalyse machen können, sein müssen: Universitätsprofessoren (Bildung), jüdischer oder protestantischer Religion (hohes Über-Ich) und reich (Honorarhöhe). Hier angekommen, stellt sich ihm aber die Frage, ob das so sein muß, weil es so ist? Geht es um die richtige Methode oder um die erfolgreiche Behandlung von Patienten – gilt also der zynische Spruch: „Operation geglückt – Patient tot" auch in der Psychoanalyse? Muß z. B. psychoanalytische Technik so sein, kann sie nicht auch anders gemacht werden – z. B. so, daß auch die Patienten, die über den Krankenschein die Hilfe des Psychoanalytikers suchen, Aussichten auf Erfolg haben können? Ist es wirklich so, fragt er weiter, wie Eissler gegen Loewenstein argumentiert, daß die Standardmethode mit Deuten auskommen muß und schon das Stellen von Fragen eine unerlaubte Maßnahme darstellt, daß man den Assoziationsstrom nicht unterbrechen darf, daß die Couch eine Konstante im Setting darstellt (Eissler, 1958; Loewenstein, 1958)?

War denn Freud kein Analytiker, weil er Fragen stellte, genaue, höchst aktive Explorationen unternahm, um biographische Details zu eruieren, sich bei der Arbeit des Durcharbeitens ganz entschieden und sehr persönlich ins Zeug legte? Wie sind denn die Sätze zu verstehen, in denen er vom Kampf des Analytikers gegen den Widerstand spricht, davon, daß der Analytiker dem Patienten Stück für Stück die Waffen entwinden müsse, mit denen er sich gegen die Fortsetzung der Behandlung wehrt, dem Widerstand logische Argumente entgegensetzen und dem Ich Nutzen und Prämien versprechen müsse, wenn es bereit sei, darauf zu verzichten? (1926 [1925], S. 191 f.). Und wie sind seine aktiven Eingriffe in die Therapie zu verstehen, etwa die Forderung an den Phobiker, sich dem gefürchteten Objekt zu stellen (1919, S. 191), oder die Terminsetzung beim Zwangsneurotiker (1918 [1914], S. 33)? Und was heißt es, wenn Freud von Erziehen, Nacherziehen, Beraten, Belehren und Suggestion spricht (1917 [1916], S. 473; 1919, S. 190)?

Vielleicht müsse man, sagt sich der junge Analytiker, nur auf diesem Wege weitergehen, experimentierfreudig bleiben, wie Freud es war, um das psychoanalytische Verfahren auf eine breitere Indikationsbasis stellen zu können. Er kann sich nicht damit abfinden, von den Patienten, die seine Behandlung nach wenigen Stunden verlassen, zu sagen, sie seien einfach nicht analysierbar gewesen. Kann es nicht auch an ihm, an seiner Technik liegen, fragt er sich? Es ist ihm nicht wohl bei dem Gedanken an das weitere Schicksal dieser Patienten. Wer soll sie jetzt therapieren, wem überläßt er sie – den weniger ausgebildeten Psychotherapeuten, den Psychopharmaka verschreibenden Psychiatern und Ärzten, den Heilpraktikern, Gesundbetern, Lourdes und den Scharlatanen?

Mit dem Gefühl, am Standardmodell viel für das Prinzip der psychoanalytischen Technik gelernt zu haben, aber in der Praxis damit nicht zurechtzukommen, sucht er weiter und stößt auf die technischen Schriften Ferenczis aus den Jahren 1929–1932. Ist das die Lösung? Ja, vielleicht sind Freud und Eissler zu sehr Vertreter des paternistischen Systems, wiederholen in der Analyse die gesellschaftlichen Zwänge, die hierarchische Ordnung? Jedes Kind hat doch auch eine Mutter! Also zurück in das Reich der Mütter. Jetzt liest er zusätzlich Bachofen und Otto Gross, den Freud so sehr geschätzt hatte. – Er tritt in eine Welt der Technik ein, in der es warm, freundlich und wohltuend liebevoll zugeht.

Jetzt erfährt er, daß es nicht der Patient ist, der sich der Technik anpassen muß, sondern daß es der Analytiker ist, der seine Technik dem Patienten anpassen, d. h. eine radikale Wendung vollziehen muß, die Wendung zur Einlassung in die Interaktion, zum „Umgang mit dem Kranken". Er antwortet mit Ferenczi auf die Bedürfnisse der Patienten nicht mehr ausschließlich deutend, sondern zunächst einmal gewährend. Er schafft ein Klima, in dem der Patient sich wohl und angenommen fühlt, in dem er erhält, was – und das ist die Grenze seines Gewährens – ein Kind von einem Erwachsenen, der es liebt, erwarten darf (Ferenczi, 1931, S. 491 ff.). Durch dieses Gewährenlassen in der Übertragung läßt der Analytiker die Patienten die „Unverantwortlichkeit des Kindesalters genießen, was gleichbedeutend ist mit der Einführung positiver Lebensimpulse und Motive für die spätere Existenz". Erst danach, erfährt er, könne man vorsichtig an jene Versagungsforderungen herangehen, die unsere Analysen sonst kennzeichnen (Ferenczi, 1929, S. 451 f.). Der kategoriale Unterschied zur „klassischen Technik", wie Ferenczi die Freudsche Technik 1924 nannte (Jones, 1960, Bd. 3, S. 80), ist also der, daß hier Regression nicht im Dienste des Ichs und der dadurch möglich werdenden Ich-Veränderung durch Deutung stattfindet, sondern zum Zwecke der Wiederholung der traumatischen Ereignisse in der liebevollen Nähe eines Menschen, der positiv auf die sich nun wiederbelebenden Wünsche, Begierden und Bedürfnisse reagiert.

Er lernt, daß alles, was sich in der analytischen Situation ereignet, in erster Linie als eine Übertragungserscheinung angesehen werden muß, als eine Kombination zwischen der Wiederholung von etwas Vorgegangenem und der Reaktion auf etwas Aktuelles; bei der Übertragung soll vermehrt auf die primitiven Formen der Beziehungen geachtet werden, Beziehungen, wie sie zwischen Mutter und Kind herrschen. Er erfährt, daß das Erinnern und Wiederholen des ursprünglichen Traumas in Gegenwart eines Analytikers, der die Haltung objektiver Passivität einnimmt, zu ähnlichen Bedingungen führen kann wie zu den traumatisch relevanten in der Geschichte des Patienten; daß, indem die analytische Technik Wahrnehmungen des Patienten am Analytiker, die realiter existieren, als etwas deutet, was in *ihm* vorgeht, zu *ihm* gehört, Projektion ist – die Unaufrichtigkeit der Erzieher dem Kind gegenüber wiederholt.

Ferenczi fragt nun, wie der Patient diese Erfahrungen, diese traumatischen Erlebnisse des abhängigen Kindes, das im Erwachsenen starke affektive Reaktionen aufrührt, die es nicht verstehen kann und die sich in der Analyse wiederholen, je verstehen lernt? Nur der Analytiker kann seine Verwirrung durch Sprache auflösen, meint Ferenczi (1932). Weiter fragt er, ob solche Zustände von Verwirrung und Sprachzerfall durch Deuten noch erreicht werden können, oder ob hier Gesten, z. B. das Halten der Hand des Patienten, anzuwenden seien? Am Schluß seiner letzten Arbeitsphase hielt er Deutungen in solchen Situationen für unwirksam. Statt dessen schlug er den Rückgriff auf aufrichtige Zuneigung und Freundlichkeit vor.

Aber auch hier stellen sich unserem Kollegen Probleme. Im Weiterlesen stößt er auf Ferenczis Experimente, die Patienten zu küssen und sich von ihnen küssen zu lassen. Da erschrickt er und befürchtet wie Freud, daß dies in einer „Petting-Party" enden könne. Das Reich der Mütter nimmt bedrohliche Färbung an. Auch stellen sich technische Schwierigkeiten ganz neuer Art seiner Arbeit in den Weg. Er beobachtet, daß der derart behandelte Patient auf der Stufe der Regression verharrt und nicht wieder auf jene Ebene zurückkehrt, auf der die inneren Widerstände gegen das Erwachsenwerden bearbeitet werden müssen, auf der der Patient seine infantilen Triebwünsche revidieren muß. Der Kollege erkennt, daß er jetzt an einem Punkt ist, an dem er das Ziel, die Triebwünsche in der Übertragung durchzuarbeiten, um eine strukturelle Ich-Veränderung zu bewirken, nicht mehr verwirklichen kann. An diesem Punkt liest er bei Anna Freud, daß die Wiederherstellung der frühen Mutter-Kind-Beziehung in der Analyse des Erwachsenen ein Mythos sei (1976).

Vielleicht versucht er trotz der Warnung Anna Freuds, diesen Weg noch ein Stück weiterzugehen und studiert jetzt u. a. das berühmte Buch von Alexander, French aus dem Jahre 1946. Dabei bewegt ihn die Hoffnung, daß diese namhaften Analytiker mit dem Ansatz Ferenczis, besser umzugehen verstehen. – Da findet er Falldarstellungen, in denen es dem Analytiker nicht mehr darauf ankommt, dem Patienten den unbewußten Konflikt bewußtzumachen, sondern darauf, daß für den Patienten eine korrigierende emotionale Erfahrung zustande kommt. Um dieses Ziel zu erreichen, bedient er sich der psychoanalytischen Theorie. Mit ihrer Hilfe verschafft er sich eine genaue Vorstellung von der vorliegenden Übertragungssituation. Ist ihm dies gelungen, schafft er durch manipulierende Maßnahmen die Voraussetzungen für eine korrigierende emotionale Erfahrung. Weil unser Kollege nicht daran glaubt, daß eine solche Befriedigung von Wünschen in der analytischen Situation eine Neurose heilen kann, vor allem aber, weil es ihm nicht um Heilung um jeden Preis geht, sondern um strukturelle Ich-Veränderung, wendet er sich von diesem Weg als einem Holzweg wieder ab.

Die Auseinandersetzung mit Melanie Klein schenkt er sich, weil er sich nicht vorstellen kann, daß Erlebnisse aus der Zeit vor der Sprachentwicklung Gegenstand einer mit den Mitteln der Sprache arbeitenden Technik werden können. Wo keine Erinnerungsspuren, keine Wortspuren im Gedächtnis niedergelegt sind, kann es im besten Falle zu wiederholenden Aktionen kommen, überlegt er. Wer aber versteht ihren Sinn? Und weiter fragt er sich, wie es möglich sein kann, daß das Ich seine Entstehungsbedingungen in einer Zeit, da es nur keimhaft existierte, reflektiert, und wie es die Folgen derselben, wenn es sie selbst nie hat wahrnehmen können, rückgängig machen kann?

Enttäuscht von seinen Suchbemühungen in der Vergangenheit faßt der Kollege nun den Entschluß, sich in der Gegenwartsliteratur umzusehen. Er öffnet das *International Journal of Psycho-Analysis* und stößt auf das Symposion über „Changing expectations of patients and psychoanalysts today", das auf dem Internationalen Psychoanalytischen Kongreß in London 1975 abgehalten wurde. Da findet er Aussagen, die ihm nun den vertrauten Boden unter den Füßen vollends wegziehen.

McDougall stellt fest, daß das „holding" die klassische psychoanalytische Technik der Zukunft sein werde. Der Analytiker habe die primitiven Kommunikationsformen des Patienten zu deuten, solche, die denen des Kindes, das schreit und strampelt, um sich der Mutter verständlich zu machen, ähneln. Er müsse die Rolle der Mutter realisieren.

Da ist er wieder bei Ferenczi, bei der tiefen Regression, bei der emotionalen Erfahrung, bei der Reparation früher Defekte. Erneut steht er vor dem Theorie-Problem, ob präverbale Traumen in die Lebensgeschichte eingehen können, ob sie Erinnerungsspuren hinterlassen können – also Gegenstand einer analytischen Technik werden können, die Verdrängungen beheben will. Kann etwas verdrängt werden, das nie bewußt war, für das es keine Sprachsymbole gibt? Er liest wieder Anna Freud und findet, daß sie das für unmöglich hält.

Da findet er in der Zusammenfassung des Panels den Satz, daß Analytiker und Patient nicht mehr erwarten dürfen, spezifische Probleme zu lösen, unbewußte Inhalte zu entschlüsseln, verborgene Affekte wiederzufinden; sie streben vielmehr danach „to get along together".

Oder: Der Analytiker sei mit seinem Patienten in einem „play room", in dem er nicht mehr Beobachter und Zeuge, sondern Teilnehmer an einem kreativen Spiel sei. Die Erwartung des Analytikers sei weniger fordernd im Hinblick auf ein ideales Ergebnis des Typs: „Wo Es war, soll Ich werden". Oder: Der Analytiker müsse bereit sein zum Identitätsverlust, zur Verwirrung (Rosenfeld) oder „to think crazy" (Eckstein). Ich lasse unseren Zögling T. die Lehrjahre neben der Couch mit der Entdeckung beenden, daß zwischen den Beschreibungen der psychoanalytischen Technik, die er studiert hat, und seinem Erleben während der psychoanalytischen Sitzung ein wesentlicher Unterschied besteht. So stellt er z. B. bei der Lektüre eines Aufsatzes von Rangell fest, daß die Beschreibung der Rolle des Psychoanalytikers in der klassischen psychoanalytischen Technik auf ihn nicht zutrifft. Da heißt es:

„Nehmen wir an, daß der psychische Apparat um sich herum ein magnetisches Energiefeld hat. In der Psychoanalyse nimmt der Therapeut einen Platz in der Peripherie dieses magnetischen Feldes des Patienten ein – nicht so weit entfernt, daß er nutzlos ist und so erscheint, als ob er gar nicht da wäre, aber auch nicht so nah, daß er durch sein eigenes magnetisches Feld mit dem des Patienten in Aktion tritt. Er ist gegenüber Abstoßung und Anziehung immun. Er sitzt an der Grenze wie ein Linienrichter beim Tennismatch, so daß er zum Patienten sagen kann, das ist das, was du jetzt tust, hier ist ein Impuls, hier ist Abwehr, hier ist Widerstand, hier ist eine Kompromißentwicklung, hier ist ein Symptom. Es muß noch hinzugefügt werden, daß er das alles nicht tut. Er muß frei sein von der Notwendigkeit, sich hin und her zu bewegen, nicht nur, um die gleichschwebende Aufmerksamkeit zu entwickeln, sondern um, wenn notwendig, spezifische Funktionen in Wort und Handlung auszuführen ..." (1954).

Er selbst erlebt sich ganz anders, viel beteiligter, viel verstrickter in den Prozeß, viel mehr mit Gefühlen unterschiedlicher Art und Stärke reagierend.

Nun tauchen neue Fragen auf. Ist das, was er da erlebt, sein Problem – sind die Gefühle von Wut, Ärger, Zuneigung, Abneigung, Langeweile, Enttäuschung etc. Ausdruck seiner Neurose –, oder ist es das, was man Gegenübertragung nennt, von der er gelesen hat, daß sie ein feiner Indikator für das Verständnis des Unbewußten sei? Aus Freuds Schriften gewinnt er den Eindruck einer gleichbleibenden, unbewegten Beziehung des Analytikers zu seinem Patienten. Der Ausdruck „gleichschwebende Aufmerksamkeit" beunruhigt ihn, weil er sie so selten erreicht. Auch die anderen Autoren scheinen perfekte Beobachter und Behandler zu sein. Sein eigener Analytiker ist so verschlossen, daß er völlig unbewegt erscheint. Das einzige, was er von ihm wahrnimmt, sind die gelegentlichen Interventionen. Und die sind stets sachlich, völlig unpersönlich, stets um Verstehen bemüht, oft hilfreich. Die Entdeckung seiner Verwirrungen beschämt ihn tief, weil er befürchtet, daß nur er von ihnen heimgesucht werde.

Zum Schluß will ich die Frage stellen, wie wir unserem Kollegen helfen können, seine Irrfahrt erfolgreich zu beenden und ein Analytiker zu werden, der mit Lust und Liebe, mit Vergnügen und einem ausreichenden Maß an Selbstsicherheit seiner Arbeit nachgehen kann. Was können wir, die psychoanalytischen Ausbildungsinstitute und die dort tätigen Lehrer tun, um diese von mir als veränderbar bezeichneten Ursachen des Ausbildungsdilemmas zu beheben oder zu verbessern?

Etwas, was die Institute leisten können, wäre, ihre ihnen z. T. unbewußten Ausbildungsprobleme, die sie aus der Vergangenheit mit sich schleppen, zu klären. Das ist z. B. ihre Zwitter-Natur: Auf der einen Seite bedingt die Lehranalyse eine unmittelbare Abhängigkeit des Lernenden vom Lehrenden, auf der anderen Seite streben die Institute den Charakter von Akademien an, deren Ziel es ist, kritische, unabhängige Wissenschaftler auszubilden.

Hier ist noch viel unverarbeitete Vergangenheit wirksam: Noch haben nicht alle realisiert, daß die Psychoanalyse nicht länger, wie es wohl Freuds Vorstellung war, vom Lehrer an den Schüler weitergegeben wird, der Schüler dann der *Psychoanalytischen Vereinigung* beitritt und das „Ererbte" wieder weitergibt. Auch bestehen hier und da noch Schwierigkeiten, den kritischen Geist der Akademie auch auf die Schriften Freuds anzuwenden. Wieviel emanzipatorischer Geist ist in den eigenen Reihen erlaubt, wieviel gläubige Gefolgstreue erwünscht?

Problematisieren müßten die Institute auch, ob ihr didaktisches System, dem der medizinischen Ausbildung nachgebildet und von der positivistischen Überzeugung geleitet, Therapie sei angewandte Theorie, ihren Intentionen, praktizierende Analytiker heranzubilden, förderlich oder schädlich ist. Ich frage z. B., ob es zweckmäßig ist, 2–4 Semester psychoanalytische Theorie (Neurosenlehre, Triebtheorie, Ich-Psychologie etc.) zu lehren, bevor der Analytiker in Ausbildung seinen ersten Patienten psychoanalytisch behandelt. Auf diese Weise wird ausgedrückt, daß psychoanalytische Therapie Anwendung der Theorie der Psychoanalyse ist. Das ist aber doch nur ein Aspekt. Wie Balint uns gezeigt hat, erhöht diese Ansicht die Gefahr, psychoanalytische Therapie als Ein-Personen-Psychologie zu betreiben und den Therapeuten außerhalb des Prozesses als den zu verstehen, der die Pathologie des Patienten feststellt, deutet und damit behebt (s. das Zitat von Rangell weiter oben). Würden wir z. B. vom Erlernen des psychoanalytischen Prozesses ausgehen, begleitet vom Studium der psychoanalytischen Theorie und der Theorie der Technik, würde der Analytiker in der Ausbildung zwei erhellende Erfahrungen machen können. Einmal die, daß es sich um eine intensive Zweipersonenbeziehung handelt, in die er bald in vielerlei Weise involviert ist, und zum anderen die, daß sich seine Lehrer hier ganz anders verhalten, als wenn sie über die psychoanalytische Theorie sprechen.

Würde man diese Erfahrungen zum Gegenstand von die Ausbildung begleitenden Seminar-Diskussionen machen, hätten die Institute die Möglichkeit, manche Verwirrungen ihrer Zöglinge zu mildern oder gar zu beheben.

Die bei diesen Diskussionen anwesenden Lehrer des Instituts könnten davon berichten, daß sie selbst auch durch diese Verwirrungen gegangen sind, daß sie dasselbe erlitten haben wie der „Zögling". So entstünde eine Solidarität zwischen beiden auf der Suche nach besseren Ausbildungswegen.

Sie hätten im Gespräch über Fragen der Technik Gelegenheit, die Schwierigkeiten zu erwähnen, die sie selber bei dem Versuch, einen psychoanalytischen Prozeß zu verstehen, haben; oder, daß sie oft nicht wissen, ob das, was der Lernende macht, richtig oder falsch ist. So käme mehr Realität in die Beziehung zwischen dem Lehrenden und dem Lernenden. Der Idealbildung würde kräftig entgegengewirkt.

Bei der Supervision sollten die Lehranalytiker stets zum Ausdruck bringen, daß das, was sie vertreten, nicht die einzig richtige Technik ist, sondern die, welche sie sich im Laufe der Jahre erworben haben. So wird einer positivistischen Idealbildung entgegengewirkt und von Anfang an die Realität des analytischen Prozesses als Zweipersonenbeziehung hervorgehoben.

Vor allem sollten die Lehrenden in diesem Kreise eigene Fälle vorstellen. So würde der Analytiker in der Ausbildung sehen, daß Technik nicht einfach Anwendung der Theorie der Psychoanalyse ist, sondern etwas, das sich jeder Analytiker in einem Prozeß, der dazu dient, die für ihn richtige Technik zu finden, erwerben muß. Der Mythos, man müsse nur die Theorie gründlich beherrschen, um Analysen machen zu können, würde auf diese Weise auch auf der Ebene der Lehrenden zerstört. Das enthebt den Analytiker in Ausbildung der Selbstentwertung und gibt ihm die beruhigende Gewißheit, daß er diesen Lernprozeß im Laufe der Jahre auch bewältigen werde.

Wir sollten uns in den Instituten von der Vorstellung freimachen, daß die Analytiker in Ausbildung, die sich in den angebotenen Ausbildungsgang einfügen und sich reibungslos mit den institutionalisierten Lehrmeinungen identifizieren, auf dem Wege seien, gute Analytiker zu werden. Wir wollten nicht zu früh von geglückter Anpassung sprechen – sie eher in Frage stellen. Viele begabte Analytiker in Ausbildung möchten eigene Erfahrungen machen, scheuen sich nicht vor den sich daraus möglicherweise ergebenden Verwirrungen. Sie wollen auch in der Technik ihre eigenen Wege gehen, möchten experimentieren. Vermitteln wir ihnen das, was wir auch unseren Patienten vermitteln: freudige Teilnahme an Entwicklungen zur Selbständigkeit im emanzipatorischen Geiste der Psychoanalyse.

Als das Buch von Ferenczi und Rank „Entwicklungsziele der Psychoanalyse" im Jahre 1924 bei den Berliner Analytikern einen Sturm auslöste (Jones, Bd. II. S. 79), versandte Freud ein Rundschreiben an alle Mitglieder des Komitees, in dem er, trotz mancher eigener Bedenken, schrieb: „Sonst kann die Schrift als ein erfrischender und zersetzender Eingriff in unsere gegenwärtigen analytischen Gewohnheiten anerkannt werden" (Freud-Abraham-Briefwechsel, S. 321/22).

Wir sollten alles tun, daß die Lehrjahre neben der Couch in einem solchen Denkklima verbracht werden können.

Gibt es *zwei* psychoanalytische Techniken?

„Gerade über diesen Kardinalpunkt [nämlich, wie das theoretische Wissen praktisch zu verwerten sei] haben wir uns offenbar viel zu wenig Rechenschaft gegeben. Vielmehr scheint es, daß in den Analysen vielfach das theoretisch Bedeutsame anstatt des analytisch Wichtigen gesucht wurde ..."
(S. Ferenczi u. O. Rank, 1924).

I. Einleitung

Innerhalb der psychoanalytischen Theorie wie der Theorie der Technik haben sich in den letzten 20 bis 30 Jahren große, z. T. die Grundsätze der „klassischen Technik" Freuds – Ferenczi führte diesen Begriff ein (S. Freud, 1965 a, S. 321/322) – betreffende Veränderungen ereignet. Sie sind so einschneidend, daß sie von manchen als bedrohlich erlebt werden. Anna Freud spricht von einer „anarchischen Phase", in der sich die psychoanalytische Theorie wie die Theorie der Technik befinden (1972 a, S. 152). Vereinfachend könnte man sagen, daß sich zwei Gruppen gebildet haben, die sich in bezug auf die Beurteilung der psychoanalytischen Therapie unterscheiden. Die Vertreter der „klassischen Technik" sehen Umfang und Reichweite der Therapie als weitgehend abgesteckt an. Das Indikationsgebiet erscheint ihnen endgültig festgelegt, das technische Verfahren ausreichend definiert und die Grenze, jenseits welcher eine Technik nicht mehr als analytisch gelten kann, deutlich markiert. Die noch offenstehenden, ungelösten Probleme der Technik lassen sich heute (A. Freud, 1972 b) wie vor 40 Jahren (S. Freud, 1937 c) *de facto* auf zwei Probleme reduzieren (s. S. 8, S. Freuds u. A. Freuds Ansichten zu diesem Punkt). Über dieser Gruppe liegen – und dies bereits seit Freuds pessimistischer Beurteilung der psychoanalytischen Therapie (1937 c) – lange Schatten der Skepsis hinsichtlich ihrer zukünftigen Chancen. Eissler stellt 1969 fest, daß die Psychoanalyse als Technik keine aussichtsreiche Zukunft habe (1969, S. 462). Die andere Gruppe zeichnet sich dadurch aus, daß sie das Feld der psychoanalytischen Technik voller Elan erweitert: Sie bezieht den Bereich des Präverbalen in die Technik mit ein und vergrößert das Indikationsgebiet auf Psychosen, Borderline-Fälle, Suchten und Perversionen. Das hat zur Folge, daß neue Umgangsformen mit dem Kranken notwendig werden, die oft nur noch dadurch geleistet werden können, daß der Analytiker in den pathologischen Prozeß mit eingeht und bis zu psychotischen Kernen in sich selbst regrediert (Ekstein, 1976).

Wo die neuen Konzepte eindeutig und offenkundig von dem Freuds abweichen – etwa das Melanie Kleins oder J. Lacans –, ist die Theorie der Technik und die technische Praxis von den Freudschen Positionen klar abzugrenzen. Das gilt nicht für andere Konzepte, die sich als Erweiterung und Verbesserung des Freudschen Konzepts verstehen. Ohne ausreichende kritische Auseinandersetzung mit den historischen Positionen Freuds erscheinen sie von diesen kaum unterschieden. So entsteht eine Grauzone der Ungenauigkeit wie der Unverbindlichkeit der Begriffe und der Praktiken, die sich auf der Ebene der täglichen Arbeit des Analytikers, vor allem des Ausbildungskandidaten (Cremerius, 1978), als mangelnde Fähigkeit zur Differenzierung widerspiegelt. Das verführt zu oft ungebrochener therapeutischer Aktivität, die sich nicht mehr darum bemüht, ihre Operationen begrifflich zu isolieren und methodisch zu begründen.

An dieser Stelle möchte meine Arbeit einsetzen. Sie soll ein Versuch sein, das sich ungenau und pragmatisch Verflechtende und Verflochtene soweit zu trennen, daß die prinzipiellen Positionen deutlich sichtbar werden. Ich formuliere dabei absichtlich kontrovers, d. h. ich polarisiere die Positionen, um die kategorialen Differenzen klar hervorzuheben. Ich betone aber ausdrücklich, daß diese Polarisierung didaktisch begründet ist und nicht besagen soll, daß hier unüberwindliche Gegensätze vorliegen. Im Gegenteil bin ich der Meinung, daß beide Techniken wertvolle Beiträge zur psychoanalytischen Therapie leisten und beide voneinander lernen können. Dies ist aber erst in begründeter Weise möglich, wenn der, der mit ihnen handelnd umgeht, die begrifflichen Unterscheidungen gelernt hat. Erst dann kann er sie im Sinne von technischen Instrumenten benutzen, betreibt er auf Konzepte bezogene Therapie. Für die Forschung im Felde der Technik bedeutet das, daß erst dann die Problemstellungen deutlich und methodischer Untersuchung zugänglich werden.

Eine Diskussion über Technik wäre einfach zu führen, wenn man die Praxis aus theoretischen Grundannahmen ableiten könnte. Das scheint in der Psychoanalyse nicht ohne weiteres möglich zu sein[1]. Die Methodiker, die darin die Verwirklichung eines puristischen Ideals sehen, stoßen auf die unüberwindbare Schwierigkeit, daß sich im analytischen Prozeß zwei Menschen begegnen, die beide, auch der Arzt – üblicherweise als der objektive Verwalter der therapeutischen Technik verstanden –, von unbewußten Prozessen beeinflußt werden. Der Arzt wird selbst Teil des analytischen Prozesses – er bestimmt ihn nicht ausschließlich methodisch-operational, sondern auch durch seine Person, seine Individualität. Er eignet sich also nicht dazu, Theorie in perfekter und mechanischer Weise in Technik zu übersetzen (s. dazu Morgenthaler, 1978). – Historisch gesehen findet die Annahme, daß die Geschichte der psychoanalytischen Technik die Geschichte der Anwendung der psychoanalytischen Theorie auf die Praxis sei, keine Stütze. Kris bemerkt, daß Freud immer zuerst die Entdeckungen machte und dann erst – später – die dazugehörige Theorie formulierte. So enthielten, stellt er fest, die technischen Schriften zwischen 1912 und 1915 bereits die Prinzipien der späteren Ich-Psychologie. (Diese Auffassung teilt auch H. Hartmann, 1968). Kris ist der Auffassung, daß die meisten Veränderungen in der Technik nicht im Gefolge neuer Entwicklungen der psychoanalytischen Theorie erfolgt, sondern aus der Technik selbst erwachsen seien (1951). In diesem Sinne stellt Freud 1933 fest (1933 a, S. 163), daß er das Theoretische der psychoanalytischen Therapie heute nicht anders formulieren könne als vor 16 Jahren (1916–1917 [1915–1917]). Man bedenke beim Lesen dieses Satzes, daß er zwischenzeitlich die Psychologie des Ichs und des Über-Ichs formuliert hatte! Dieser Linie folgend, schreibt Anna Freud 1969, daß die Ich-Psychologie der 20er Jahre keine

---

1 Dieses Problem hat die Psychoanalytiker seit Freuds Preisaufgabe, das „Verhältnis der analytischen Technik zur analytischen Theorie" näher zu untersuchen – er stellte sie 1922 auf dem Berliner Psychoanalytischen Kongreß – nicht mehr losgelassen. Ferenczi und Rank widmeten der Frage ihr bedeutsames Buch „Entwicklungsziele der Psychoanalyse" (1924), und Glover hat in seinen die englische Psychoanalyse entscheidend beeinflussenden Vorlesungen von 1927 und 1928 die skeptische Auffassung vertreten, die Möglichkeit irgendeiner Theorie der Therapie existiere überhaupt nicht (1928, S. 125–132).

größeren Veränderungen der Technik mit sich gebracht habe (1972b), und Greenson stellt gleichsinnig fest: „Es ist eine eindrucksvolle Tatsache, daß die Hauptzüge der psychoanalytischen Technik, die Freud in den fünf kurzen Abhandlungen [1912–1915] niedergelegt hat, noch immer als Basis der psychoanalytischen Praxis dienen. In der allgemein praktizierten psychoanalytischen Technik haben sich keine anerkannt größeren Veränderungen oder Fortschritte durchgesetzt" (1967, S. 17). Denselben Gedanken finden wir bei Lorand (1948), bei Nacht (1962) und bei Sandler (1973). Lipton geht soweit festzustellen: „Ich möchte beweisen, daß die Technik, die Freud bei Lorenz [dem Patienten, den wir als ‚Rattenmann' kennen (1909d)] anwandte, seine endgültige Technik war, bereits voll entwickelt, bevor er diese Behandlung begann. Er hat sie für den Rest seines Lebens nie mehr geändert. Sie wurde von den Analytikern als klassische Technik etwa 40 Jahre lang akzeptiert" (1977).

Die Standorte der beiden Techniken, die ich darstellen will, spiegeln sich programmatisch in den Aussprüchen von zwei Exponenten je einer der beiden Gruppen wider. Rangell konstatiert im Freudschen Sinne, daß das Es unveränderbar ist, daß sich nur unsere Ansichten von ihm ändern (1975). Dagegen stellt Green, ein Analytiker aus der Ideenwelt Bions und Winnicotts, daß neue Entdeckungen in Bereichen gemacht wurden, die nicht einmal mit dem, was wir kennen, in Verbindung stehen (1975).

Ich werde die eine Technik, die sog. klassische, als *Einsichtstherapie* der anderen als der *Therapie der emotionalen Erfahrung* gegenüberstellen. Es zeigt sich, daß die eine in ihrem Vorgehen deduktiv ist, die andere, je mehr sie von Grenzzuständen angezogen wird, um so induktiver vorgeht.

II. Freuds mit Einsicht arbeitende Technik

Als Freud 1915 die Reihe technischer Schriften beendete, war die psychoanalytische Behandlungstechnik bereits durchgehend formalisiert. Ihre theoretischen Voraussetzungen waren folgende:

Erstens ein definiertes *Indikationsgebiet*, bestehend aus den sog. Übertragungsneurosen: Hysterie, Zwangsneurose, Depression, Sexualstörungen und Charakterneurosen. Von anderen psychischen Erkrankungen nahm er an, daß sie zwar mit Hilfe der psychoanalytischen Theorie der Neurosen verstehbar, aber nicht therapierbar seien. So schloß er die Psychosen und andere psychische Krankheiten von der psychoanalytischen Behandlung aus. Die Begründung war die, daß solche Patienten keine Übertragung entwickeln würden. Der Patient, den Freud für psychoanalytisch behandelbar erklärt, ist demzufolge ein Mensch, der die phallische Stufe der Triebentwicklung erreicht hat.

Die zweite theoretische Voraussetzung ist ein *Krankheitsbegriff*, orientiert an einem Konfliktmodell, in dem verdrängte und demzufolge unbewußte Triebwünsche von Abwehrmechanismen, die der unbewußten Defensivorganisation des Ichs angehören, an der Wiederkehr gehindert werden. Diese Konfliktkonstellation entsteht in den frühen Jahren der Kindheit: Einmal durch die Auseinandersetzung des Kleinkindes mit seiner familiären Umwelt, zum anderen durch konstitutionelle Faktoren. Dabei entstehen Fixierungen auf den verschiedenen Stufen der Trieb- und Ich-Entwicklung, auf die beide, Trieb wie Ich, in den Krisen der ödipalen Situation regredieren können. Die Regression folgt den Spuren der Erinnerung – sie kann also nur bis auf solche Entwicklungsstufen zurückgehen, an die es Erinnerung gibt, d. h. in solche nach der Sprachentwicklung.

Die dritte Voraussetzung ist ein *Regressionsbegriff*, der von der erreichten Endstufe der Trieb- und Ich-Entwicklung her definiert wird. Die Neurosenformen, die der psychoanalytischen Therapie zugänglich sind, zeigen Regressionen entweder zu den primären inzestuösen Objekten und/oder auf frühere Stufen der Sexualorganisation, nie jedoch auf solche aus präverbaler Zeit. Auch das Ich kann regredieren, erhält aber, weil es dabei zu keinem Strukturverlust kommt, die Objektbeziehungen zum Analytiker aufrecht oder kann sie wiederherstellen.

Die letzte Voraussetzung ist ein *Heilungsbegriff*, dessen Ziel es ist, dem Ich, d. h. jener psychischen Instanz, welche die kognitiven Funktionen ausübt, Einsicht in die unbewußten Anteile des Es, des Über-Ichs wie seiner Selbst (d. i. seiner unbewußten Defensivorganisation) zu verschaffen. Um dies zu erreichen, muß das Ich in einer bestimmten Weise verändert werden. Hier herrscht also der Glaube an die verändernde Kraft der Vernunft[2].

Aus diesen theoretischen Voraussetzungen Freuds leitet sich die psychoanalytische Therapie ab. Sie läßt sich in ihren wesentlichen Zügen auf folgende Punkte reduzieren:

1. Weil die Neurosen aus Schicksalen der Triebentwicklung an Objekten derselben in der frühen Kindheit entstehen, kommt es in jedem Falle – sozusagen automatisch – zur Übertragung frühkindlicher Verhaltensweisen auf den Analytiker. Der Analytiker nützt die Übertragung für seine Arbeit, insbesondere ihre positive Form. Sie rüstet ihn mit Autorität aus und setzt sich in Glauben an seine Mitteilungen und Auffassungen um. Ohne solche Übertragung, so stellt Freud fest, bleiben seine Argumente wirkungslos. Der Glaube wiederholt dabei seine eigene Entstehungsgeschichte: Er ist ein Abkömmling der Kinderliebe und hat zuerst keiner Argumente zu seiner Rechtfertigung bedurft. Kurz gesagt, die Übertragung ist mit ihrer suggestiven Kraft die Grundlage, auf der – und das ist 1917 Freuds feste Meinung (1916–1917 [1915–1927], S. 463) – einzig und allein die intellektuelle Seite des Patienten beeinflußt werden kann.

2. Die analytische Arbeit hat den Patienten der phallischen Phase zum Gegenstand. Mit dieser Feststellung ist die Qualität seines Trieblebens, seines Ichs und seines Über-Ichs definitiv festgelegt. Für das Ich z. B. heißt das, daß es alle Möglichkeiten besitzt, eine Organisation auszubilden, die eine adäquate Beziehung zur Realität aufrechterhalten kann. Es ist mit anderen Worten der Patient im ödipalen Spannungsfeld zwischen Inzestwunsch und Kastrationsangst, in jenem Dreieck, in dem er sich mit dem Vater und der Mutter befindet. Diese Mutter ist aber nicht die

---

2 Rangell formuliert die psychoanalytische Therapeutik so: „Psychoanalyse ist eine therapeutische Methode, *durch* die günstige Bedingungen für das Zustandekommen einer Übertragungsneurose geschaffen werden, in der die Vergangenheit in der Gegenwart wieder hergestellt wird, *damit* es über einen mit systematischen Deutungen arbeitenden Angriff auf die vorhandenen Widerstände zu einer Auflösung der Neurose (der Übertragungs- wie der infantilen Neurose) kommt, *mit dem Ziel*, strukturelle Veränderungen im psychischen Apparat des Patienten hervorzubringen, die diesen zu einer optimalen Anpassung an *seine* Lebensumstände befähigen" (1968).

„frühe Mutter", sie ist vor allem und ausschließlich die Frau des Vaters.

3. Regressionen sind in der Analyse aus therapeutischen Gründen erwünscht. Das Setting fördert ihr Zustandekommen. Freud wählte jedoch nur solche Patienten aus, bei denen die Regression nur teilweise und vorübergehend auftrat. Sein therapeutisches Modell schloß Regressionen auf präanale oder gar psychotische Formen der Ich-Entwicklung aus.

4. Das Ziel der Therapie besteht darin, dem Patienten jene Hilfen zu geben, die es ihm gestatten, die genitale Stufe der Libidoorganisation zu erreichen und alle Möglichkeiten seines Ichs, die durch traumatische Erfahrungen blockiert waren, frei zu entfalten.

5. Die dazu erforderlichen technischen Mittel sind die Herstellung der analytischen Situation, die Bekanntgabe der Grundregel mit der Aufforderung, diese zu befolgen, und – als „Alpha und Omega" (Eissler, 1959/60) – die Deutung. Ihr gehen Prozesse wie Klarifikation und Konfrontation voraus – ihr folgt das Durcharbeiten. Das Deuten findet nach bestimmten Regeln an den Widerständen statt, vornehmlich am Übertragungswiderstand. Der Inhalt selbst, das Verdrängte, wird erst nach Beseitigung der Hindernisse Gegenstand der Arbeit. Diese Art des Vorgehens setzt das Ich in den Stand, sich von unbewußten Einschränkungen zu befreien und Einsicht zu erreichen. Weil alle diese Operationen im Felde von Übertragung und Widerstand stattfinden, bleiben sie nicht auf intellektuelle, rein rationale Vorgänge beschränkt. Der Patient erlebt im Hier und Jetzt der Übertragung seine Neurose in Aktion am Analytiker wieder. Diesem Wiedererleben schreibt Freud die größte heilende Wirkung zu – aber nur unter der Bedingung, daß sie zu Einsicht und struktureller Ich-Veränderung führt. Erst die Auflösung der Übertragung wie die der mit ihr verbundenen suggestiven Momente der Therapie ermöglicht das emanzipatorische Ich, die Erweiterung der Selbsterkenntnis.

6. Die Haltung des Analytikers in diesem „Grundmodell der psychoanalytischen Therapie" (Eissler, 1959/60) kann sich auf die des teilnehmenden Beobachters beschränken, die Rangell 1954 wie folgt beschreibt: „... verwenden wir die Vorstellung, daß der psychische Apparat um sich herum ein magnetisches Energiefeld ausbreitet. Der Ana-

lytiker nimmt einen Platz in der Peripherie dieses Feldes ein, nicht soweit entfernt, daß er nutzlos ist und so erscheint, als ob er gar nicht da wäre, aber auch nicht so nah, daß er durch sein eigenes magnetisches Feld in Aktion mit dem Patienten gerät. Er ist immun gegenüber der Abstoßung und der Anziehung. Er sitzt an der Grenze wie ein Linienrichter beim Tennismatch, so daß er zum Patienten sagen kann, das ist das, was du jetzt tust, hier ist ein Impuls, hier eine Abwehr, hier ist ein Widerstand..." Diesen Standpunkt vertritt Rangell auch heute noch (1975). In demselben Sinne verstehen Macalpine (1950), Greenacre (1954) und auch Eissler die analytische Situation als eine asymmetrische. Der Analytiker, sagt Freud, ist „durch Selbstzucht" emotional soweit unter Kontrolle, daß seine Deutungen von seinen persönlichen Eigenheiten unbeeinflußt bleiben (1926e, S. 249).

Als Freud sein therapeutisches Testament „Die endliche und die unendliche Analyse" schrieb, war er in bezug auf die therapeutischen Möglichkeiten der Psychoanalyse äußerst pessimistisch. Das lag vor allem daran, daß er bei der Untersuchung der Hindernisse, die sich der psychoanalytischen Therapie in den Weg stellten, auf solche physiologischer und/oder biologischer Natur stieß, die ihm als durch psychologische Mittel unbeeinflußbar galten. Unter diesen führte er auf: die „konstitutionelle Triebstärke", die „Ich-Schwäche aus physiologischen Gründen", den „Destruktionstrieb als Konfliktquelle". Hierhin gehören ferner die „Ablehnung der Weiblichkeit" durch den männlichen Patienten und das Streben der weiblichen Patienten nach dem Besitz eines männlichen Genitales – zwei Formen von Übertragungswiderstand, bei denen der Analytiker durch alle psychologische Schichtung hindurch zum „gewachsenen Fels" durchgedrungen und so am Ende seiner Tätigkeit angelangt sei. Aber auch bei der Darstellung jener Hindernisse, für die keine biologische Ursache anzuführen ist, wie z. B. für die „negative therapeutische Reaktion", den „moralischen Masochismus" und gewisse Formen des Über-Ichs, sah er die Chancen der Therapie als äußerst gering an (1937c).

Technische Entwicklungen zur Behebung der genannten Hindernisse und zur Verbesserung der therapeutischen Effizienz der Psychoanalyse könnten, so meinte Freud, von therapeutischen Ich-Veränderungen ausgehen wie vom Studium derjenigen Ich-Veränderungen, die vom Individuum in seinen frühesten Abwehrkämpfen erworben werden. Unter „therapeutischen Ich-Veränderungen" verstand er technische Maßnahmen, die das relative Kräfteverhältnis zwischen den in der Analyse miteinander ringenden Faktoren, den drei Instanzen, verändern. Der Erfolg jeder analytischen Kur, stellte er fest, hängt letzten Endes von ökonomischen Momenten ab (1937c, S. 71). Freuds Hinweise auf die Analyse der frühesten Abwehrkämpfe des Ichs und der Vorgeschichte des Ödipuskomplexes beziehen sich, wie Anna Freud feststellt (1977b, S. 35), auf die orale und anale Phase der Libidoentwicklung, d. h. auf die Periode nach der ersten Abtrennung eines Ichs vom Es. Sie beziehen sich, so stellt sie ausdrücklich fest, nicht auf die Zeit vor der Sprachentwicklung.

Diese beiden Vorschläge Freuds sind von seinen Schülern und Nachfolgern verschieden aufgenommen worden. Der erste – man solle die ökonomischen Verhältnisse weiter studieren – wurde von solchen Analytikern weiterverfolgt, die das Grundmodell der psychoanalytischen Technik streng beibehalten. Sie tragen im wesentlichen zur Differenzierung und Erweiterung des Modells bei. Hierhin gehören Namen wie Anna Freud, Hartmann, Bibring, Fenichel, Strachey, Gill, Eissler, Greenson, Rangell u. a. In diesen Kreisen werden Variationen der Technik, aber keine Modifikationen zugelassen[3]. Der andere Vorschlag Freuds – die Folgen der frühen Abwehrkämpfe des Ichs in der Vorgeschichte des Ödipuskomplexes näher zu erforschen – hat zu einer neuen Theoriebildung und zu neuen, von der Standardtechnik mehr oder weniger abweichenden, Techniken geführt.

III. Die Technik der emotionalen Erfahrung

Was allen neuen Entwicklungen der psychoanalytischen Technik gemeinsam ist, ist die mehr oder weniger deutliche, partielle oder totale

---

3 Die technischen Beiträge aller hier hingehörenden Autoren hat Fenichel bis 1938 gesammelt und kritisch referiert (1941).

Verwendung der emotionalen Erfahrung. Diese erscheint den Vertretern dieser Richtungen notwendig, weil sie von pathoätiologischen Vorstellungen ausgehen, die den Beginn der neurotischen Störungen in präödipale Phasen der Trieb- und Ichentwicklung verlegen. (Nur die Chicagoer psychoanalytische Schule unter Franz Alexander und Sandor Radó in New York vollziehen diesen Schritt nicht. Sie bleiben mit ihrer Technik der „korrigierenden emotionalen Erfahrung" im ausschließlich ödipalen Bezugssystem Freuds. Variiert wird von ihnen bloß das Verhältnis von emotionaler Erfahrung zu Einsicht [1948 und 1956].) Die Verlegung der Neurosenätiologie in präödipale Phasen bedeutet folgendes: Vom Standpunkt der Objektbeziehung besagt sie, daß es sich um eine Phase vor dem ödipalen Dreieck handelt, also eine Beziehung zwischen einem Kind und einer Mutter, die nicht die Frau des Vaters ist; vom Standpunkt der Triebtheorie besagt sie, daß hier prägenitale Formen sexueller Aktivität vor dem Primat der Genitalorganisation bestehen; vom Standpunkt der Organisation des psychischen Apparats aus besagt sie, daß es sich um eine Phase vor der Strukturbildung handelt. (In der psychoanalytischen Schule Melanie Kleins, die ich in meiner Darstellung hier unberücksichtigt lasse, haben wir ein prinzipiell anderes Modell vor uns. Hier wird davon ausgegangen, daß der Vater sehr früh in die Beziehung des Kindes zur Mutter eingreift, wie es die Phantasie vom väterlichen Penis, der im Körper der Mutter aufbewahrt wird, zeigt. Man setzt die „vereinigten Eltern" an den Anfang des psychischen Lebens. Der Ödipuskomplex ist also der Beginn, nicht das Ende der kindlichen Entwicklung. Demnach kann es auch keine präödipale Phase geben. Diese Denkungsart teilt auch Lacan, der von einem „präödipalen Dreieck" spricht – jedoch mit dem Unterschied, daß das Dreieck hier nicht aus Kind-Mutter-Vater, sondern aus Kind-Mutter-Phallus besteht. Was sich in allen diesen Richtungen gleichermaßen ereignet, ist die Entthronung von Freuds König Ödipus. Auf den freiwerdenden Thron wird die Mutter gesetzt – eine Mutter, die nicht die Frau des Vaters ist. Sie fungiert in der nährenden, schützenden Rolle, mit der das Kind symbiotisch verbunden ist. Die Mutter wird zum Schicksal, so hat es Schottländer lange vor Beginn dieser Entwicklung formuliert (1946)).

Hier wird Liebe zum Monopol von Mütterlichkeit – eine Konsequenz aus Freuds Interpretation der Ödipus-Situation für den Knaben. In ihr erscheint der Vater drohend, strafend, verbietend. Dabei wird übersehen, daß – von Freud auch reflektiert – der Vater auch ein liebespendendes Objekt ist: er beschützt den Sohn, der Schritte in die Welt des Mannes macht, er liebt in ihm sein eigenes Geschlecht, freut sich an der phallisch-erektiven Kraft, hilft, Ängste überwinden, ermutigt etc. Zuviel Mutter, das wird hier übersehen, bedeutet stets, zuwenig Vater (Ruhs, 1983). Untersucht man diese Entwicklungen genauer, so nehmen sie ihren Ausgang, vor allem was die Technik betrifft, weniger von Freud als von Ferenczi, und zwar von dessen therapeutischen Experimenten zwischen 1929 und 1932. Die von ihm entwickelten Gedanken lassen sich wie folgt zusammenfassen:

1. Der Analytiker habe die Regression bis zu den frühen Traumata zu ermöglichen.
2. Auf dieser Stufe müsse er sich so einstellen, daß er dem Patienten das geben könne, was ein Kind von einem Erwachsenen, der es liebt, erwarten dürfe.
3. Das Entscheidende an diesem Vorgang sei eine Erfahrung, die von der, welche der Patient an seiner Mutter gemacht habe, abweiche.
4. Die objektive, passiv-deutende Haltung des Analytikers lasse den Patienten die Traumata, an denen er erkrankt sei, wiedererleben. Deshalb müsse der Analytiker eine andere Haltung einnehmen, als Freud vorgeschlagen habe.
5. Wesentlicher Teil dieser Haltung sei Toleranz. „Abstinenz" und „Entbehrung", wie Freud sie für unerläßlich gehalten habe, seien schädlich.
6. Die Arbeit an der Abwehr und am Übertragungswiderstand schaffe u. U. erst die Störungen, die sie beheben solle.
7. Da das Ich des tief regredierten Patienten ein schwaches Ich sei, werde es von Deutungen nicht mehr erreicht. Der Analytiker müsse sich deshalb eines Sprechkontaktes bedienen, der dem des Kindes mit dem Erwachsenen entspräche.
8. Auf die Phase müsse die normale Arbeit im ödipalen Bereich folgen – dies die eine Ansicht. Daneben steht – fast gleichzeitig formuliert –

die gegenteilige Auffassung, daß die erste Phase der Therapie genüge, um die Kur erfolgreich durchführen zu können (1928a, 1928b, 1928c, 1929, 1930, 1931, 1933).
Aus diesen Ansätzen haben sich die heute in der von der klassischen Technik abweichenden Ideen und Praktiken entwickelt. Da ist erstens die grundsätzlich veränderte *Haltung des Analytikers dem Patienten gegenüber.* War bei Freud die Übertragung ein automatisch in Gang kommender Prozeß, eine Wiederholung alter Muster, gestaltet sie sich hier als Antwort auf den Analytiker. Das führt zu der Feststellung, daß die Gegenübertragung der Übertragung vorausgeht (Béjarano, 1977). Ausgehend von der Theorie, daß die Neurosen auf schweren Störungen in der frühen Mutter-Kind-Beziehung basieren, bieten die Autoren Übertragungshaltungen an, die es dem Patienten ermöglichen sollen, neue Übertragungsversuche zu unternehmen. Bei Spitz heißt das, daß die Antwort auf die anaklitische Haltung des Patienten wie die der Mutter sein müsse, die dem Kind eine diatrophische und eine Hilfs-Ich-Funktion anbiete (1962); Sascha Nacht spricht von der liebevollen Präsenz des Analytikers. Die Patienten würden nur dann gesund, wenn sie diese Präsenz fühlten (1962); bei Winnicott, der den analytischen Prozeß als ein Äquivalent des Reifungsvorganges beim Säugling und beim Kleinkind ansieht (1974b, S. 248), muß der Analytiker die Übertragung so gestalten, daß er wie die Mutter zu seinem Gelingen beitragen kann. Dies geschieht vor allem durch geduldiges Warten – oft über Jahre. In dieser Zeit leistet er Funktionen wie „holding", „handling" und „object-presenting". Welche Dimension diese Haltung Winnicotts hat, verdeutlicht seine These: „Nur aus der Nicht-Existenz kann Existenz ihren Anfang nehmen" (1974a). Die Gegenübertragung geht hier also weit über die indikatorische Funktion hinaus, die Paula Heimann ihr zugesprochen hatte (1964). Sie stellt die Ermöglichung der Therapie schlechthin dar. In diesem Sinne ist der Satz zu verstehen, daß die Grenzen der Analysierbarkeit nicht die Grenzen des Patienten, seiner Psychopathologie seien, wie Freud 1937 festgestellt hatte, sondern daß sie die Grenzen des Analytikers seien. Diese Feststellung machten die Teilnehmer an dem Symposion auf dem Internationalen Psychoanalytischen Kongreß in London 1975 eindrucksvoll deutlich. Sie forderten, daß der

Analytiker in dem Bemühen, seinen Patienten zu verstehen, seine eigenen psychotischen Anteile entdecken müsse – bis hin zum Identitätsverlust (Rosenfeld), daß er bereit sein müsse, sich verwirren zu lassen, das entstehende Chaos zu ertragen (Kernberg), „to think crazy" (Ekstein) (Panel, 1976).

Zweitens finden wir in den neuen Techniken einen *veränderten Umgang mit der Deutung*, d. h. natürlich auch mit den therapeutischen Zielvorstellungen. Bei Freud diente die Deutung der Herstellung von Einsicht, die den Patienten derart verändern sollte, daß er neue, auch emotionale Erfahrungen am Analytiker wie außerhalb der Analyse machen konnte. Diese Reihenfolge dreht sich jetzt um. Am Anfang steht die emotionale Erfahrung am Analytiker, sie erst macht Deutung und Einsicht möglich. Entweder in der Weise, daß eine solche Phase der klassischen Deutungsarbeit vorausgeht, wie bei Gitelson, der vom Analytiker als von einer „fostering figure" spricht (1962, S. 198), oder in der Weise, daß sie integrativer Bestandteil derselben wird. Im zweiten Falle besteht keine zeitliche Reihenfolge, kein Vorher und Nachher. Hier bestimmt die unterschiedliche Tiefe der Regression die Technik. Das ist Balints Methode, in der es Phasen der Regression und des Neubeginns inmitten des klassichen psychoanalytischen Vorgehens gibt. „Die Regression", sagt er, „steht im Dienste der Progression", um sonst nicht zugängliches Material zu erschließen (1935, 1966, 1970). Allen diesen Techniken ist gemeinsam, daß man den Patienten bis zu einem Punkt regredieren läßt, wo sein gestörtes, infantil-abhängiges Verhalten und die damit verknüpften primitiven Gefühle sich entfalten können. In diesen Zuständen versucht man, das frühere Scheitern in der Mutter-Kind-Beziehung zu reparieren. Deuten ist dabei unwichtig, ja, nach Ansicht vieler Autoren, schädlich. Sascha Nacht hält Deuten für sekundär gegenüber der Nacherziehung durch freundliche Präsenz (1960, 1962); Khan spricht von „Nicht-Interpretation zugunsten der Existenz-Erfahrung" (1963); Balint fordert, daß der Analytiker helfen müsse, daß sich die Objektliebe entwickle. In dieser Phase – gemeint ist die Phase der Grundstörung – seien Deutungen fehl am Platze, vor allem solche, die auf Klärung der Übertragung und des Widerstandes abzielen (1970, S. 210); Winnicott stellt fest, daß es nicht um Deutung des Verdrängten gehe, sondern um Entwicklung und Pflege von noch nie psychisch Repräsentiertem an einem guten mütterlichen Objekt (1954, 1956, 1974 b)[4], und Kernberg weist darauf hin, daß eine Rekonstruktion der Kindheit durch Deuten unmöglich sei. Er arbeite deshalb ausschließlich im *hic et nunc* und erschaffe durch Interpretation der Situation eine neue Wirklichkeit (1978); Fürstenau fordert, der Analytiker müsse – anstatt die gleichbleibend distanzierte Haltung Freuds zu wahren – in den sich isolierenden, abschirmenden Patienten libidinös eindringen (1977, S. 204).

Das zentrale Merkmal all dieser Techniken ist einmal die Ermöglichung, zum anderen die manipulative Herbeiführung einer korrigierenden emotionalen Erfahrung. Da kaum einer der Autoren genau beschreibt, was er macht, sondern vielmehr, was er denkt, ist es nur schwer möglich, zwischen diesen beiden Praktiken zu differenzieren. Eine solche Unterscheidung wäre notwendig, da es das Phänomen bereits in der klassischen Technik gibt – wenn auch ohne den spezifischen Terminus. Bei Freud erscheint es unter Suggestion, Übertragung und Nacherziehung. Bemerkenswert ist, daß nur wenige Autoren von korrigierender emotionaler Erfahrung im Sinne einer technischen Zielvorstellung sprechen. Sie benutzen meist den allgemeineren Ausdruck „emotionale Erfahrung". Ausnahmen bilden Nacht und Loewald, die von „korrigierender emotionaler Erfahrung" (Nacht, 1962) und von „integrativer Erfahrung" (Loewald, 1960) reden. So fragen wir uns, was jeweils gemeint ist: ermöglichte oder manipulativ herbeigeführte korrigierende emotionale Erfahrung[5], wenn von „Management" des Patienten gesprochen wird, oder davon, daß der Analytiker ein „facilitating environment" herstellen müsse, d.i. eine Situation, die es dem

---

4 Die Autoren sehen im „Patienten den Narziß, den Frühgestörten, den Defekten, dem wir eine Psychoanalyse nicht mehr zutrauen können, sondern dem wir zum besseren Ertragen seiner Behinderung jene orthopädischen Maßnahmen zuteil werden lassen, zu denen die Freudsche Therapie vielfach geronnen ist" (Ruhs, 1983, S. 26).
5 Um welche der beiden Formen handelt es sich z. B., wenn Meltzer – Ferenczis Sprachexperimente wieder aufnehmend – in der Analyse eines 30jährigen Soziologen verschiedene Tonarten (sanft-leise, neckend, lachend, ernst und streng) der Babysprache, wie sie Mütter gebrauchen, anwendet?

Patienten erleichtere, einen förderlichen Gebrauch vom Analytiker zu machen, oder wenn es heißt, es sei die Aufgabe des Analytikers, den Patienten „to keep alive", „to keep well", „to keep awake" – so Winnicott (1962, S. 166). Wir fragen uns ferner: was heißt „liebevolle Präsenz", was heißt, die Beziehung zwischen Patient und Analytiker müsse ein Austausch konvergierender und komplementärer Impulse sein? – so Sascha Nacht (1960). Was heißt, der tief regredierte Patient mache erst dann Entwicklungsschritte nach vorn, nachdem er neue Erfahrungen am Analytiker gemacht habe, die von denen, die er an seiner Mutter gemacht habe, im positiven Sinne abwichen[6]? Oder, wie die Schlußformel des Londoner Symposions von 1975 lautet: Der Analytiker wolle nichts mehr wollen – nicht mehr Konflikte lösen, Unbewußtes aufschlüsseln, verborgene Affekte wiederfinden, Widerstände bekämpfen, psychosexuelle und Ich-Entwicklung bis zu dem Punkt führen, den Freud in dem Satz faßte: „Wo Es war, soll Ich werden". Der Analytiker sei nur mehr der, der dem Patienten die Möglichkeit gäbe, „to get along together" (Panel, 1976).

Wie dem auch sei, ohne Zweifel handelt es sich bei diesen Operationen um korrigierende emotionale Erfahrungen. Gegen sie hätte keiner etwas einzuwenden – auch Freud nicht. Er benutzte sie reichlich und mit Raffinement. Auch ist es unerheblich, ob sie nur ermöglicht oder manipuliert werden. Im Grunde sind das Haarspaltereien. Wo fängt das eine an, wo endet das andere? Dasselbe gilt für die Frage, ob solche emotionalen Erfahrungen zu Gratifikationen oder Satisfaktionen führen. Wer kann das unterscheiden? Das ist auch nicht das eigentliche Problem. Das Problem ist – analog der Frage nach der Benutzung von Parametern –, ob das Ziel, die strukturelle Ich-Veränderung und die „Emanzipation vom Objekt" (Loewald, 1973), erreicht wird oder nicht, ob eine technische Maßnahme Endzweck ist oder ein Schritt in einem operationalen Prozeß. In diesem Sinne verstand Freud bereits 1917 seinen manipulati-

---

6 Zu diesen positiven Erfahrungen zählen die Vertreter dieser Richtung, so z. B. McDougall, daß der Analytiker in der Lage ist, die Rolle eines Elternteils zu erfüllen, der die Geräusche und Zeichen (Schreie, Angst, Wut etc.) eines Kindes versteht, den Gebrauch der „Sprache als Aktion" zuläßt und versucht, diese Rolle auszufüllen (McDougall, 1976, S. 425).

ven Umgang mit der Übertragung (1916–17, S. 463). (Endzweck sind die manipulierenden Maßnahmen zur Herbeiführung der korrigierenden emotionalen Erfahrungen z. B. bei Alexander. 1948 formuliert er: „... das Prinzip der korrektiven Gefühlserlebnisse ist eine bewußt geplante Steuerung der Gefühlsreaktionen des Therapeuten gegenüber dem Material des Patienten, d. h. seiner Gegenübertragung, in einer solchen Weise, daß dadurch den schädlichen Auswirkungen der elterlichen Einstellungen entgegengewirkt wird" (1948)).

Zwischen den Vertretern der beiden Techniken bestehen – formelhaft zusammengefaßt – kontroverse Ansichten über

1. Grundsätzliches:

a) Die einen sagen, unser angesammeltes klinisches und theoretisches Wissen über die Neurosen sei völlig ausreichend, um damit erfolgreich umgehen zu können (Rangell, 1976) – die anderen bestreiten dies entschieden und werfen ihnen klinische Blindheit vor.

b) Die einen sagen, Neurosen seien Versuche der Konfliktbearbeitung im ödipalen Feld – die anderen verstehen Neurosen als Abwehroperationen gegen die Psychose oder als frühe, exogen bedingte Defekte, d. h. Reifungsschäden.

c) Die einen behaupten, es gäbe eine frühe, vorsprachliche Phase, die nicht in die Therapie eintreten, sich nicht in der Übertragung wiederholen und die nicht regressiv wiedergefunden werden könne. Das Kind habe in dieser Phase nur zwei Reaktionsweisen zur Verfügung, die beide rein biologischer Natur seien: Beschleunigung der Entwicklung oder Verlangsamung und Stillstand derselben (A. Freud, 1962) – die anderen wollen ihren Patienten gerade in diesen undifferenzierten Zuständen auf der Ebene primärprozeßhaften Funktionierens treffen (Green, 1975, und Panel, 1976).

d) Es stehen sich gegenüber die Thesen: Das Ich kann nur verändern, *was es getan hat* (z. B. die Entwicklung von Mechanismen, Charakterhaltungen etc.) – nicht, *was ihm angetan* wurde (A. Freud, 1976, S. 263).

e) Anna Freud stellt in bezug auf sexuelle Perversionen, Sucht, Kriminalität, Abnormitäten von Jugendlichen, Psychosen, fest, daß die Analytiker dieser Störungen fälschlicherweise glauben, das Verstehen derselben schließe auch automatisch die Möglichkeit zur Behandlung ein – oder, anders ausgedrückt, die Forschungsmethode sei mit der Therapiemethode identisch (1976, 257 ff.) –; die anderen verweisen als Rechtfertigung auf den praktischen Erfolg ihrer Therapien.

f) Für die einen stellt der Analytiker die Mutter dar (symbolisch, in der Phantasie) – für die anderen *ist* er die Mutter (Winnicott, 1954).

g) Die einen wollen das psychoanalytische Feld einengen (A. Freud, Eissler, Fenichel, Greenson, Lampl-de Groot, Loewenstein, Neyraut, Sandler, Zetzel u. a.) – die anderen wollen es erweitern (Balint, Bion, Bouvet, Giovacchini, Kernberg, Khan, M. Klein, Little, Rosenfeld, Segal, Winnicott). Die ersteren befürchten deformierende Parameter und erkennen den Übertragungsbegriff der anderen nicht an (oder erklären diese Formen der Übertragung für nicht bearbeitbar), die letzteren behaupten, die Essenz der psychoanalytischen Technik zu bewahren, sich den Bedürfnissen der Patienten anzupassen und der Forschung neue Dimensionen zu eröffnen.

h) Für die einen ist der Indikationsbereich für die psychoanalytische Therapie auf den Bereich *nach* der Strukturbildung festgelegt (Freud) – für die anderen muß er durch eine Theorie über das, was *vor* der Strukturbildung geschehen ist, ergänzt werden (Kernberg, 1976). In der Aussicht, in das erste Lebensjahr oder sogar die ersten Lebensmonate vorzudringen, sehen sie die Möglichkeit, Persönlichkeitsveränderungen zustande zu bringen, die tiefer gehen als je zuvor.

2. Die Übertragung:

a) Die einen sehen in der Übertragung Wiederholungen infantiler Triebwünsche und Abwehrhaltungen aus dem ödipalen Bereich. Die übertragenen Figuren sind jedoch nicht Realität, sondern Phantasien über sie – für die anderen wird die Übertragung zur Wiederholung objektiv erlebter Beziehungen, und zwar aus der frühen Mutter-Kind-Welt.

b) Die einen fordern demgemäß die Bearbeitung und Auflösung der Phantasien, um eine progressive Entwicklung in Gang zu bringen –, die anderen die Wiederherstellung der Kind-Mutter-Beziehung. Anna Freud wendet dagegen ein, daß die Wiederherstellung dieser Beziehung in der Analyse des Erwachsenen ein Mythos sei (1976, S. 453).

c) Die einen stellen fest, daß die unbewußten prägenitalen Wünsche des Patienten nicht aus Zuständen tiefer Regression stammen müssen: tief sei nicht identisch mit früh – die anderen vertreten dagegen gerade diese Ansicht.

d) Die einen verstehen regressive Vorgänge auch als Reaktionen auf das Verhalten des Analytikers: Auf ein diatrophisches Angebot von seiten des Analytikers erfolgte eine Regression in eine anaklitische Haltung – die anderen sehen gerade darin den Beweis für das Vorliegen einer bestimmten Psychopathologie.

e) Die einen – so Anna Freud (1976, S. 257 ff.) – wenden ein, daß zwischen dem Mutter-Kind-Verhältnis und dem Analytiker-Analysand-Verhältnis weitreichende Unterschiede bestehen. Während das Kind befriedigende Körperpflege, Bedürfnisbefriedigung und die Gleichmäßigkeit exklusiver Aufmerksamkeit verlange, habe der analytische Patient Frustrationen seiner Wünsche, Zeitbegrenzungen und Rivalen zu ertragen. Nichtsdestoweniger bestehe eine Tendenz, die beiden Situationen als identisch zu betrachten und die letztere dazu zu benutzen, um die Mängel der ersteren zu korrigieren – die anderen glauben, daß unbeschadet dieser Einwände eine echte symbiotische Verbindung herstellbar sei und ihr Ziel erreichen könne.

f) Die einen – so Anna Freud (1972b, S. 40/41) – stellen fest, daß Analysen dieser Art auf dem Glauben beruhen, den Patienten aufgrund einer fast wahnhaften Übertragung in den Zustand primitiver, vom Ich nicht kontrollierter Gefühlsregungen zurückversetzen zu können. Der Analytiker geht hier von der Voraussetzung aus, daß das Ich imstande sein kann, nicht nur seine eigenen Entscheidungen, sondern auch die Folgen seiner Entstehungsbedingungen rückgängig machen zu können – die anderen verweisen auf ein andersartiges Theorieverständnis.

g) Die einen sehen in der Übertragung eine „asymmetrische Position" (Macalpine, 1950; Greenacre, 1954) – die anderen einen Prozeß der psycho-physiologischen Symmetrie, z. B. in der bedürfnisbefriedigenden Wechselbeziehung.

3. Die Regression:

a) Die einen verstehen sie als eine Ich-Leistung und fordern, sie solle nie so tief gehen, daß das Ich die Herrschaft über sie verliere. Die Regression solle, so hier das Konzept, im Dienste des Ichs stehen – die anderen sehen einen Nutzen derselben nur dann, wenn sie in jene frühe Phase zurückreiche, in der die Traumata stattgefunden haben. Sie ist durch einen Zustand ausgezeichnet, in der das Ich noch nicht vom Es geschieden ist.

b) Die einen wenden Maßnahmen an, die Regression außerhalb der Ich-Kontrolle vermeiden sollen: frühe Übertragungsdeutungen auf dem Niveau von Hier und Jetzt wie das frühe Deuten von Regression überhaupt – die anderen solche, die starke Regressionen fördern: genetische Deutungen, stützende – liebevolle – diatrophische Haltung und hohe Behandlungsfrequenz (Kernberg, 1978, S. 216–217).

4. Die Deutungstechnik:

a) Die einen werfen den anderen vor, sie würden Primärprozesse durch Primärprozesse deuten – die anderen kontern mit dem Hinweis darauf, daß es nicht anders möglich sei, weil Deutungen auf dem Niveau der Sekundärprozesse ihr Ziel verfehlten.

b) Die einen sehen als Ziel ihrer Deutungsarbeit die Herbeiführung von Einsicht an, die dem Patienten die Verwirklichung von Wünschen ohne Angst und Schuldgefühle erlaubt – die anderen (so Bion z. B.) sagen, die Analyse strebe die Erreichung eines Zustandes an, „unbeschwert von Erinnerung, Wünschen oder Verstehen" (1976, S. 266).

5. Die Widerstandsanalyse:

a) Die einen halten sie für die *Conditio sine qua non*, um an das verdrängte Material heranzukommen. Hier heißt es: Keine Inhaltsdeutung vor der Widerstandsdeutung – die anderen sehen darin die Gefahr, daß der Patient das Gefühl bekommt, es werde nur von seinen Schwierigkeiten, seinen Entwicklungshindernissen gesprochen. Dabei kann – so fürchten sie – der Aspekt des Wachstums verlorengehen.

b) Das Überspringen der Abwehr und das direkte Übersetzen des unbewußten Inhaltes komme, so sagt Anna Freud, einer „wilden" Analyse gleich (1972 b, S. 33) – die anderen sehen (seit Ferenczi) in der Abwehrarbeit u. U. entweder etwas Sinnloses oder etwas, das dem Patienten sogar schaden könnte.

Diese Überlegungen beendend, möchte ich feststellen, daß die Unterschiede der Technik aus verschiedenartigen Theoriebildungen entstehen und sich nicht, wie gelegentlich behauptet wird, im Gefolge der Erweiterung des Indikationsgebietes entwickeln. Geht der Analytiker von dem Modell aus, daß der Untergang des Ödipuskomplexes und die ihm folgende Aufrichtung des Über-Ichs, die Entwicklung von Sublimierungen und Kreativität das Entscheidende sind, und glaubt er ferner, daß die Regression nur auf alte Fixierungsstellen der Libido zurückgeht, so genügen ihm die Bearbeitung von Übertragung und Widerstand, um sein Ziel, die strukturelle Ich-Veränderung, zu erzielen. In der klassischen Technik, stellt Eissler fest, leiht der Analytiker dem Patienten maximal *eine* Funktion, nämlich seine Fähigkeit, aus verstreuten Bruchstücken von Beweismaterial allgemeine und spezifische Folgerungen über das Unbewußte des Patienten zu ziehen (1959/60, S. 620). Dabei gewährt er dem Patienten keinerlei Befriedigungen, bietet sich nicht als Ersatzfigur für irgend etwas an. – Geht er aber von dem Modell aus, daß die Regression bis zu Phasen symbiotischer Fusion oder Konfusion, oder sogar Zuständen von Desintegration, die einen psychotischen Kern freilegen, zurückgeht, d. h. in Stadien frühester Muter-Kind-Beziehungen, so kann die Arbeit nicht am Verdrängten stattfinden, nicht am Konflikt, zu dessen Lösung Verstehen erforderlich ist, sondern nur am Defekt. Die Behandlung dieser Zustände erfordert die Übernahme der mütterlichen Funktion, die sich im „holding" paradigmatisch darstellt. Von ihr sagt McDougall, daß sie für diese Art Fälle die klassische Analyse der Zukunft sein wird (Panel, 1976).

Wie sehr die neuen Techniken durch eine veränderte Theoriebildung bedingt sind und nicht durch die veränderte Psychopathologie, der sich der Analytiker gegenübersieht, beweisen die Publikationen jener Autoren, welche dieselben frühen Störungen ohne Modifikationen der Technik mit der sog. klassischen Technik erfolgreich behandeln[7]. Unter ihnen befinden sich auch solche, die Patienten behandeln, welche im strengen Sinne psychotische oder Borderline-Zustände darstellen, was nicht für alle Patienten gilt, die von den Vertretern der Technik der korrigierenden emotionalen Erfahrung als frühe Ich-Störungen vorgestellt werden. Ich verweise z. B. auf den von Masterson als Borderline-Zustand vorgestellten Fall Nancy (1976, S. 161 ff.), der von der klassischen Diagnostik ohne Zweifel als agierende Hysterie klassifiziert werden würde[8]. Zu den Autoren, die sowohl klinische Psychosen wie schwere Borderline-Zustände mit dem klassischen psychoanalytischen Setting behandeln, gehören Boyer (1971), Federn (1943), Frosch (1971), Garma (1954), Giovacchini (1972), Searles (1965), Vangaard (1963) u. a. Lampl-de Groot hat in systematischer Weise nachgewiesen, wie die von Freud aufgezählten Schwierigkeiten der Analyse (negative therapeutische Reaktion, Unfähigkeit, die Triebe zu bändigen etc.) Stück für Stück auf Erfahrungen in der Mutter-Kind-Beziehung zurückzuführen sind. Sie sieht sich aber dadurch nicht veranlaßt, die Technik zu modifizieren. Weil sie die frühen Mutter-Kind-Beziehungen auf dem ödipalen Niveau bearbeiten kann und bemerkt, daß sie sich in der Übertragung wiederbeleben, kommt sie mit Variationen der Technik aus: mehr Verstehen, mehr Versuchsdeutungen, mehr Rekonstruktionen (1967). Sie verläßt bei ihrer Arbeit nicht den Bereich des innerpsychischen Konfliktes, tritt nicht in das „dunklere Gebiet der Wechselbeziehung zwischen konstitutionellen Gegebenheiten und den auf sie einwirkenden Umwelteinflüssen" ein (A. Freud, 1972, S. 37). Sie stellt sich nicht die Aufgabe, Entwicklungen zu beeinflussen oder rückgängig zu machen, die die Grundlage der Persönlichkeit bilden.

---

7 Auch Greenspan kommt aufgrund einer vergleichenden Untersuchung zu demselben Ergebnis (1977, S. 389 f.).
8 Der Analytiker, der unter psychotischen und Borderline-Zuständen schwerste klinische Bilder zu verstehen gewöhnt ist, liest in den Publikationen dieser Autoren mit Erstaunen, daß die als solche diagnostizierten Patienten Personen sind, die als Ärzte, Rechtsanwälte, Geschäftsleute ohne nennenswerte Einschränkungen ihrem Beruf nachgehen und in diesem wirtschaftlich erfolgreich sind, wie die Tatsache, daß sie sich über 5–10 Jahre eine psychoanalytische Behandlung mit 4–5 Wochenstunden leisten können, zeigt.

Neue Theorien verändern unsere Sehweise. So erscheinen die alten, wohlvertrauten Hysterie-Fälle Freuds, die mehreren Generationen von angehenden Analytikern als Lehrmaterial gedient hatten, jetzt als Psychosen und Borderline-Fälle. Goshen erklärt die frühen Fälle Freuds für Schizophrenien (1952). Reichard diagnostiziert Anno O. und Emmy v. N. als Schizophrene (1956); auch für Bram ist Anna O. eine Schizophrene (1973), und Blum glaubt, daß der Wolfsmann ein Borderline-Fall war (1974).

Ein großer Teil der Diskussion zwischen den Vertretern verschiedener Techniken hat in den unterschiedlichen Diagnosekriterien seinen Ursprung. Die Zukunft wird uns darüber belehren, ob diagnostische Begriffe wie „psychotische Identifikation" (Jacobson, 1954), „symbiotische Entwicklungsphase" (Mahler, 1968), „narzißtische Neurose" (Kohut, 1966, und Kernberg 1970b) und „borderline-states" (Kernberg, 1967) echte klinische Einheiten sind oder theoretische Konstrukte. Das diagnostische Dilemma in der Psychoanalyse wird erst dann auflösbar werden, wenn wir uns daran machen, zwischen diagnostischen Feststellungen auf der Beobachtungsebene und der Theorieebene begrifflich schärfer zu unterscheiden.

Abschließend möchte ich, meine Gedanken aus der Einleitung wieder aufgreifend, vor den Extrempositionen warnen, die sich aus der Polarisation zweier Techniken ergeben – vor einer schon alles wissenden Ich-Psychologie auf der einen und einer spekulativen Theorienbildung über die Prähistorie des Menschen auf der anderen Seite, vor einer paternistischen Vernunfttherapie wie einer mütterlichen Liebestherapie. All dies ist ja so auch gar nicht praktikabel: Niemand kann 8 Stunden am Tage von Gefühlen unbewegt ein Spiegel sein, der bloß reflektiert – und niemand kann 8 Stunden am Tage seine Patienten wie eine Mutter lieben. Niemand kann 8 Stunden am Tage seine intakten Ich-Funktionen zur Verfügung stellen – und niemand kann 8 Stunden am Tage seine psychotischen Anteile bis zur Desintegration bereithalten.

Ich glaube, was wir in der jetzigen Situation der Technik brauchen, ist geduldige klinische Arbeit am Zentralmassiv der Neurosen. Dabei sollten wir keine vorschnellen Ergebnisse formulieren, sondern im Gespräch miteinander bleiben, nach allen Seiten die Probleme offenhalten.

Daher lautet mein Zuruf an alle, die an einer erfolgreichen Entwicklung der psychoanalytischen Technik interessiert sind: Laßt uns dem vorschnellen Verständnis geduldig einen Stock zwischen die Beine werfen. Und laßt uns Freuds Definition der Psychoanalyse als einer empirischen Wissenschaft nicht vergessen. Er sagt: „... sie tastet sich an der Erfahrung weiter, ist immer unfertig, immer bereit, ihre Lehren zurechtzurücken oder abzuändern. Sie verträgt es so gut wie die Physik oder die Chemie, daß ihre obersten Begriffe unklar, ihre Voraussetzungen vorläufig sind, und erwartet eine schärfere Bestimmung derselben von zukünftiger Arbeit" (1923a, S. 229).

Quellenhinweise

Band I

1. Cremerius, J.: Schweigen als Problem der psychoanalytischen Technik.
Jahrbuch für Psychoanalyse, 6 (1969), 69–103.
Erweiterte Fassung eines Vortrages, gehalten auf der 6. Arbeitstagung der Mitteleuropäischen Psychoanalytischen Vereinigung in Brunnen 1968.
2. Cremerius, J.: Der Patient spricht zuviel. In: S. Goeppert (Hrsg.) „Die Beziehung zwischen Arzt und Patient". List, München, 1975, 57–75.
3. Cremerius, J.: „Mir fällt nichts ein" – Einige behandlungstechnische Überlegungen im Umgang mit Patienten, die nicht frei assoziieren können.
In: Festschrift für Walter Th. Winkler zur Vollendung des 60. Lebensjahres, o.J. (1975), 27–36.
4. Cremerius, J.: Grenzen und Möglichkeiten der psychoanalytischen Behandlungstechnik bei Patienten mit Über-Ich-Störungen.
Psyche *31* (1977), 593–636.
Erweiterte und überarbeitete Fassung eines Vortrages, gehalten am 18.6.1976 im Psychoanalytischen Seminar Zürich, Tellstraße, und am 25.6.1976 im Centro Studii di Psicoterapia e Psicologia clinica in Mailand.
5. Cremerius, J.: Übertragung und Gegenübertragung bei Patienten mit schwerer Über-Ich-Störung.
Psyche *31* (1977), 879–896.
Überarbeitete und erweiterte Fassung eines Vortrages, gehalten auf der Arbeitstagung der Deutschen Psychoanalytischen Vereinigung am 11.3.1977 in Köln.
6. Cremerius, J.: Einige Überlegungen über die kritische Funktion des Durcharbeitens in der Geschichte der psychoanalytischen Technik.

In: Alexander Mitscherlich zu ehren. Hrsg. S. Drews, R. Klüwer et al. Frankfurt/M., Suhrkamp 1978, 196–214.
7. Cremerius, J.: Die Verwirrungen des Zöglings T. Psychoanalytische Lehrjahre neben der Couch.
Psyche *33* (1979), 551–564.
Als Vortrag gehalten im Psychoanalytischen Seminar Zürich, Tellstraße, am 28.4.1979.
8. Cremerius, J.: Gibt es *zwei* psychoanalytische Techniken?
Psyche *33* (1979), 577–599.
Erweiterte und überarbeitete Fassung des Vortrages „Die Entwicklung der psychoanalytischen Technik", gehalten auf dem Kongreß der Deutschen Gesellschaft für Psychotherapie, Psychosomatik und Tiefenpsychologie in Stuttgart am 13.10.1978.

JAHRBUCH DER PSYCHOANALYSE
BEIHEFTE (JPB)

Herausgegeben von Claudia Frank, Ludger M. Hermanns und Elfriede Löchel. *1982 ff. ISBN 978 3 7728 2417 3.* *15 Bände lieferbar*

Murray Jackson / Paul Williams
UNVORSTELLBARE STÜRME

Eine Suche nach Sinn in der Psychose. Herausgegeben von Claudia Frank. Mit Vorworten von John Steiner, Murray Jackson und Paul Williams sowie von Elmar Etzersdorfer und Gerhard Schell. Aus dem Englischen von Andreas Mehlstaub. – *JPB 22. 2007. 259 S. Broschur. ISBN 978 3 7728 2429 6.* *Lieferbar*

Dieses Buch enthält die Essenz langjähriger Erfahrung aus der milieutherapeutischen Stationsarbeit mit psychotischen Patienten. Lebendige klinische Beispiele erhellen die Bedeutung von Erkrankungen wie paranoider Schizophrenie, Katatonie, psychotischer Anorexie und manisch-depressiven Störungen. Bewegend und detailliert beschriebene Tiefeninterviews, geführt von Murray Jackson, einer anerkannten fachlichen Autorität in der Anwendung psychoanalytischer Konzepte auf die Problemstellungen der Psychose, ermöglichen auf einzigartige Weise Einsicht in die Erfahrungen der Patienten und ein Verständnis der zugrundeliegenden Prozesse. Behandlungsmöglichkeiten werden aufgezeigt, die Leiden vermindern, Rückfallraten reduzieren und die Lebensqualität der Patienten verbessern können. Der mutige, intelligente und humane Zugang der Autoren durchzieht die gesamte, hier erstmals ins Deutsche übersetzte Arbeit.